Dear.

일상의
소소한
즐거움이 되시길...
늘 행복하세요 ♥

말괄량이의

인형옷 만들기

손바느질로 완성하는 베이비돌 옷과 소품 3탄

아우터편

말괄량이 김화희 지음

BM 황금부엉이

Prologue

인형옷 만들기와 함께하는 행복한 시간을 선물합니다.

벌써 인형옷 만들기 책만 네 번째 출간이에요.
베이비돌 옷 만들기로는 세 번째 책입니다.
2017년에 두 권의 베이비돌 옷 만들기 책을 출간한 후 정말 즐거운 나날을 보냈습니다.
그 후 2년이라는 시간이 흘러 또다시 새로운 책을 선보이게 되었습니다.

어느 날 우연히 선물받은 베이비돌 덕분에 인형 놀이의 세계에 발을 내딛게 되었습니다.
베이비돌로 인해 계속해서 책을 출간하게 될 줄은 생각지도 못한 일이었죠.
벌써 바느질을 시작한 지 20년이 넘었지만, 인형옷을 바느질할 때는 또 다른 기분이 들어요.
훨씬 더 생동감이 넘치고 행복한 기분이 들거든요.
이번 책도 그렇게 즐거운 마음으로 준비했어요.

이번에는 1탄과 2탄에서 많이 다루지 못했던 아우터 종류 위주로 준비했어요.
티셔츠, 바지, 원피스 같은 기본적인 아이템은 많이 만들어보잖아요.
한두 번 만들어보면 손쉽게 만들어서 입힐 수 있게 되죠. 하지만 재킷이나 점퍼, 코트 종류는 어렵게 생각하는 분들이 많아요. 생각보다 어렵지 않답니다.
인형옷은 사람 옷처럼 꼭 정석대로 만들지 않아도 됩니다. 이 책에서는 여러분이 좀 더 쉽게 만들 수 있도록
도안을 간소화했고, 안감과 겉감을 연결하는 방법도 쉽게 설명했습니다.
인형옷이니까 만들 때 즐거워야 하잖아요.
누구나 어렵지 않게, 그리고 재미있게 만들 수 있도록 준비했습니다.
이 책이 여러분의 일상에 소소한 행복을 드릴 수 있었으면 좋겠습니다.

Gallery

※갤러리 페이지의 세트 사진은 연출된 컷으로 아우터 외의 상하의 옷의 제작법은 책에 나와 있지 않습니다.

01 언밸런스 패션 재킷

양옆의 길이를 다르게 하여 멋스러운 보이시한 느낌의 재킷이에요.
블랙 스커트나 찢어진 청바지, 승마바지 같은 느낌의 슬랙스와도
잘 어울리는 조합이죠. 가슴에 히프 색 하나 둘러주면
패셔니스타가 될 거예요.

How to Make _47쪽

02 심플 카디건

가장 기본 디자인이면서 어떤 옷에 코디해도 예쁘게 연출할 수 있는 심플한 카디건이에요. 약간 박시한 디자인이라 스커트에 코디하면 발랄한 느낌을 낼 수 있어요.

How to Make _42쪽

03

핑크 라이더 재킷

멋쟁이라면 놓칠 수 없는 라이더 재킷.
부드러운 레더 소재로 터치감이 유연한 아이템이에요.
래글런 소매로 편하게 입을 수 있는 스타일이에요.

How to Make _52쪽

04 청 쇼트 재킷

코디에 따라 캐주얼하게, 또는 러블리하게 연출할 수 있는
귀여운 쇼트 재킷이에요.
박시형의 드롭 숄더 스타일이라서 편하게 입을 수 있는 디자인이죠.
티셔츠, 블라우스 등 봄, 가을의 어떤 옷차림과도 어울리는
좋은 아이템이랍니다.

How to Make _58쪽

05 프릴 집업 재킷

분홍색 원단에, 밑단에 프릴을 더해 사랑스럽고 화사한 느낌의 재킷이에요.
하늘하늘한 소재의 스커트나 원피스와 코디하기 좋은 아우터랍니다.

How to Make _64쪽

06

크롭 후드 집업

캐주얼하게 코디할 수 있는 귀여운 느낌의 아우터예요.
스커트나 청바지, 트레이닝 바지와 매치하면 예쁘답니다.
크롭 재킷으로 스타일리시한 매력을 빛내보세요.

How to Make _70쪽

07 러블리 프릴 코트

풍성한 프릴 덕분에 사랑스러운 느낌이 가득한 코트예요.
예쁜 원피스와 함께 입으면 분위기가 돋보이지요.
울이나 모직 원단을 사용하면 또 다른 느낌의 코트를 만들 수 있어요.

How to Make _80쪽

08 요크 프릴 리본 코트

선명한 빨강에 둥근 칼라와 소매 끝단의 셔링이
귀여우면서 사랑스러운 느낌을 주는 코트랍니다.

How to Make _87쪽

09 민트 케이프 코트

민트색 원단에 날개를 단 듯한 디테일로 포인트를 더했답니다.
날개 같은 케이프 디자인이 귀엽고 사랑스러운 분위기를
살려주는 코트예요.

How to Make _75쪽

10 이중배색 숄카라 코트

좌우 패턴을 달리하여 독특한 멋이 있는 코트예요.
허리끈으로 자연스러움을 연출할 수 있어요.
여유 있는 품과 래글런 소매로 편안하면서도
스타일리시한 멋이 돋보여요.

How to Make _98쪽

11

세일러칼라 큐트 코트

그린 도트 무늬와 민무늬 안감이 대비되어
산뜻한 느낌을 주는 코트예요.
봄, 가을에 입을 수 있도록 리넨 원단을 사용했어요.
토끼 모양의 주머니가 귀여움을 살려줍니다.

How to Make _93쪽

12 원피스형 베스트

클래식한 디자인에 칼라와 앞중심에 프릴이 들어간 사랑스러운 베스트예요.
하늘하늘한 블라우스나 원피스를 코디하면 여성스러운 느낌이 물씬 난답니다.

How to Make _104쪽

13 청 후드 재킷

약간 A라인 형태의 루즈 핏 재킷이에요. 후드가 귀여운 느낌을 더해준답니다. 어떤 옷과도 잘 어울려 실용적이에요. 앞판에는 센스 있게 다양한 와펜을 달아 포인트를 주었어요.

How to Make _110쪽

14 후드 무스탕 점퍼

부드러운 스웨이드 소재에 안쪽에는 양털이 들어간 적당한 두께의 아이템이에요. 앞중심에는 떡볶이 단추를 달아 귀여움을 더해주었어요.

How to Make _115쪽

15 훈민정음 후드 패딩 점퍼

훈민정음 패턴 소재로 만든 특별한 패딩 점퍼예요. 누빔 원단을 사용하여 따뜻하고 포근하게 입을 수 있답니다.

How to Make _119쪽

16 알파벳 후드 롱 패딩

가벼운 폴리 누빔지로 만든 롱 패딩이에요. 귀여운 알파벳이 프린트된 매끈한 촉감의 원단을 사용했어요. 후드가 탈부착식이라 더욱 편리해요.

How to Make _125쪽

17

올데이 타이즈

신축성이 좋은 골지 원단으로 만들어 다리를 편안하게 감싸주어요.
어떤 옷에 코디해도 잘 어울리지요.
컬러에 따라 다양한 스타일을 연출할 수 있어요.

How to Make _132쪽

18 어그 부츠

스웨이드 재질에 부드러운 아웃라인으로
겨울 코디에 스타일을 뽐내주는 부츠예요.
안쪽의 양털이 포근하게 발을 감싸줄 거예요.

How to Make _135쪽

19

비니 모자

체크 니트 원단으로 만든 기본 디자인의 비니 모자예요.
컬러와 원단 소재에 따라 다양하고 멋진 스타일링을 할 수 있어요.

How to Make _137쪽

20 양털 머플러

말랑말랑하고 보들보들한 느낌의 양털 머플러예요.
투박한 패딩 점퍼나 카디건에 코디해도
귀여운 느낌으로 연출할 수 있답니다.

How to Make _140쪽

CONTENTS

기본 도구 소개

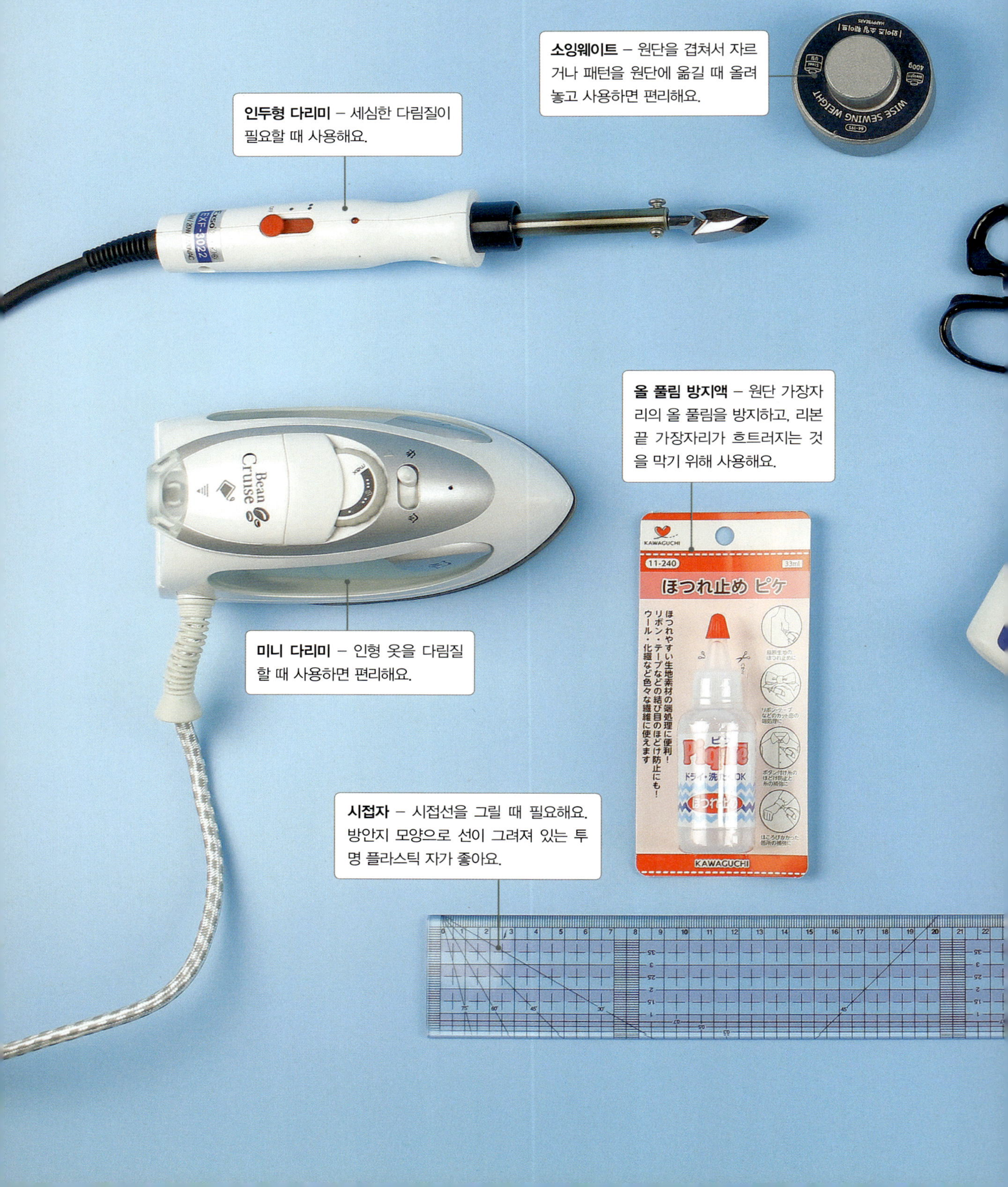

소잉웨이트 – 원단을 겹쳐서 자르거나 패턴을 원단에 옮길 때 올려놓고 사용하면 편리해요.

인두형 다리미 – 세심한 다림질이 필요할 때 사용해요.

올 풀림 방지액 – 원단 가장자리의 올 풀림을 방지하고, 리본 끝 가장자리가 흐트러지는 것을 막기 위해 사용해요.

미니 다리미 – 인형 옷을 다림질할 때 사용하면 편리해요.

시접자 – 시접선을 그릴 때 필요해요. 방안지 모양으로 선이 그려져 있는 투명 플라스틱 자가 좋아요.

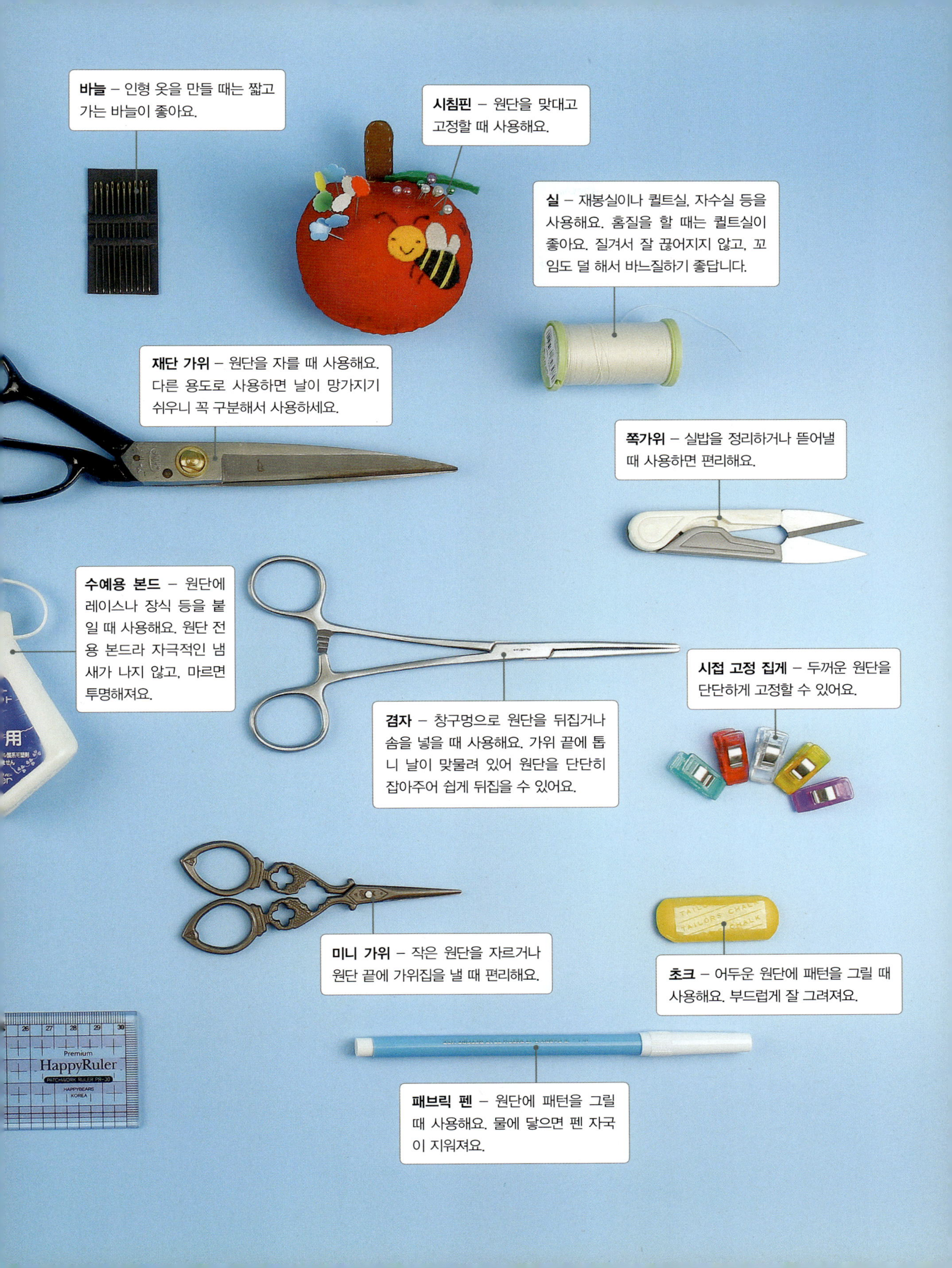

바늘 – 인형 옷을 만들 때는 짧고 가는 바늘이 좋아요.
시침핀 – 원단을 맞대고 고정할 때 사용해요.
실 – 재봉실이나 퀼트실, 자수실 등을 사용해요. 홈질을 할 때는 퀼트실이 좋아요. 질겨서 잘 끊어지지 않고, 꼬임도 덜 해서 바느질하기 좋답니다.
재단 가위 – 원단을 자를 때 사용해요. 다른 용도로 사용하면 날이 망가지기 쉬우니 꼭 구분해서 사용하세요.
쪽가위 – 실밥을 정리하거나 뜯어낼 때 사용하면 편리해요.
수예용 본드 – 원단에 레이스나 장식 등을 붙일 때 사용해요. 원단 전용 본드라 자극적인 냄새가 나지 않고, 마르면 투명해져요.
시접 고정 집게 – 두꺼운 원단을 단단하게 고정할 수 있어요.
겸자 – 창구멍으로 원단을 뒤집거나 솜을 넣을 때 사용해요. 가위 끝에 톱니 날이 맞물려 있어 원단을 단단히 잡아주어 쉽게 뒤집을 수 있어요.
미니 가위 – 작은 원단을 자르거나 원단 끝에 가위집을 낼 때 편리해요.
초크 – 어두운 원단에 패턴을 그릴 때 사용해요. 부드럽게 잘 그려져요.
Premium
HappyRuler
패브릭 펜 – 원단에 패턴을 그릴 때 사용해요. 물에 닿으면 펜 자국이 지워져요.

원단 알기

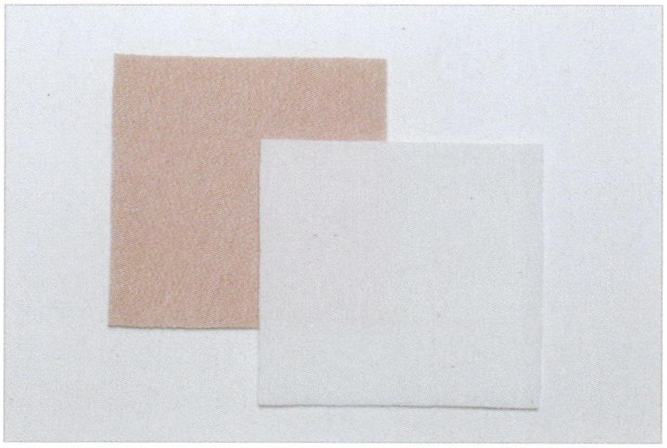

네오프렌
'에어쿠션지'라고도 합니다. 원단 사이에 공기를 함유하고 있어 가볍고 따뜻합니다. 원단 자체에 힘이 있어서 핏감이 잘 유지됩니다. 야구 점퍼나 재킷, 원피스 등을 만드는 데 적합합니다.

시보리
티셔츠 등의 소매 끝, 아랫단 끝이 조여지게 촘촘하게 짠, 신축성이 좋은 니트용 원단입니다. 점퍼나 체육복의 손목, 옷깃, 밑단, 발목 등에 사용합니다.

워싱 데님
데님을 워싱 처리한 원단으로, 일반 데님보다 좀 더 부드럽습니다. 청바지, 치마, 재킷, 각종 소품에 많이 사용됩니다.

혼방 모직
아우터나 원피스, 스커트 같은 겨울 의류를 만들기에 좋은 원단입니다. 캔버스 10수 정도의 톡톡한 두께로 신축성이 없습니다.

양면 기모
톡톡한 기모가 있는 울 느낌의 원단입니다. 겨울용 외투나 조끼 등을 만들기에 좋습니다.

고급 울
10수 정도 두께의 고급 원단입니다. 따뜻해 보이는 웜톤(warm tone) 분위기의 원단으로, 재킷이나 원피스, 바지 등 다양하게 활용할 수 있습니다.

울 혼방 모직
15수 정도 두께로 앞뒤 짜임이 다릅니다. 앞면은 니트 짜임의 기모 느낌이고, 뒷면은 울 혼방 느낌입니다. 신축성이 좋아 원피스, 스커트 등으로 활용하면 좋습니다.

골지 스판
가볍고 신축성이 좋은 30수 원단입니다. 신축성이 좋아 티셔츠, 쫄바지, 레깅스 등으로 활용하면 좋습니다.

다이마루
신축성이 좋아 활동성 있는 의류를 만들기에 좋은 원단입니다. 후드 티셔츠, 점퍼 등으로 활용하면 좋습니다.

기모 니트
신축성이 있어 편안한 옷을 만들기에 좋은 원단입니다. 겉은 니트 짜임이고, 안은 기모로 되어 있어 따뜻합니다. 넥 워머, 모자, 점퍼 등을 만들 때 사용하면 좋습니다.

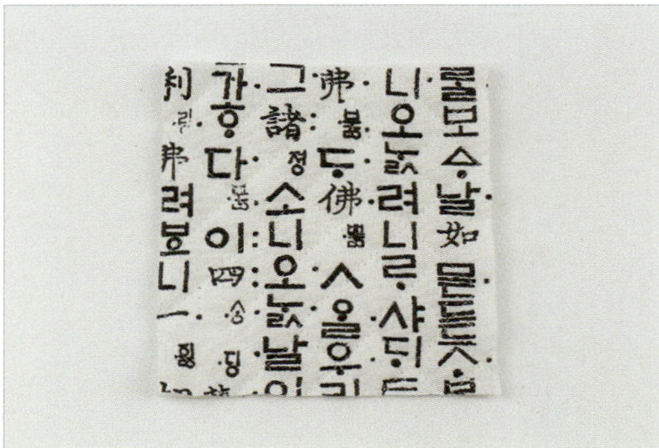

혼방 누빔

면 혼방 원단을 누빔한 원단으로, 신축성이 없습니다. 주로 소품을 만들 때 사용합니다. 누빔 원단이라 겨울 점퍼를 만들 때 사용하면 좋습니다.

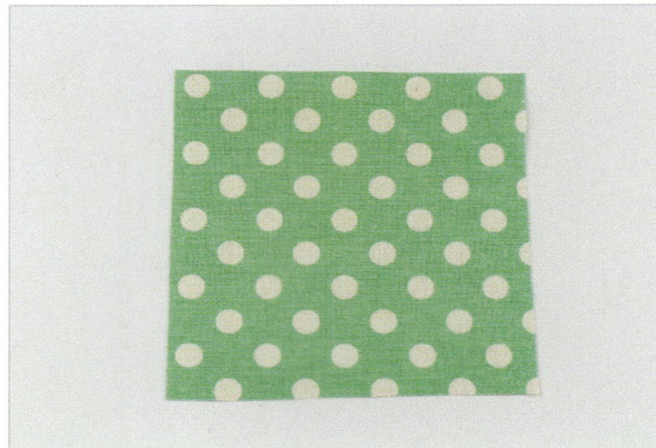

리넨

색상이 산뜻한 11수 정도 두께의 원단입니다. 세탁하면 할수록 부드럽고 광택이 살아납니다. 각종 소품이나 의류를 만들기 좋습니다.

무스탕 양털 무지

양털 원단에 부드러운 스웨이드 무스탕 원단을 본딩 가공한 고급 원단입니다. 두께는 1cm 정도로 조끼, 점퍼 등 두루 활용하기 좋습니다.

선염

사계절 의류에 두루 사용하기 좋은 원단입니다. 바느질과 재봉질을 부담 없이 할 수 있고, 원단에 곁들이는 코디 원단으로 활용하기 좋습니다.

단면 양털

보온성이 뛰어나 안감으로 사용하면 좋습니다. 조끼나 재킷 안감, 점퍼를 만들 때 사용합니다.

인조가죽

터치감이 부드럽고 은은한 광택이 비치는 고급스러운 원단입니다.

폴리 누빔

폴리 원단에 가벼운 솜이 누벼 있는 원단으로 촉감이 매끄럽습니다. 점퍼나 각종 의류, 커버링용으로 활용하기 좋습니다.

면30수

두께가 적당해서 초보자도 바느질하기 좋은 원단입니다. 인형 옷이나 소품을 만들 때는 다양한 색상의 프린트 원단을 사용하면 좋습니다.

도안 그리기

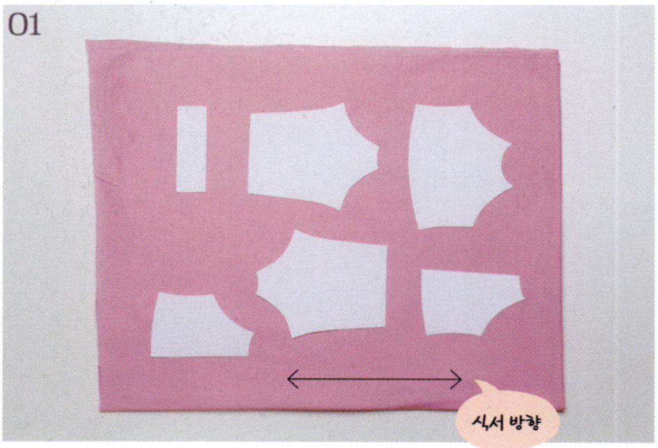

원단에 도안 배치하기

실물 크기의 도안을 복사한 후 오리거나 도안용 부직포에 베껴 그린 후 잘라서 사용합니다. 옮긴 도안은 원단의 식서 방향에 맞게 배치하세요.

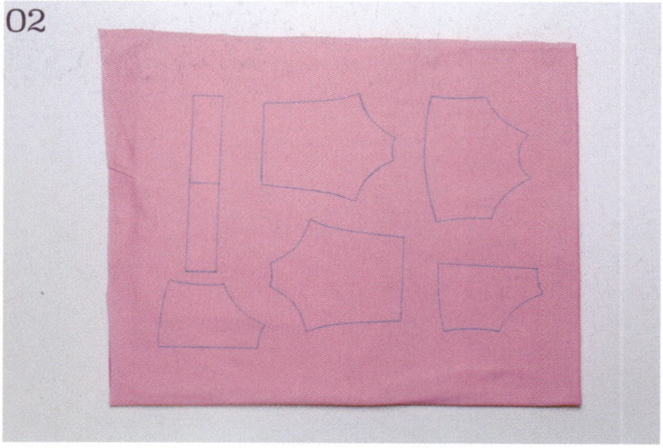

도안 그리기

패브릭 전용 수성펜으로 도안을 그립니다. 골선 표시가 있는 도안은 좌우를 대칭시켜 그리세요.

TIP 원단의 방향

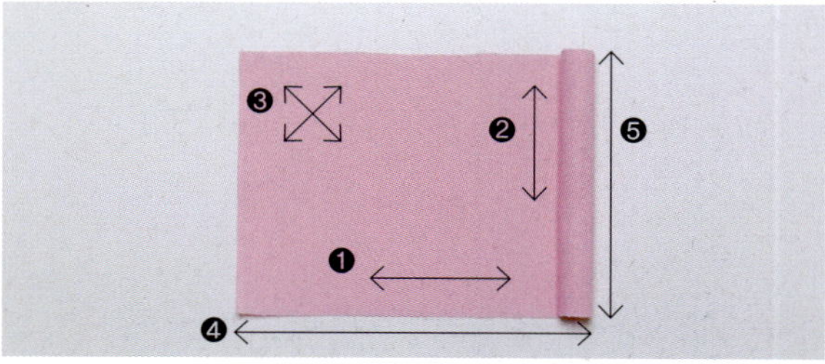

❶ **식서 방향** : 원단 롤에서 원단이 풀리는 방향. 잡아 당겼을 때 늘어나지 않아요.

❷ **푸서 방향** : 식서 반대 방향으로 잡아 당겼을 때 원단이 늘어나요.

❸ **바이어스 방향** : 원단을 45도로 경사지게 자르는 방향입니다. 양쪽 대각선 방향으로 신축성이 좋습니다.

❹ **원단 길이(마)**

❺ **원단 폭(폭)**

03

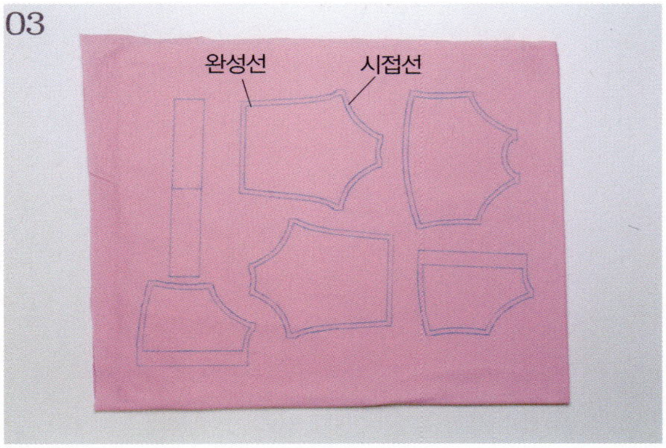

시접 그리기

따라하기의 설명대로 각각의 시접을 그립니다. 시접 표시가 없다면 도안만 그리면 됩니다.

04

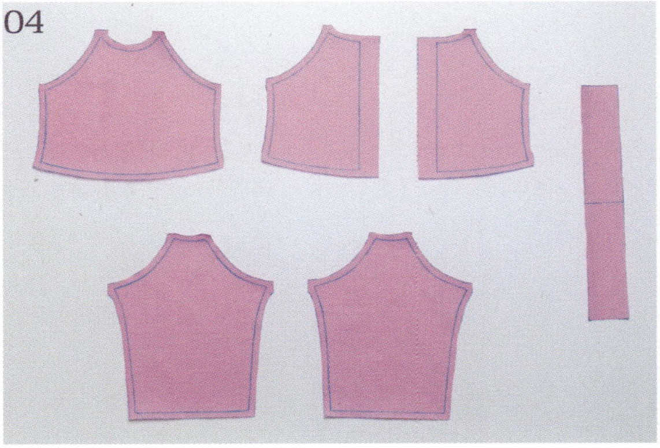

재단하기

바깥쪽 시접선을 따라 가위로 자릅니다. 펜으로 그린 선이라 선이 두꺼우니 선 안쪽으로 자르는 것이 좋습니다. 시접선 바깥쪽으로 자르면 옷이 커질 수도 있습니다.

TIP 선세탁 요령

대부분의 원단에는 가공하면서 생기는 각종 오염물질이나 먼지들이 달라붙어 있거나 세탁하면 줄어들기도 하므로 옷을 만들기 전에 미리 세탁하는 것이 좋습니다.

1. 세제를 풀지 않은 미온수에 소금을 약간 넣어 녹입니다.
2. 원단을 접어서 충분히 물에 잠기게 한 다음 1시간 동안 둡니다.
3. 색상이 진한 원단은 물이 빠질 수 있으니 다른 색상의 원단과 같이 넣지 않도록 주의하세요.
4. 세탁이 끝난 원단은 비틀어 짜지 마세요. 꾹꾹 눌러서 물기를 빼거나 세탁망에 넣어 탈수한 후 그대로 펴서 말리세요. 약간 덜 말랐을 때 다림질을 하면 틀어진 올을 바로잡을 수 있습니다.

손바느질 배우기

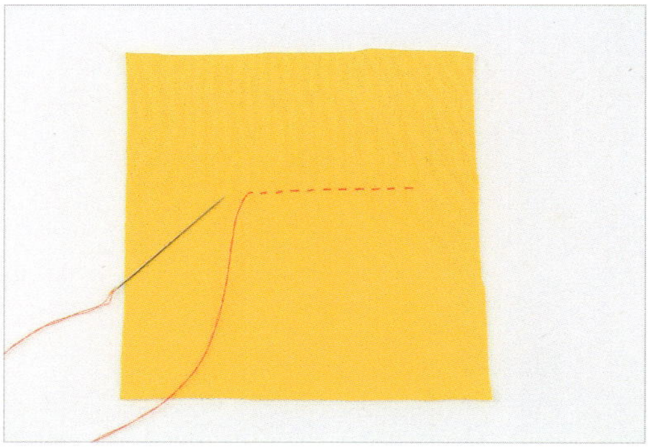

홈질

가장 기본이 되는 바느질 방법으로, 바늘땀은 3mm 정도가 적당합니다. 핸드메이드 인형이나 인형 옷을 만들 때 가장 많이 쓰입니다.

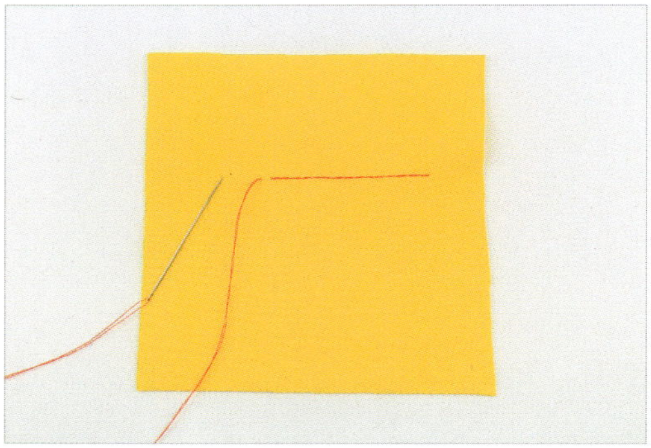

박음질

홈질에 비해 좀 더 튼튼한 바느질 방법입니다. 홈질과 다르게 시작점 뒤쪽으로 바늘을 찔러 넣어 앞으로 빼내는 과정을 반복합니다.

공그르기

보통 창구멍을 마무리할 때 쓰이는 바느질 방법입니다. 마주 보는 두 원단의 가장자리를 한 땀씩 번갈아가면서 살짝 떠서 실을 잡아당기면 바늘땀이 보이지 않아 깔끔하게 마무리할 수 있습니다.

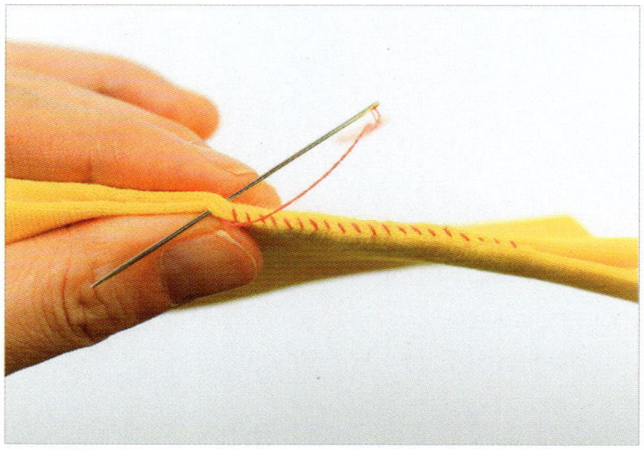

감침질

안쪽의 시접이 들뜨지 않게 정리하는 방법입니다. 원단 두 겹을 통과한 후 다시 이동하여 통과하기를 반복하면 사선 모양의 바늘땀이 나타납니다. 공그르기와는 다르게 바늘땀이 보입니다.

TIP 재봉틀을 사용하여 인형 옷의 시접을 박을 때는, 손바느질의 홈질과 박음질 대신 직선 박기를 합니다. 바늘땀은 보통 2.5~3mm가 적당하지만 두꺼운 원단이나 털 원단 같은 경우에는 4~5mm로 하는 것이 좋습니다.

주름 잡기

기본 바느질법인 홈질을 한 후 실을 잡아당기면 주름이 생깁니다. 원단을 바이어스 방향으로 재단하면 더 예쁜 주름을 만들 수 있습니다.

TIP 재봉틀을 사용하여 주름을 만들 때는 주름 노루발의 바늘 땀수와 장력을 큰 숫자에 놓고 직선 박기를 하면 됩니다.

시접 처리하기

인형 옷의 시접은 거의 0.5cm로 작게 들어가기 때문에 올 풀림 방지액을 사용해서 올이 풀리지 않게 처리합니다. 올이 풀리기 쉬운 원단이나 오버록을 한 것보다 더 깔끔하게 시접을 처리하는 방법도 있는데, 이것을 '접어박기 가름솔'이라고 합니다. 이때는 시접을 1cm 주어야 합니다.

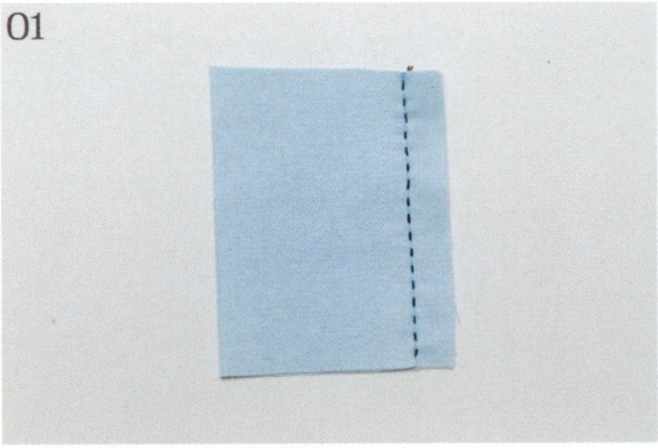

원단을 겹쳐 시접 부분을 홈질합니다.

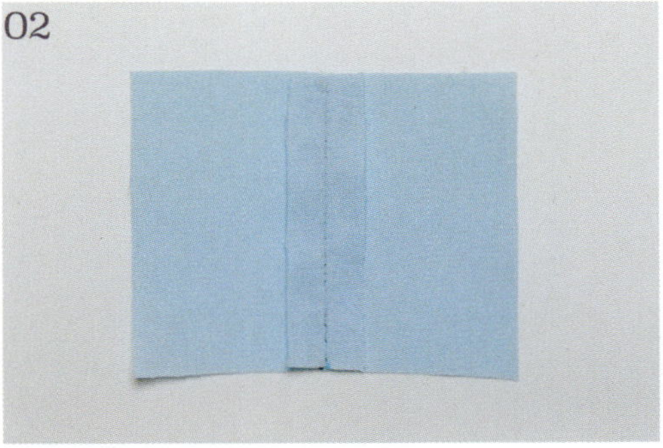

시접을 양옆으로 편 후 다림질을 합니다.

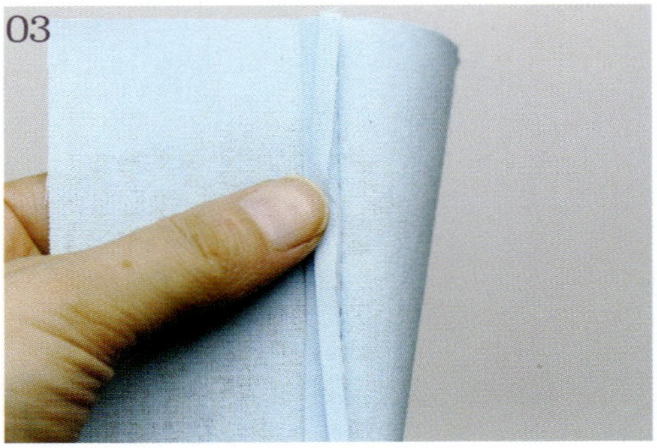

양옆의 시접을 반씩 접습니다.

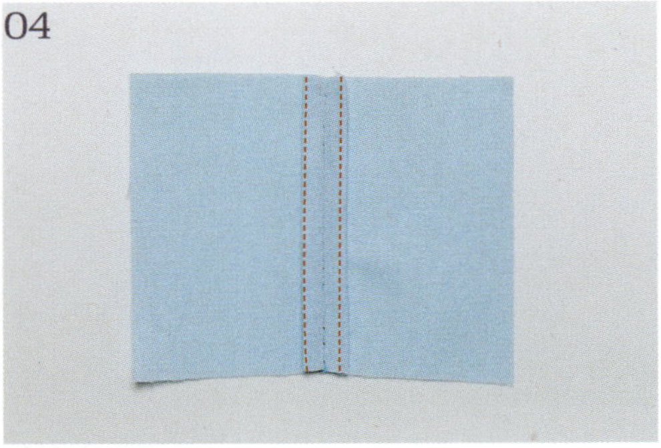

접은 부분을 바느질합니다.

스냅 단추 달기

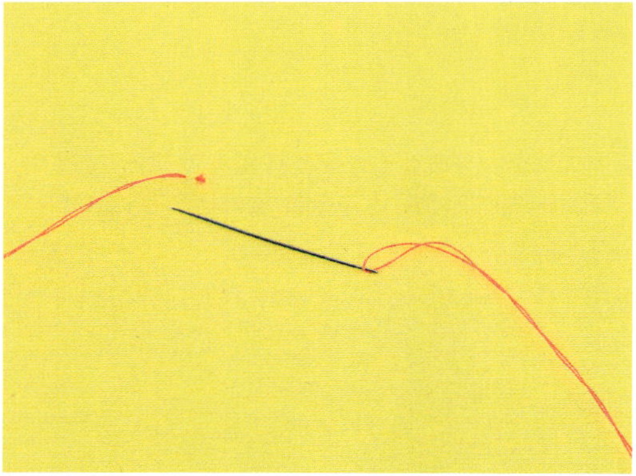

매듭짓기

바늘에 실을 끼우고 매듭을 지은 후 작게 한 땀을 뜹니다.

TIP 스냅 단추란?

스냅 단추(일명 똑딱이 단추)는 일반 단추보다 쉽게 끼우고 풀 수 있어서 아이들 옷이나 인형 옷을 만들 때 많이 사용됩니다. 볼록 튀어나온 단추를 '수', 가운데 구멍이 있는 단추를 '암'으로 구분합니다.

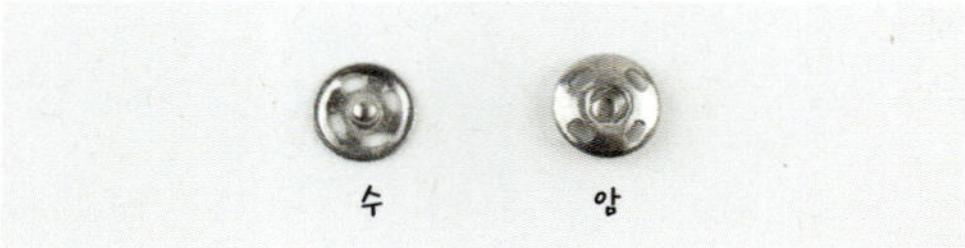

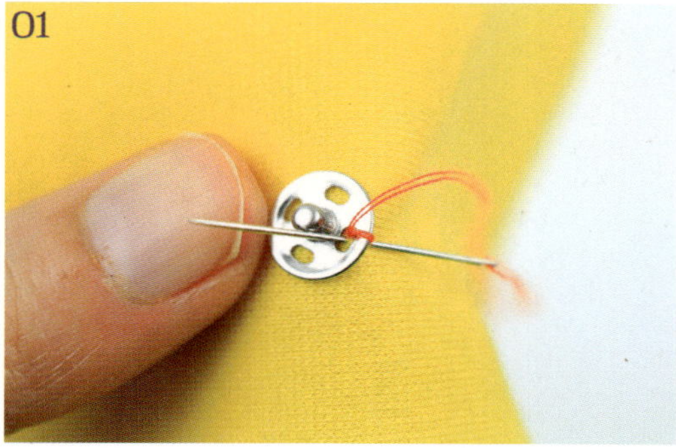

단추 구멍으로 바늘을 통과시켜 감침질하듯 바느질합니다.

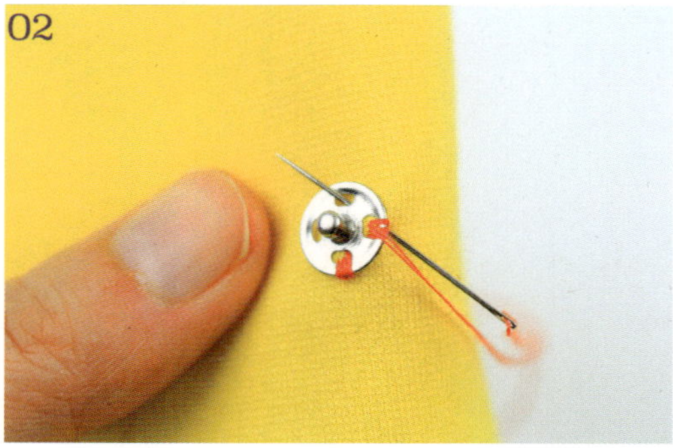

구멍에서 실을 세 번 감은 후 옆 구멍으로 바늘을 이동하여 통과시킵니다.

03

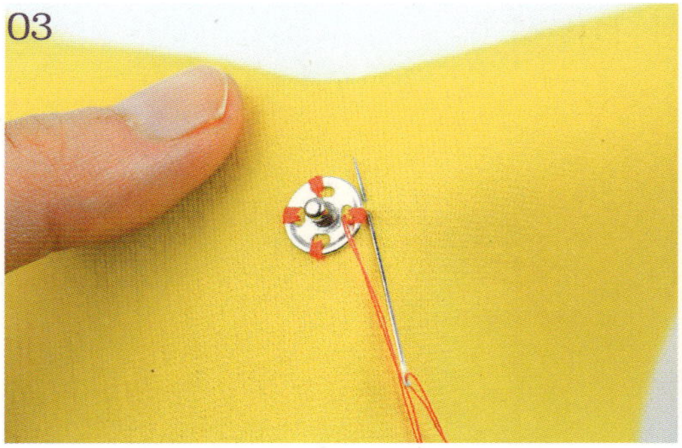

마지막 구멍에서 실을 세 번 감은 후 네 번째에 단추에서 최대한 가까운 바깥으로 바늘을 뺍니다.

04

밖으로 빼낸 바늘에 실을 두 번 감은 후 바늘을 당겨 매듭을 짓습니다.

05

매듭을 지은 곳에 바늘을 찔러 넣어 스냅 단추를 지나 반대편으로 빼고 실을 끊으면 스냅 단추가 깔끔하게 달립니다.

06

암, 수 스냅 단추가 바느질된 모습입니다.

올 풀림 방지

올 풀림 방지하기

01

재단한 원단과 올 풀림 방지액을 준비합니다. 원단의 올 풀림을 방지하기 위해 바느질하기 전에 꼭 해야 할 과정이에요.

02

시접선 가장자리에 올 풀림 방지액을 바른 후 완전히 마르면 바느질을 시작합니다. 올 풀림 방지액이 마르면 가장자리가 살짝 굳어서 올이 풀리지 않아요.

How to Make

만들기

ITEM

펠트로 만든 주머니가 돋보이는 카디건이예요.
안감을 플라워 프린팅 원단으로 만들어 소매를 걷어 올리면
귀여운 포인트가 된답니다.

01

심플 카디건

도안 142쪽

재료 겉감 울 혼방 모직 레드오렌지 45cm×35cm, 안감 면30수 플라워 레드 도트 45cm×35cm, 단추 4개, 펠트지 약간

재단 앞판 겉감 2장, 앞판 안감 2장, 뒤판 겉감 1장, 뒤판 안감 1장, 토끼 모양 펠트 주머니 1장

How to Make

01

원단에 앞판, 뒤판의 도안을 대고 그린 후 시접을 0.5cm 주고 앞판 겉감 2장과 뒤판 겉감 1장을 재단한다.

02

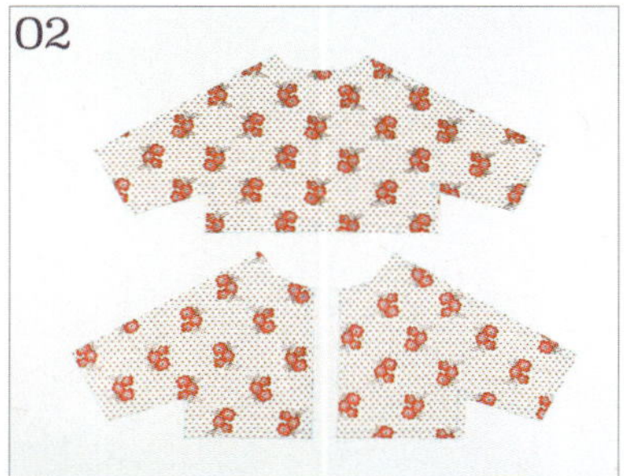

원단에 도안을 대고 그린 후 시접을 0.5cm 주고 앞판 안감 2장과 뒤판 안감 1장을 재단한다.

03

앞판과 뒤판을 겉면끼리 맞대고 완성선을 따라 바느질한다.

04

옆선과 소매가 연결된 모서리 부분에 가위집을 낸다.

05

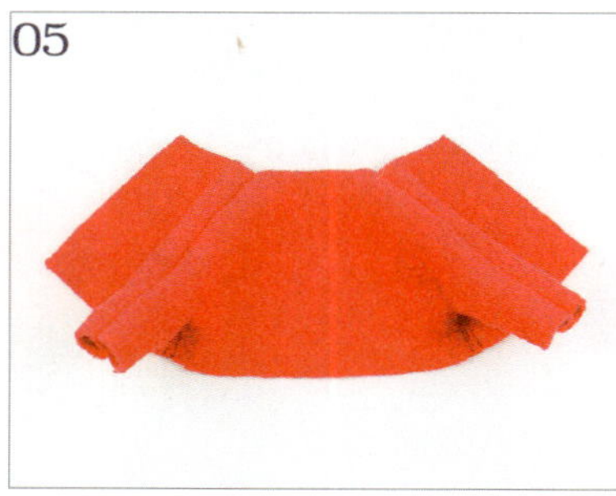

겉면으로 뒤집은 모습.

06

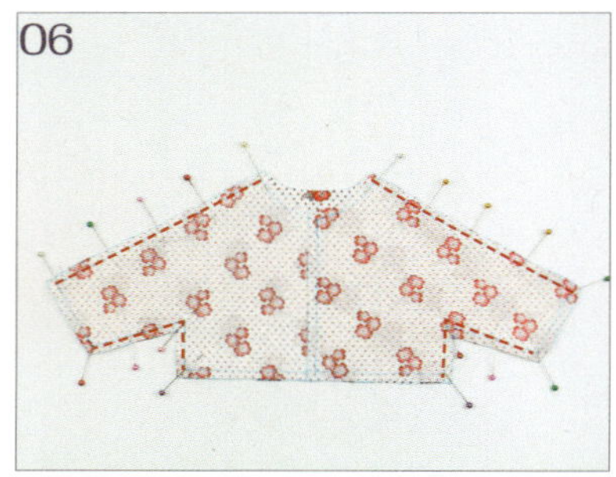

안감도 앞판과 뒤판을 겉면끼리 맞대고 완성선을 따라 바느질한다.

07

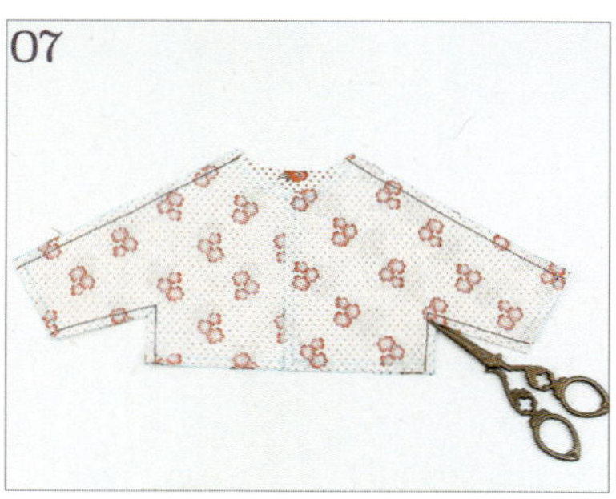

옆선과 소매가 연결된 모서리 부분에 가위집을 낸다.

08

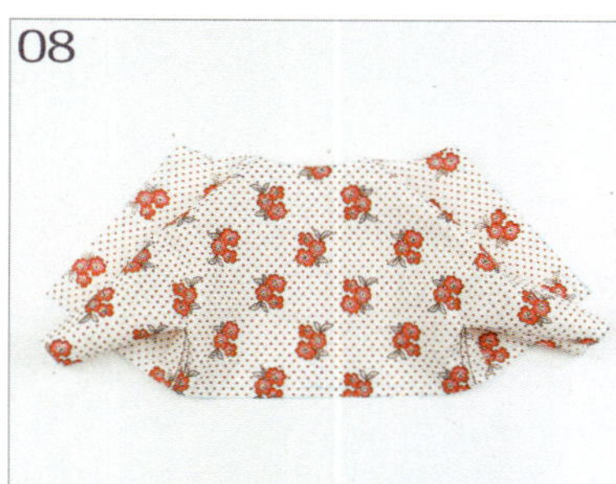

겉면으로 뒤집은 모습.

09

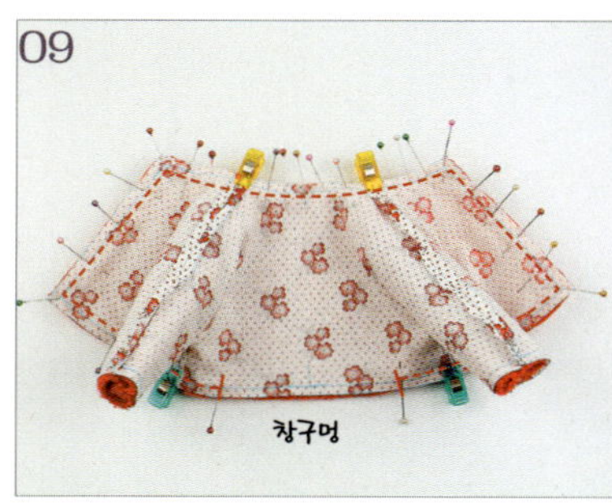

겉감과 안감을 겉면끼리 맞대고 고정한 후 밑단에 창구멍을 남기고 완성선을 따라 바느질한다.

10

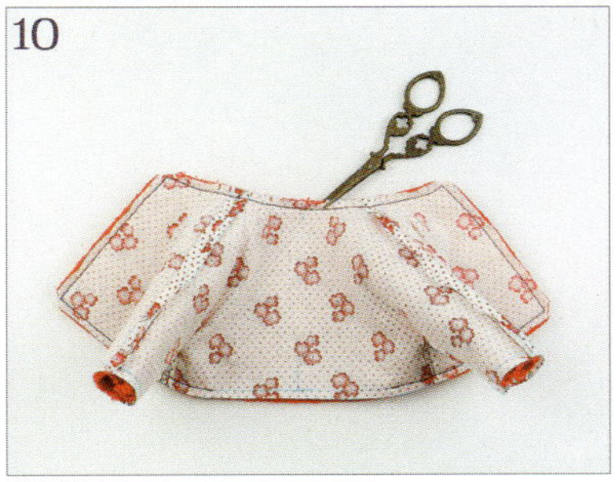

앞중심에서 모서리 부분의 시접을 사선으로 잘라주고 목둘레의 곡선 부분에 가위집을 낸다.

11

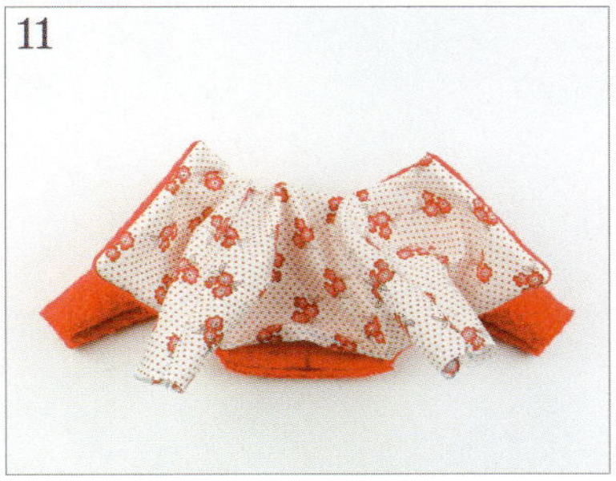

창구멍으로 뒤집은 모습.

12

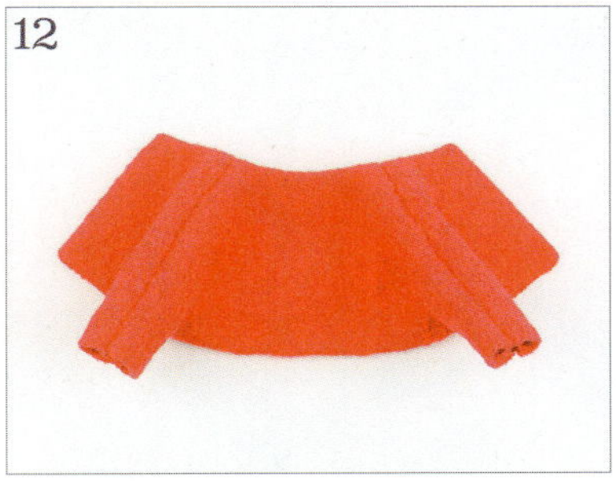

전체적으로 다림질을 해서 정리한다.

13

밑단의 창구멍 시접을 잘 정리하여 시침핀으로 고정한다.

14

창구멍을 공그르기한다.

15

밑단의 창구멍을 마무리하여 정리한 모습.

16

겉면 가장자리의 0.5cm 안쪽에서 전체 둘레를 바느질한다.

17

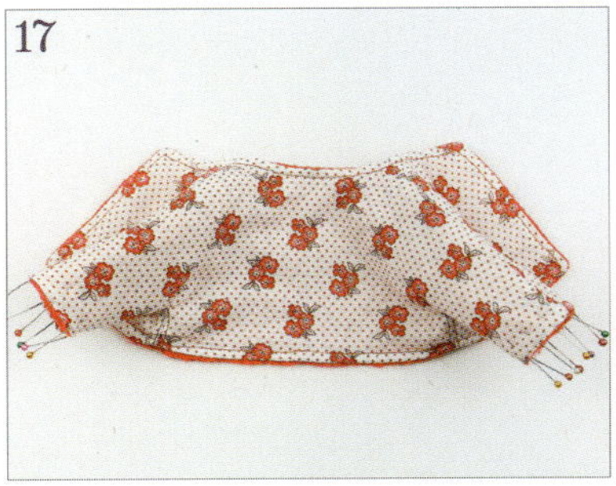

안감과 겉감의 소매 시접을 정리하여 시침핀으로 고정한다.

18

안감과 겉감의 소매를 공그르기로 정리한다.

19

소매 끝단을 정리한 모습.

20

펠트지에 도안을 대고 그린 후 잘라서 다음과 같이 윗부분만 홈질한다.

21

토끼 모양 주머니를 카디건 앞판에 단다.

22

앞중심에 단추를 달면 완성.

ITEM

전체적으로 보이시한 스타일이 돋보이는 재킷이에요.
재킷의 좌우 길이가 다른 점이 독특하고요.
앞판의 덧장식이 색다른 포인트예요.

02

언밸런스 패션 재킷

도안 144쪽

재료 겉감 혼방 모직 베이지 55cm×45cm, 안감 30수 선염 체크 브라운 55cm×45cm, 스냅 단추 2쌍, 미니 단추 3개

재단 앞판L 겉감 1장, 앞판L 안감 1장, 앞판R 겉감 1장, 앞판R 안감 1장, 뒤판 겉감 1장, 뒤판 안감 1장, 소매 겉감 2장, 소매 안감 2장, 앞판 덧장식 겉감 1장, 앞판 덧장식 안감 1장, 주머니 겉감 1장, 주머니 안감 1장

How to Make

원단에 앞판 덧장식 도안을 대고 겉감과 안감을 각각 1장씩 그린 후 시접을 0.5cm 주고 재단한다.

두 장을 겉면끼리 맞대고 완성선을 따라 바느질한다.

겉면으로 뒤집어서 다림질하여 정리한다.

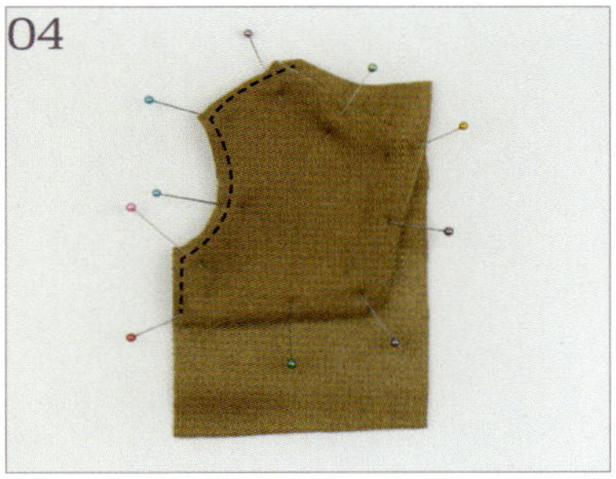

원단에 앞판L 도안을 대고 그린 후 시접을 0.5cm 주고 재단한다. 앞판L에 3을 겹쳐 시침핀으로 고정하고 끝박음질로 앞판 덧장식을 고정한다.

앞판L에 덧장식을 부착한 모습.

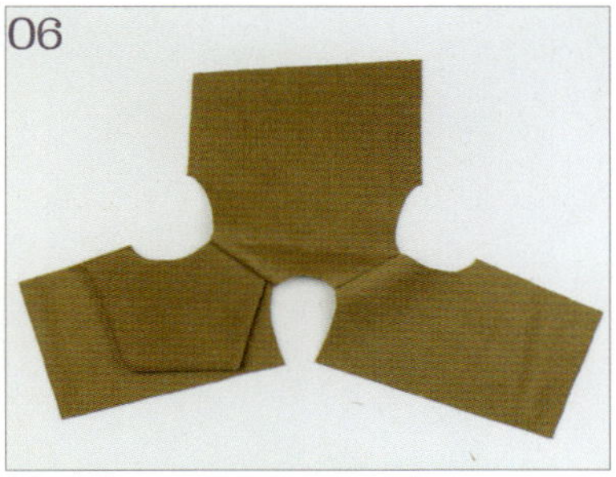

원단에 앞판R과 뒤판의 도안을 대고 그린 후 시접을 0.5cm 주고 재단한다. 앞판과 뒤판의 어깨를 겉면끼리 맞대고 완성선을 따라 바느질한다.

원단에 소매 도안을 대고 그린 후 시접을 0.5cm 주고 2장을 재단한다. 앞판의 암홀라인과 소매 앞부분, 뒤판의 암홀라인과 소매 뒷부분을 겉면끼리 맞대고 완성선을 따라 바느질한다.

소매를 연결한 모습.

안감도 같은 과정으로 준비한다.

10

원단에 주머니 도안을 대고 안감과 겉감을 각각 1장씩 그린 후 시접을 0.5cm 주고 재단한다.

11

두 장을 겉면끼리 맞댄 후 창구멍을 남기고 완성선을 따라 바느질한다.

12

주머니는 겉면으로 뒤집어서 창구멍을 정리하여 다림질한 후 앞판에 단다.

13

주머니를 부착한 후 단추를 단다.

14

안감과 겉감은 겉면끼리 맞대고 시침핀으로 고정한 후 완성선을 따라 바느질한다.

15

목둘레의 곡선 부분에 가위집을 낸다.

16

겉감의 소매와 옆선을 겉면끼리 맞대고 완성선을 따라 바느질한다.

17

안감의 소매와 옆선을 겉면끼리 맞대고 완성선을 따라 바느질한다.

18

겉감과 안감의 밑단을 겉면끼리 맞댄 후 창구멍을 남기고 완성선을 따라 바느질한다. 겉면으로 뒤집어서 창구멍의 시접을 정리하고 공그르기로 마무리한다.

소매의 안감과 겉감을 공그르기로 정리한다.

겉면의 전체 둘레를 0.7cm 안쪽에서 바느질하고 안쪽에 스냅 단추를 단다.

겉면에 스냅 단추를 달아 완성한 모습.

ITEM

사선으로 들어간 지퍼가 유니크한 매력을 UP!
앞판과 소매에 장식 주머니를 달아 포인트를 주었어요.

03

핑크 라이더 재킷

도안 148쪽

재료 겉감 인조가죽 스무디 핑크 50cm×65cm, 안감 면40수 무지 그레이 65cm×50cm, 주머니감 네오플렌 무지 화이트 15cm×15cm, 길이조절 고리 1개, 지퍼 10cm, 장식 단추 2개

재단 앞판 겉감 2장, 앞판 안감 안단 1장, 앞판 안감 2장, 뒤판 겉감 1장, 뒤판 안감 1장, 소매 겉감 2장, 소매 안감 2장, 주머니 2장, 주머니 뚜껑 2장

How to Make

01

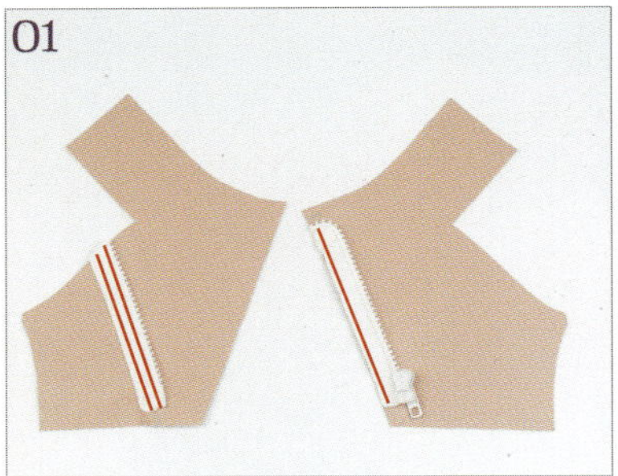

원단에 앞판 겉감의 도안을 대고 그린 후 시접을 0.5cm 주고 2장을 재단한다. 도안에 표시된 지퍼 위치의 한쪽에 지퍼를 놓고 두 줄로 바느질한다. 슬라이더가 있는 지퍼는 앞중심에 놓고 끝박음질한다.

02

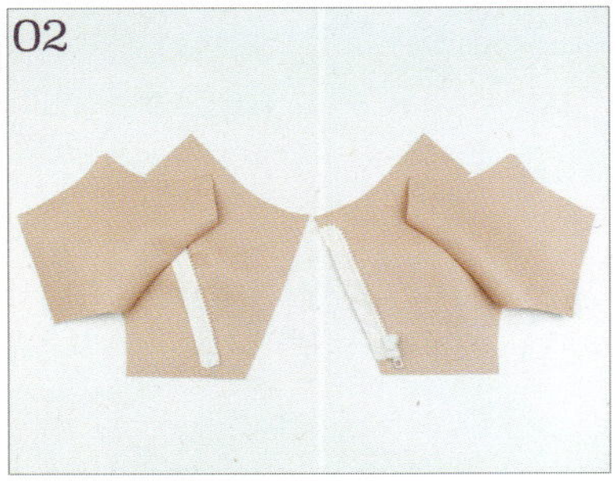

앞판에 소매 앞쪽을 겉면끼리 맞대고 완성선을 따라 바느질한다.

03

뒤판에 소매 뒤쪽을 겉면끼리 맞대고 완성선을 따라 바느질한다.

04

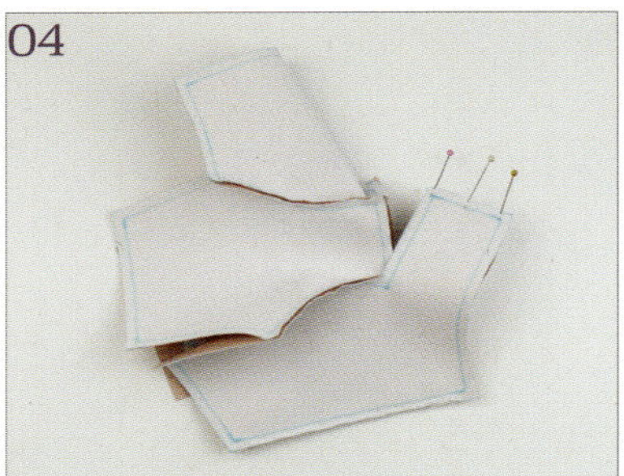

겉감의 뒤목중심을 겉면끼리 맞대고 시침핀으로 고정한 후 완성선을 따라 바느질한다.

05

모서리 부분에 가위집을 낸다.

06

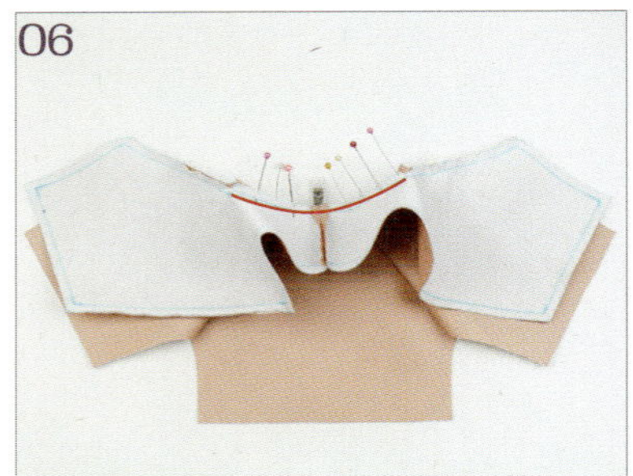

뒤목중심과 뒤판부터 소매까지 연결되는 부분의 겉면끼리 맞대고 시침핀으로 고정한 후 완성선을 따라 바느질한다.

07

겉감을 연결한 모습.

08

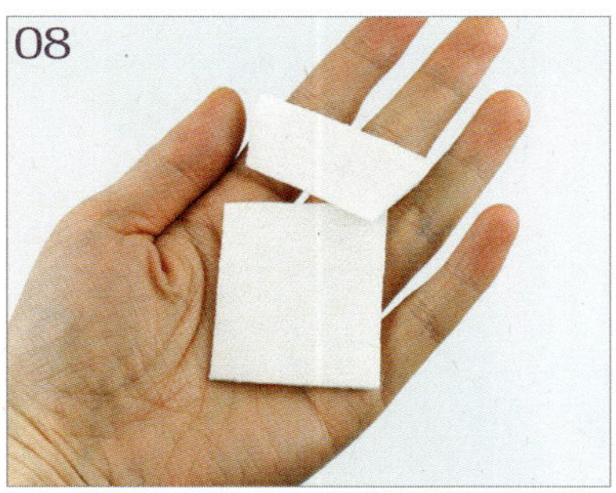

원단에 주머니와 주머니 뚜껑 도안을 대고 그린 후 시접 없이 재단한다.

09

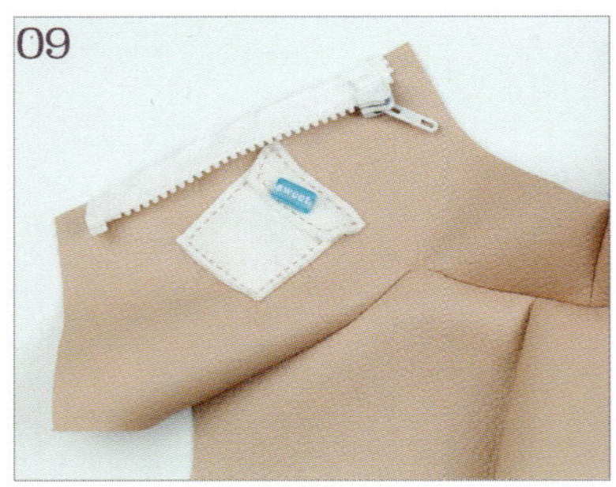

앞판의 한 면에 주머니와 주머니 뚜껑을 대고 홈질한 후 단추를 단다.

10

9와 똑같이 소매 한쪽에 주머니와 주머니 뚜껑을 대고 홈질한 후 단추를 단다.

11

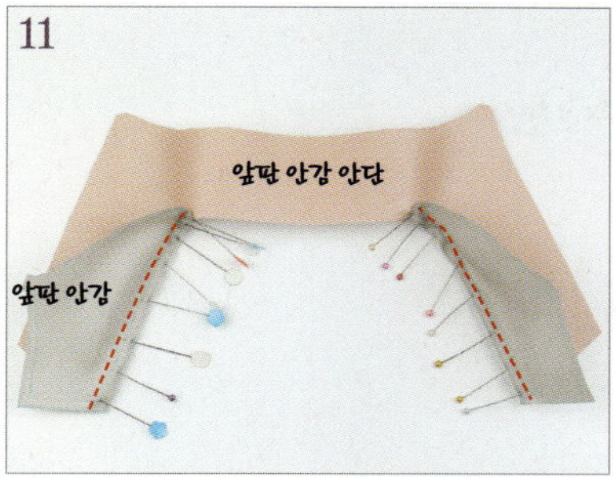

앞판 안감 안단과 앞판 안감의 겉면끼리 맞대고 시침핀으로 고정한 후 완성선을 따라 바느질한다.

12

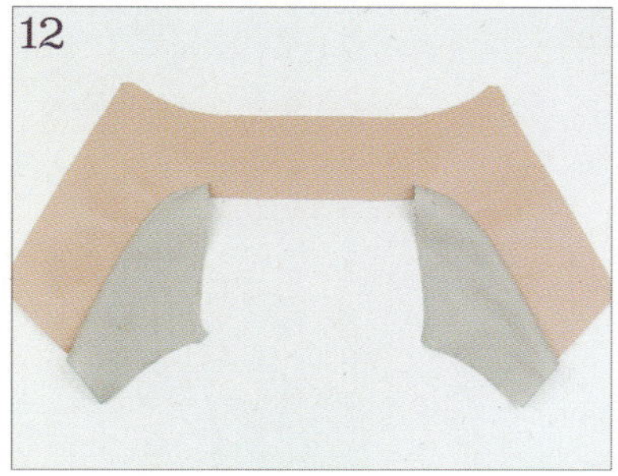

앞판 안감 안단과 앞판 안감을 연결한 모습.

13

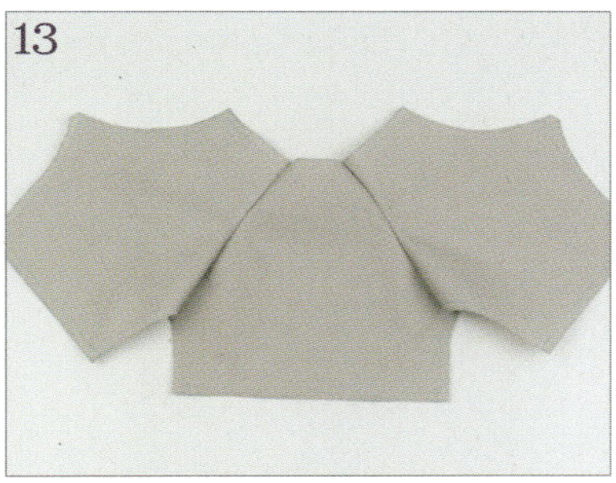

안감 뒤판에 소매 뒤쪽을 연결한 모습.

14

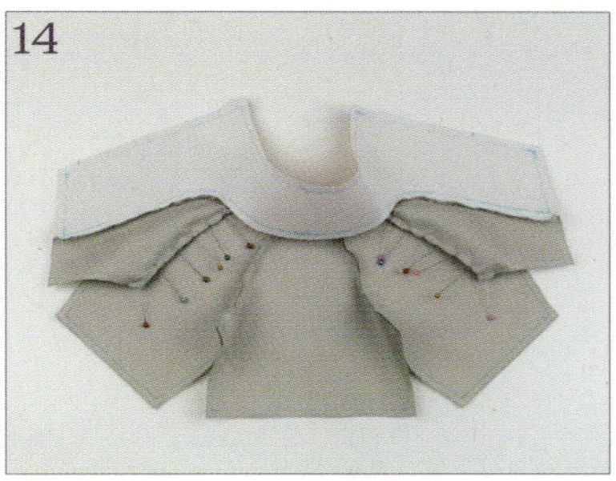

12의 앞판 안감 암홀 부분에 소매 앞쪽의 겉면을 맞대고 완성선을 따라 바느질한다.

15

연결한 모습.

16

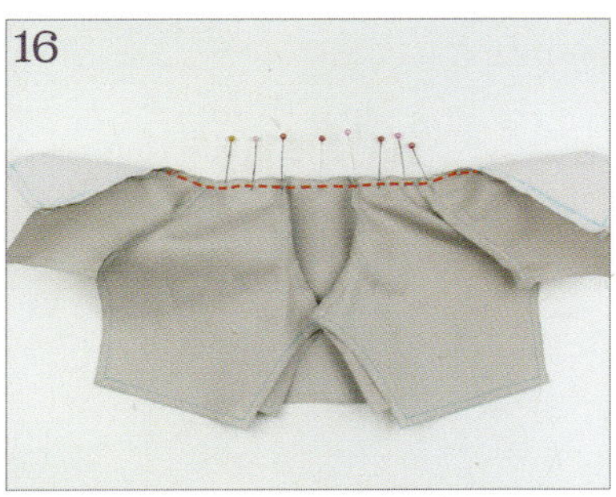

안단과 연결되는 목둘레 부분을 겉면끼리 맞대어 고정한 후 완성선을 따라 바느질한다.

17

안감을 연결한 모습.

18

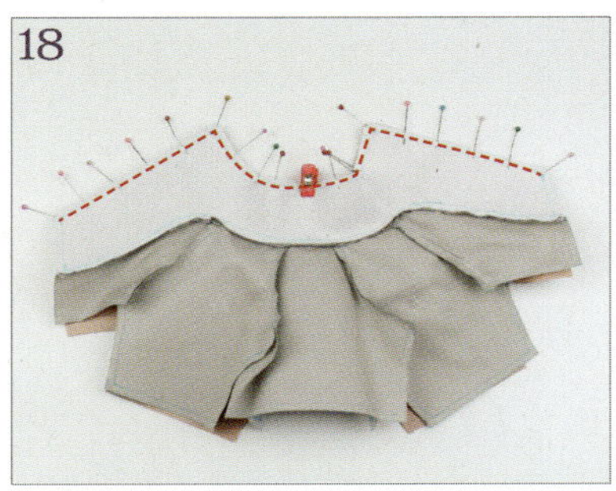

안감과 겉감의 겉면끼리 맞대고 바느질할 부분을 잘 맞춘 후 완성선을 따라 바느질한다.

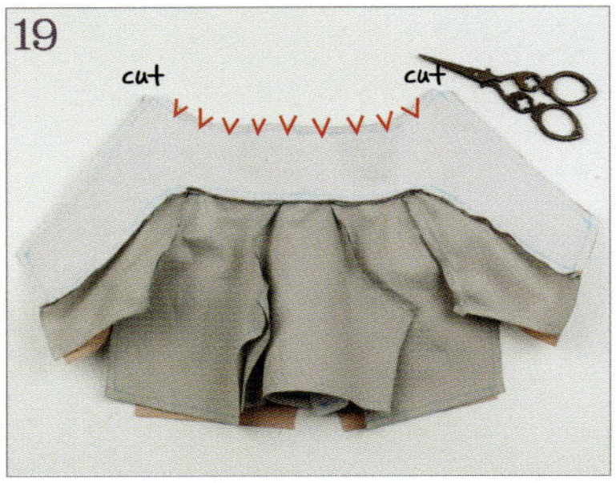

곡선 부분에는 가위집을 내고, 모서리 부분은 사선으로 자른다.

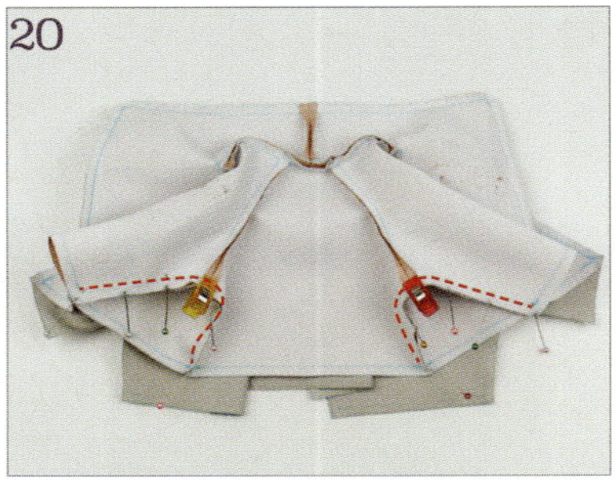

겉감의 소매와 옆선을 겉면끼리 맞대고 시침 핀으로 고정한 후 완성선을 따라 바느질한다.

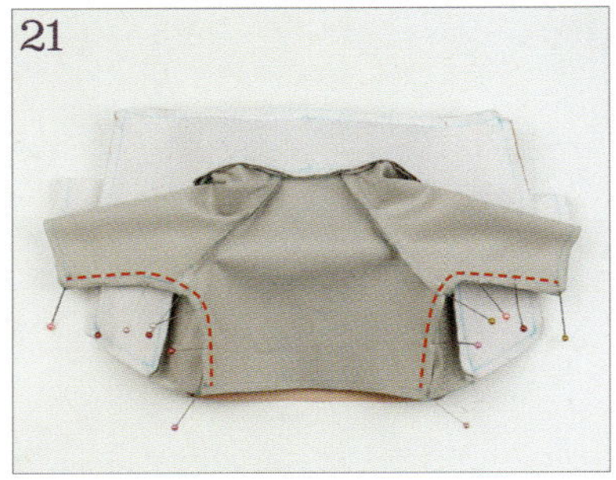

안감도 20과 같은 방법으로 준비한다.

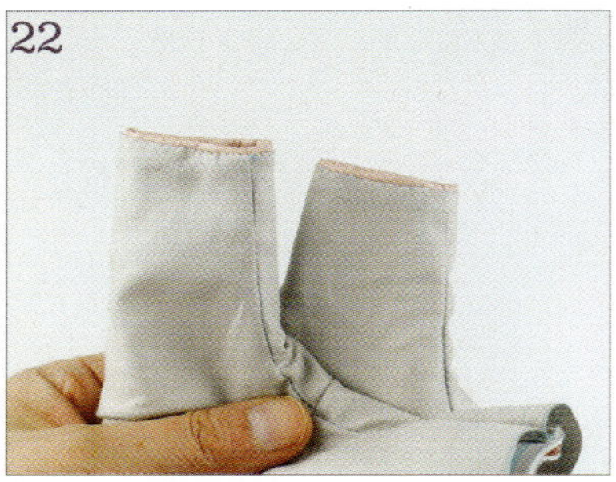

겉면으로 뒤집어 정리한 후 소매 안감과 겉감을 공그르기로 정리한다.

겉감과 안감의 밑단을 겉면끼리 맞대어 창구멍을 남기고 연결한 후 겉면으로 뒤집는다.

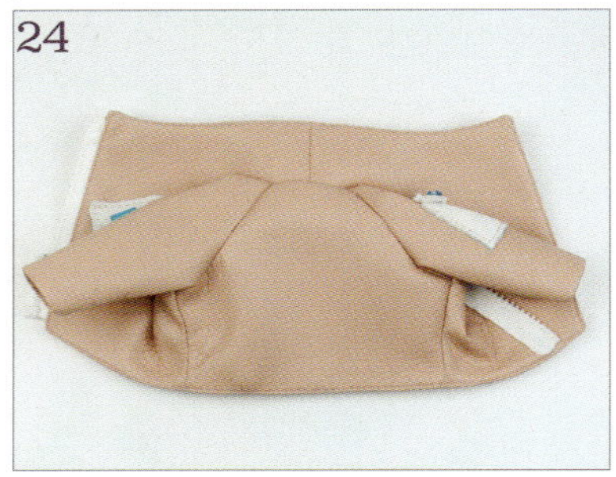

창구멍을 정리하고 전체 둘레를 끝박음질한다.

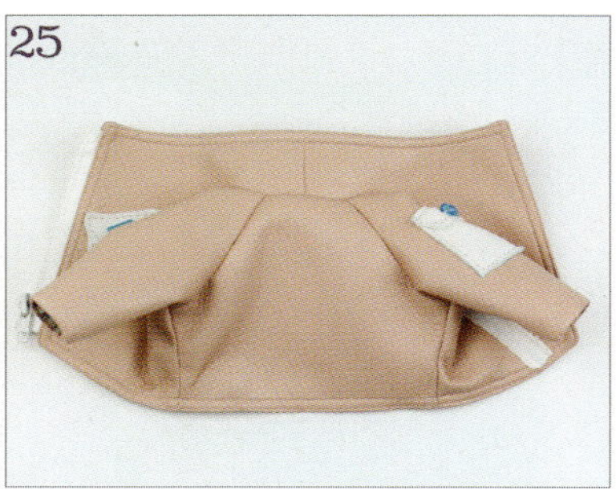

전체 둘레를 0.7cm 안쪽에서 한 번 더 바느질한다.

폭 1cm×길이 3.5cm 크기의 벨트 고리를 4개 준비한다.

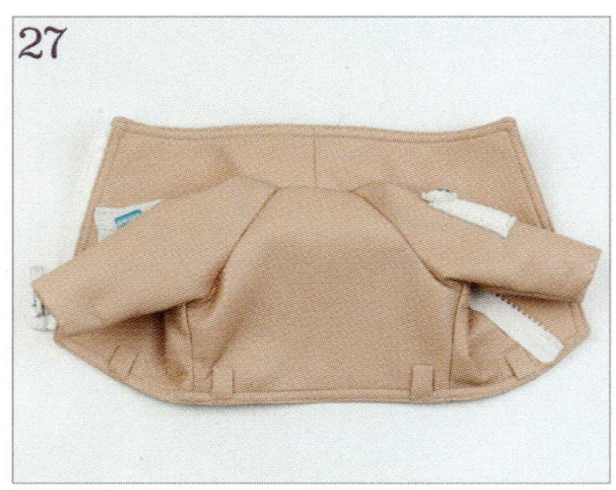

밑단에 4개의 벨트 고리를 일정한 간격으로 바느질한다.

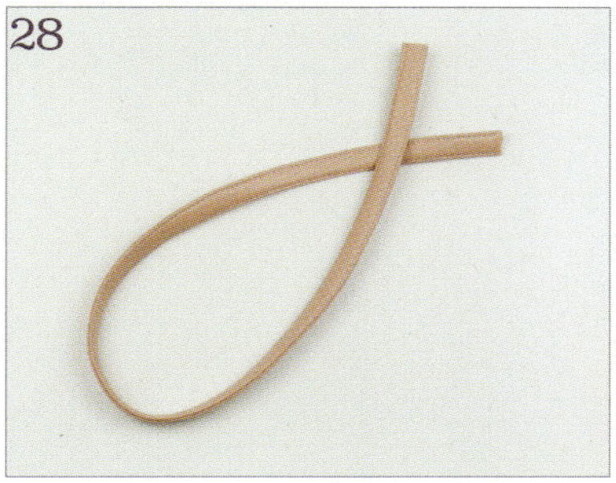

벨트 끈은 폭 4cm×길이 45cm로 자른 후 4 등분하여 접고 바느질한다.

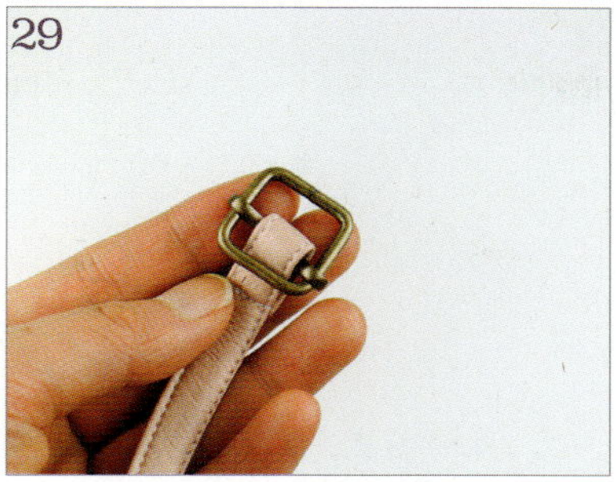

길이조절 고리 중심에 벨트 끈의 한쪽을 넣은 후 바느질하여 고정한다.

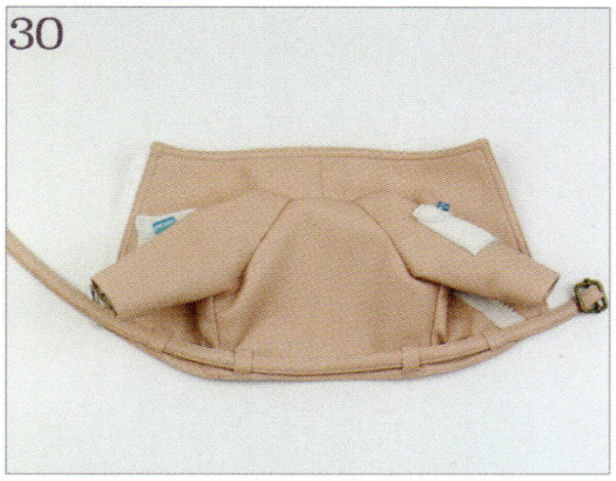

벨트 고리에 벨트 끈을 끼운다.

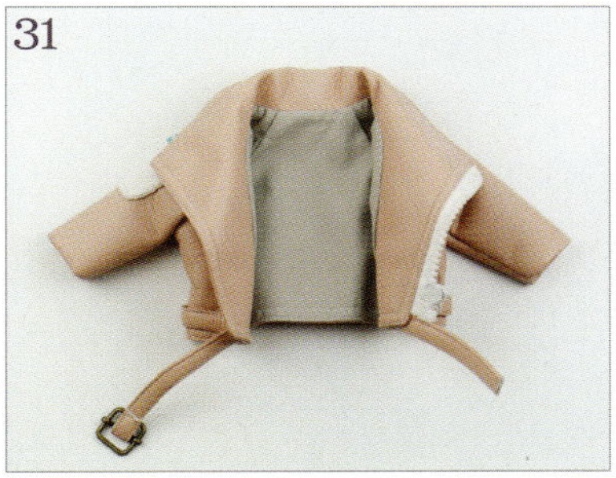

안면의 모습.

지퍼를 닫은 모습.

ITEM

뒷면의 레터링이 포인트가 되는 재킷이에요.
어깨 장식의 포인트 단추나 주머니 원단을 바꾸면
또 다른 분위기의 재킷을 만들 수 있어요.

04

청 쇼트 재킷

도안 152쪽

재료 겉감 30수 워싱 청해지 70cm×30cm, 안감 면30수 블루 체크 70cm×30cm, 면섬유용 염색용 색지, 모양 단추 2개, 전사 색종이 12cm×10cm

재단 앞판a 겉감 2장, 앞판b 겉감 2장, 뒤판 겉감 1장, 앞판 안감 2장(a+b), 뒤판 안감 1장, 안칼라 1장, 겉칼라 1장, 어깨장식 안감 2장, 어깨장식 겉감 2장, 주머니 뚜껑 겉감 2장, 주머니 뚜껑 안감 2장

How to Make

원단에 앞판a와 앞판b의 도안을 대고 그린 후 시접을 0.5cm 주고 2장씩 재단한다.

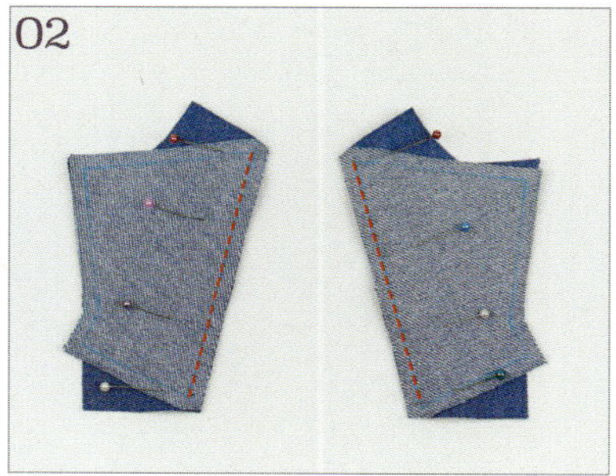

앞판a와 앞판b를 겉면끼리 맞대고 시침핀으로 고정한 후 완성선을 따라 바느질한다.

시접은 가름솔로 펴서 다림질하여 정리한다.

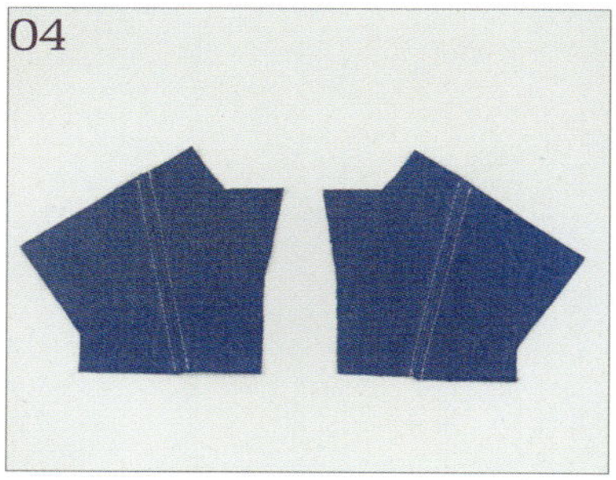

겉면에서 양옆을 끝박음질한다.

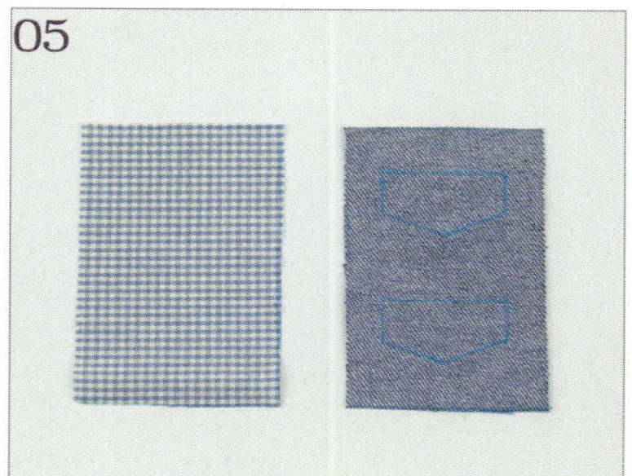

주머니 뚜껑의 겉감과 안감을 준비하고 주머니 도안을 그린다.

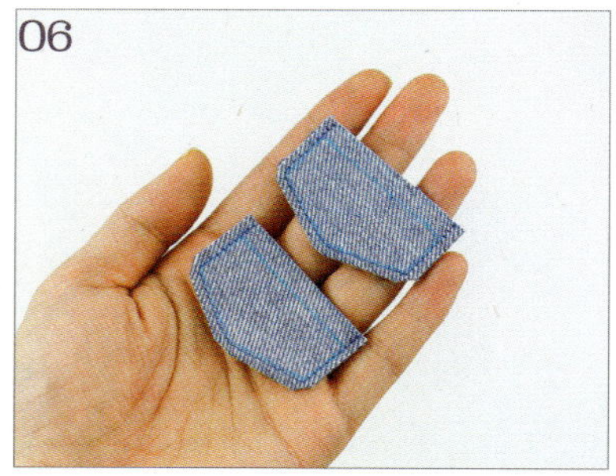

5의 2장을 겉면끼리 맞댄 후 뒤집을 한 면을 남기고 바느질한다. 바느질하지 않은 부분을 제외한 나머지 부분의 시접을 최대한 작게 남기고 잘라낸다.

겉면으로 뒤집은 후 창구멍을 공그르기한다.

주머니 뚜껑이 달릴 부분에 0.5cm 간격으로 주머니 모양을 바느질한다.

주머니 뚜껑을 단다.

10

면섬유용 염색용 색지를 준비한다.

TIP 면섬유용 염색용 색지는 화방에서 구입할 수 있다. 전사지처럼 모양이나 레터링을 오려서 패브릭에 표현할 수 있다.

11

염색용 색지에 레터링 도안을 그린다.

12

레터링 도안을 오린다.

13

원단에 뒤판 도안을 그린 후 시접을 0.5cm 주고 재단한다. 뒤판 겉감에 색깔이 있는 레터링 면을 놓는다.

14

레터링 위에 종이를 덮고 다리미를 5초 간격으로 눌러서 열을 가한다.

15

레터링이 뒤판에 잘 부착된 모습. 글자의 가장자리가 들뜨지 않도록 잘 다려준다.

16

열이 완전히 식기 전에 종이를 천천히 떼어낸다.

17

뒤판에 글자가 전사된 모습.

18

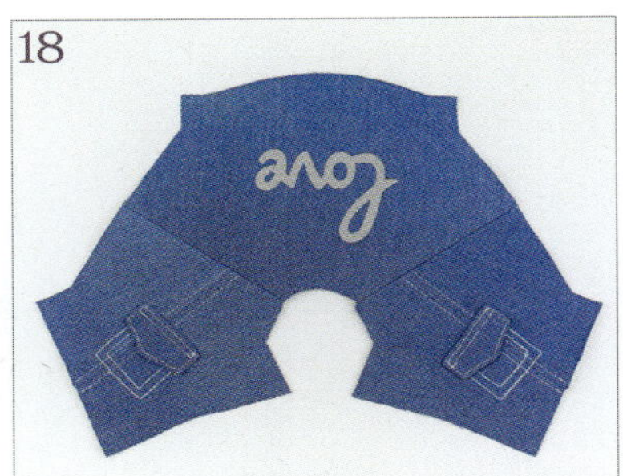

앞판과 뒤판의 어깨를 겉면끼리 맞대고 완성선을 따라 바느질한다.

19

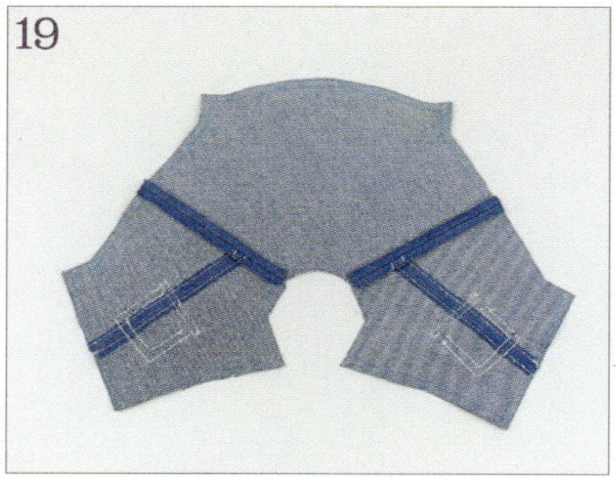

시접은 가름솔로 펴서 다림질한다.

20

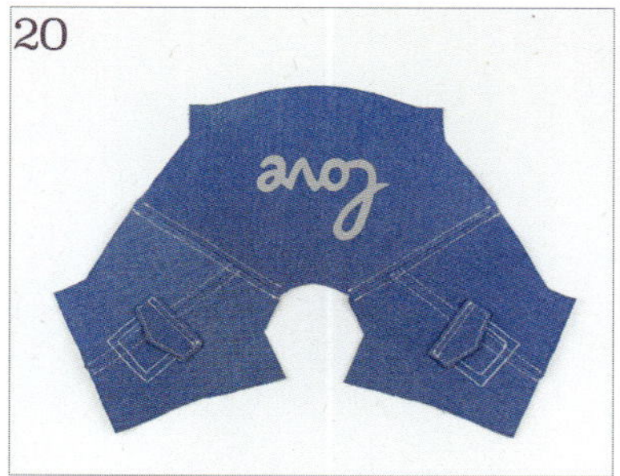

겉면에서 연결한 어깨 양쪽을 끝박음질한다.

21

어깨 장식으로 만들 겉감과 안감에 도안을 그린다.

22

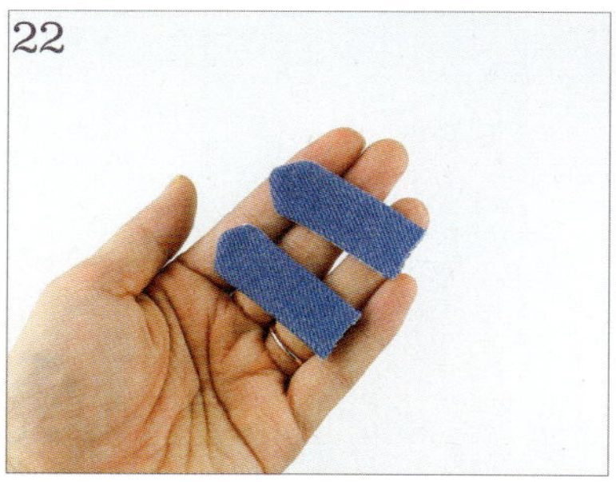

21의 2장을 겉면끼리 맞대어 뒤집어줄 창구멍을 남기고 바느질한다. 겉면으로 뒤집어서 다림질한다.

23

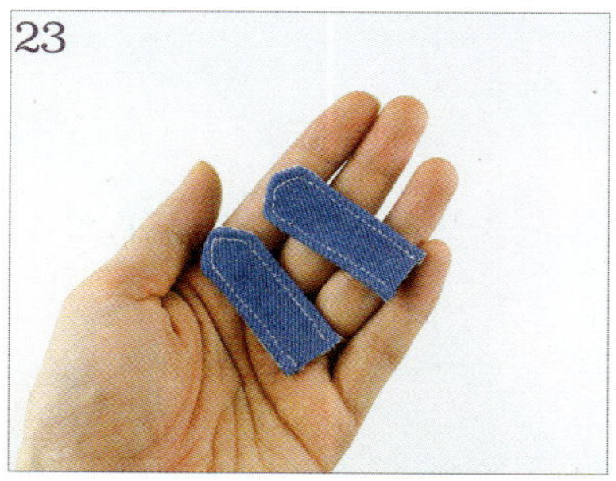

겉면에서 어깨 장식의 모양을 따라 끝박음질한다.

24

원단에 칼라의 도안을 대고 그린 후 시접을 0.5cm 주고 겉칼라 1장, 안칼라 1장을 재단한다.

25

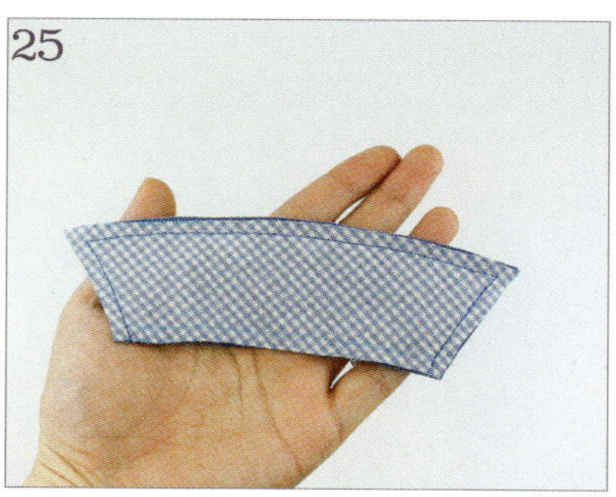

겉칼라와 안칼라의 겉면끼리 맞대고 뒤집어줄 한 면을 제외한 나머지 면의 완성선을 따라 바느질한다.

26

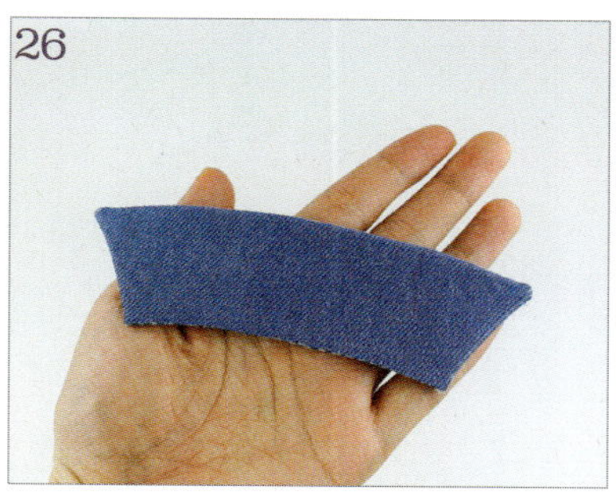

겉면으로 뒤집어서 다림질한다.

27

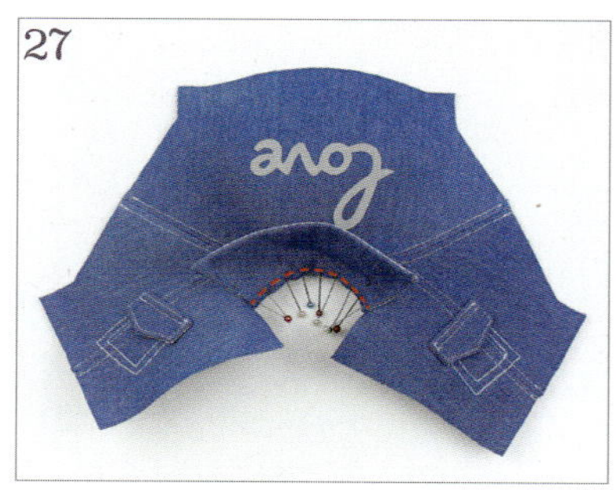

목둘레 겉면에 칼라를 맞대고 시침핀으로 고정한 후 끝박음질하여 칼라를 단다.

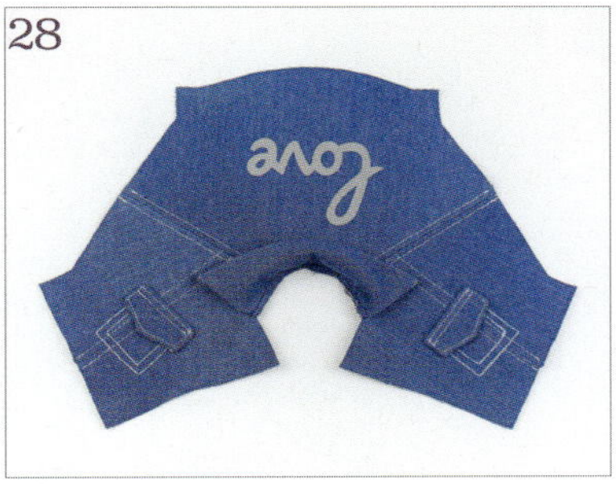

28

칼라가 달린 모습.

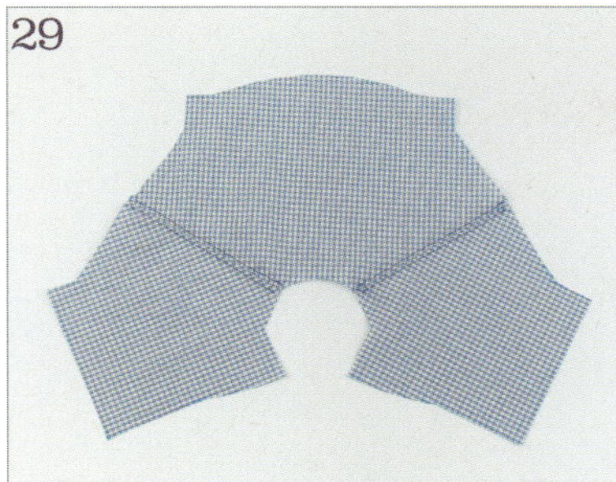

29

앞판 안감은 하나의 도안으로 2장을 그리고 시접을 0.5m 주고 재단한다. 뒤판 안감도 재단해서 앞판과 뒤판의 어깨를 겉면끼리 맞대고 완성선을 따라 바느질한다.

30

어깨 장식을 미리 넣은 후 겉감과 안감을 겉면끼리 맞대고 고정하여 완성선을 따라 바느질한다.

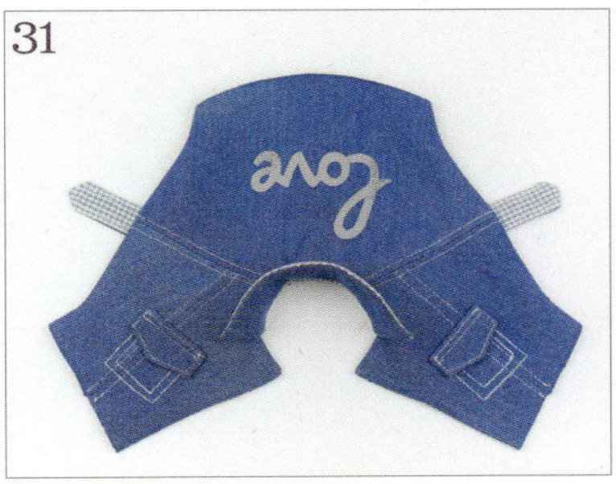

31

겉면으로 뒤집어서 정리한 모습.

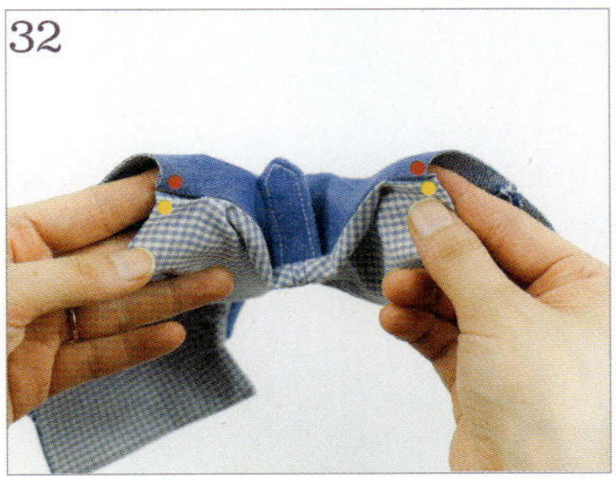

32

겉감은 겉감의 옆선끼리, 안감은 안감의 옆선끼리 겉면을 맞대고 완성선을 따라 바느질하여 연결한다.

33

옆선을 연결해서 정리한 모습.

34

밑단은 겉감과 안감 각각 시접을 0.5cm 접어서 잘 맞대고 전체 둘레를 끝박음질한다. 라펠 꺽임선도 바느질한다.

35

밑단은 0.7cm 안쪽에서 한 번 더 바느질한다.

36

어깨 장식에 단추를 달아 청 쇼트 재킷을 완성한다.

ITEM

나팔 모양의 소매가 포인트로, 착용감이 편안한
러블리한 재킷이에요.

05

프릴 집업 재킷

도안 154쪽

재료 겉감 8수 양면 기모 코랄핑크 70cm×30cm, 안감 면40수 핑크 도트 70cm×30cm, 밑단 프릴감 65cm×3.5cm, 밑단 프릴감 망사 원단 65cm×4.5cm, 뒤판 리본끈 망사 원단 30cm×4.5cm 2장, 지퍼 10cm, 폭 5mm 리본끈 30cm 2줄

재단 앞판 겉감 2장, 뒤판 겉감a 1장, 뒤판 겉감b 1장, 뒤판 겉감c 2장, 소매 겉감 2장, 칼라 겉감 1장, 칼라 안감 1장, 앞판 안감 2장, 뒤판 안감 1장, 소매 안감 2장, 칼라 안감 1장, 밑단 프릴감 1장, 밑단 프릴감(망사) 1장, 뒤판 리본끈 망사 2장

How to Make

01

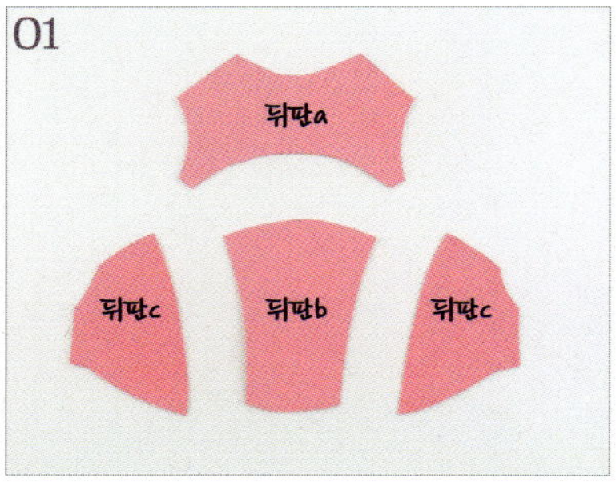

원단에 뒤판a, 뒤판b, 뒤판c의 도안을 대고 그린 후 시접을 0.5cm 준다. 뒤판c는 2장, 나머지는 1장씩 재단한다.

02

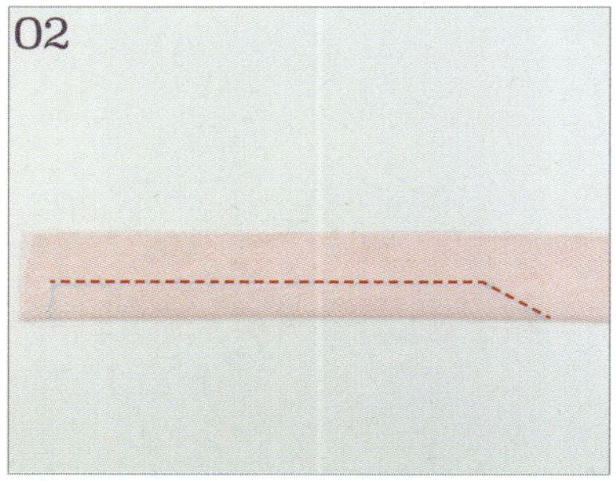

원단에 뒤판 리본끈 도안을 대고 그린 후 그림처럼 바느질한다(2장 준비).

03

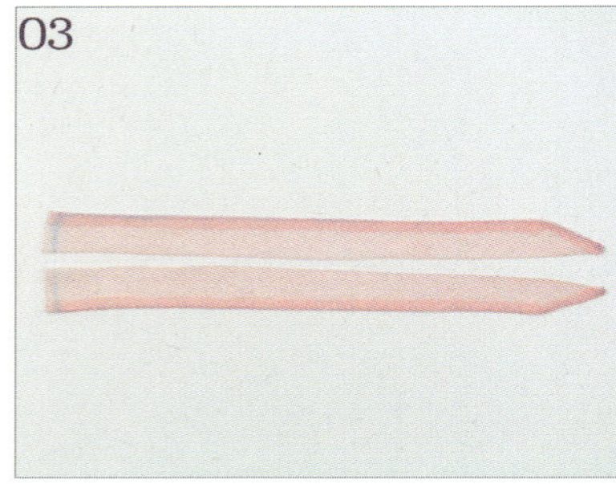

시접을 0.3cm 주고 자른 후 뒤집어서 다림질한다.

04

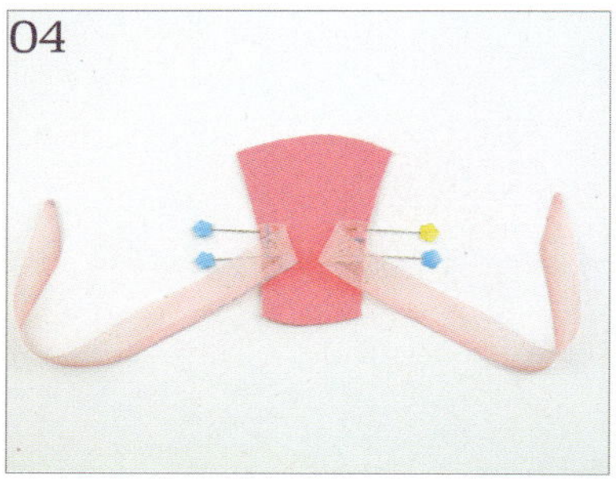

뒤판b에 리본끈을 시침핀으로 고정한 후 끝박음질한다.

05

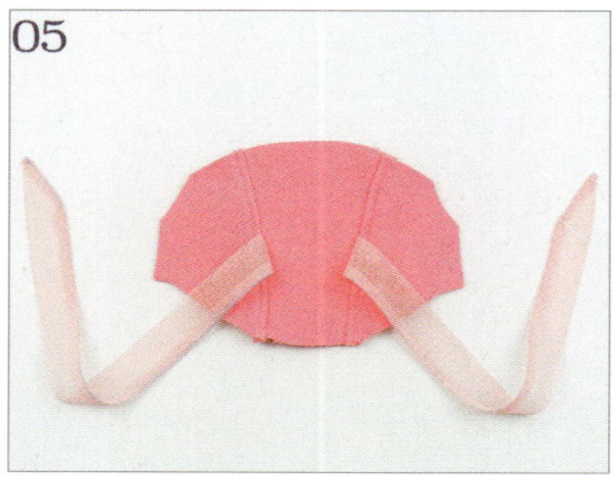

뒤판b와 뒤판c의 겉면끼리 맞대고 완성선을 따라 바느질한 후 겉면에서 끝박음질하여 시접을 정리한다.

06

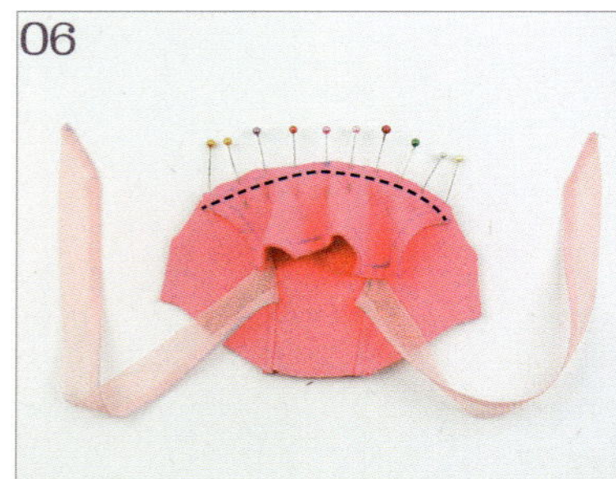

5와 뒤판a를 겉면끼리 맞대고 완성선을 따라 바느질한다.

07

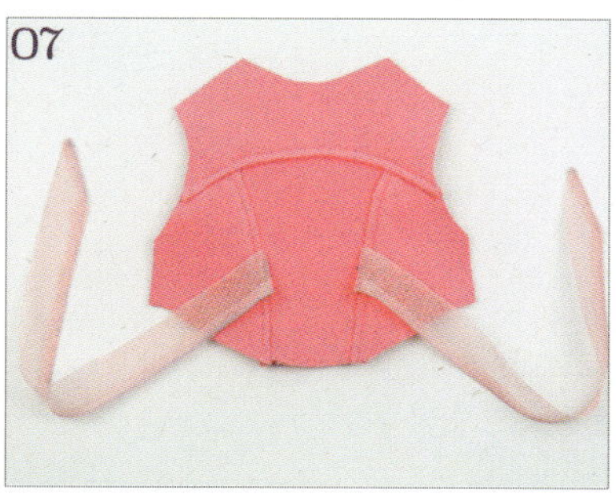

시접을 꺾어서 겉면에서 끝박음질한다.

08

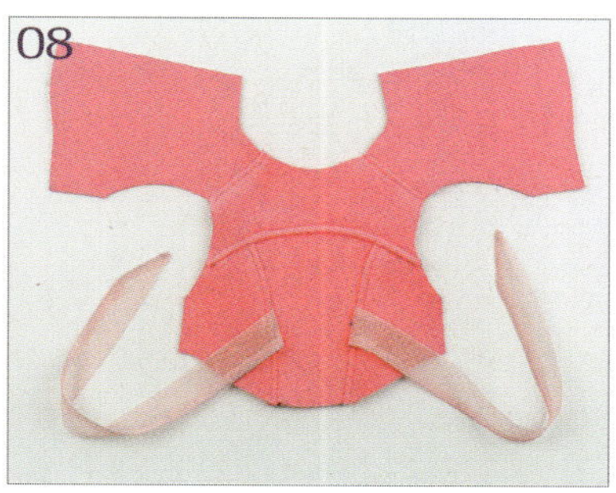

원단에 앞판 도안을 대고 그린 후 시접 0.5cm를 주고 2장을 재단한다. 뒤판a와 앞판의 어깨를 겉면끼리 맞대고 완성선을 따라 바느질한 후 겉면에서 끝박음질한다.

09

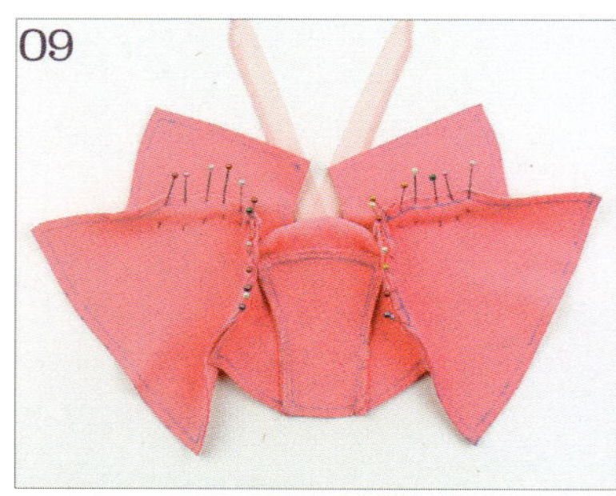

원단에 소매 도안을 대고 그린 후 시접을 0.5cm 주고 2장을 재단한다. 암홀라인에 소매를 겉면끼리 맞대고 완성선을 따라 바느질하여 연결한다.

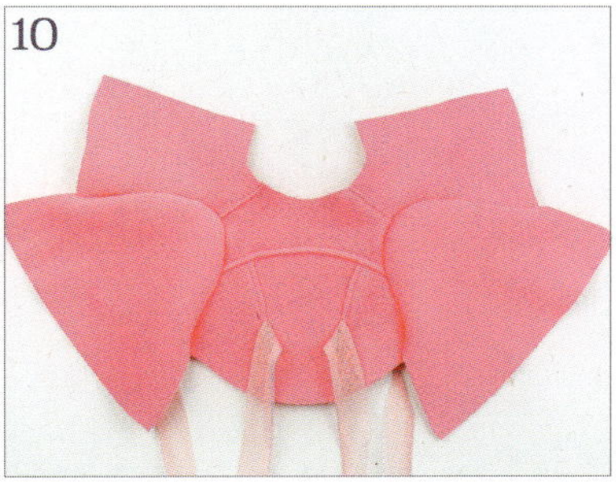

소매를 단 모습.

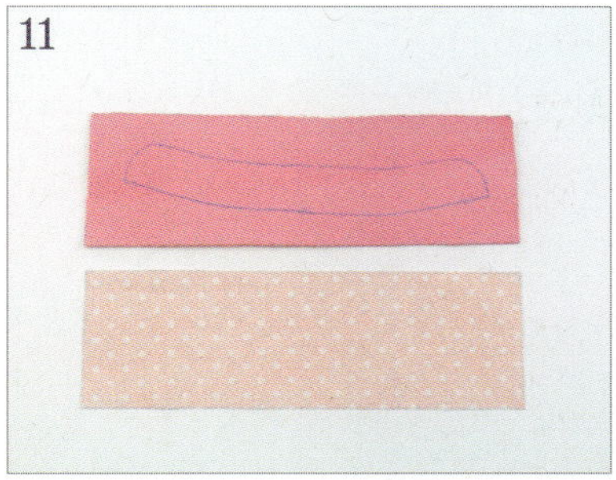

칼라를 만들 겉감과 안감을 준비해서 도안을 그린다.

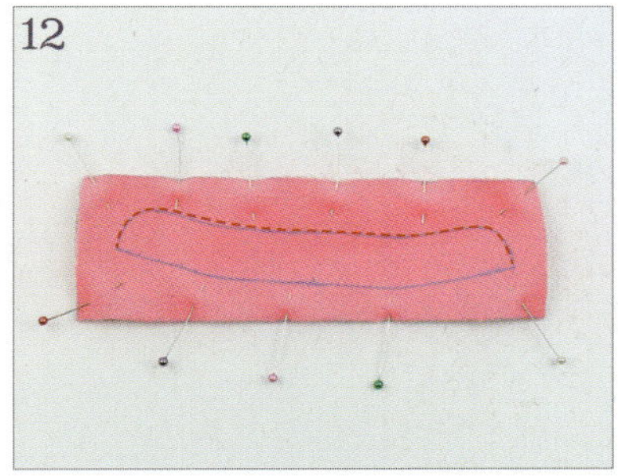

겉감과 안감의 겉면끼리 맞대고 뒤집을 부분을 제외한 나머지 부분은 완성선을 따라 바느질한다.

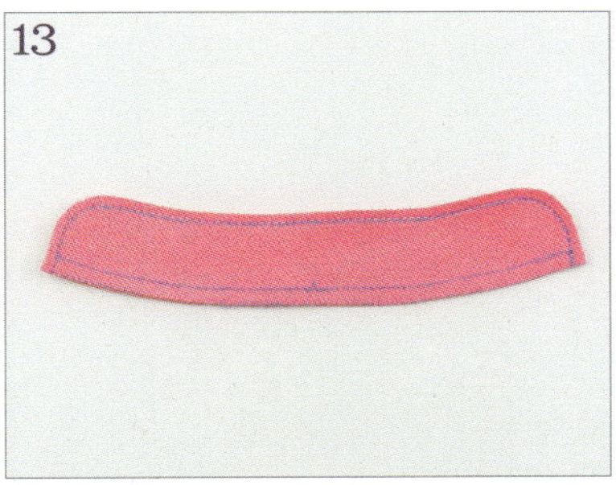

뒤집을 면을 제외한 나머지 면의 시접을 반만 남기고 잘라낸다.

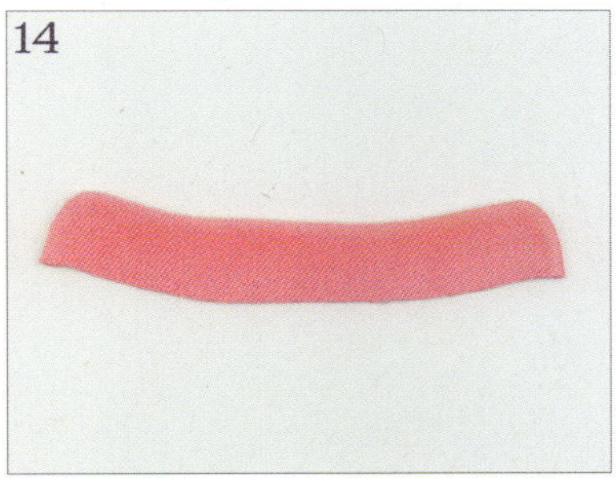

뒤집어서 다림질한다.

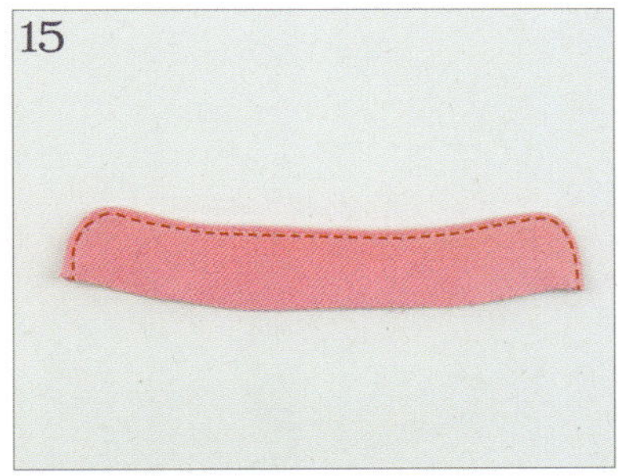

둘레를 끝박음질한다.

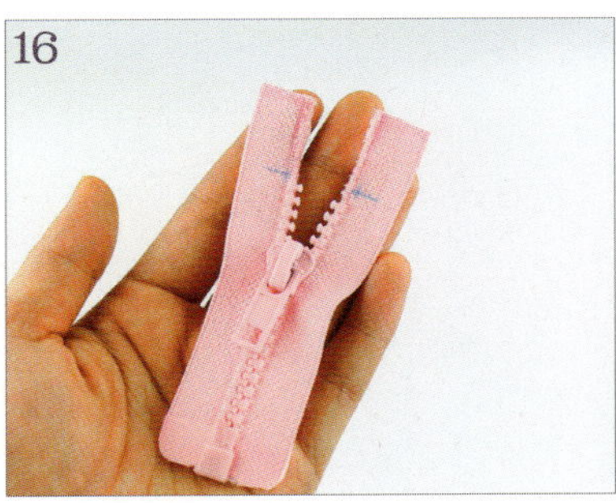

지퍼를 준비한다.

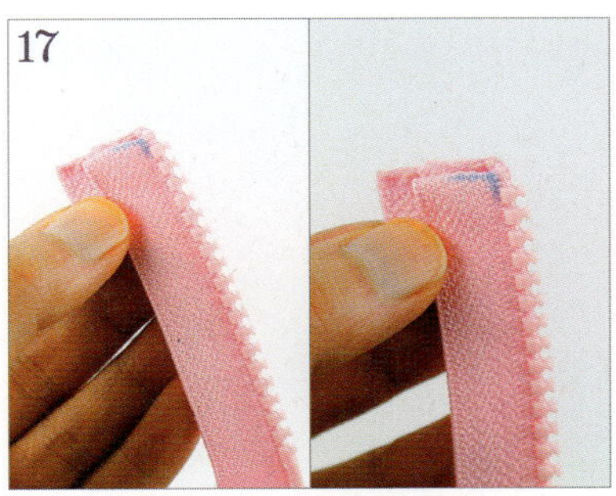

지퍼 윗부분을 접는다.

TIP 직각으로 접어주는 것이 중요해요.

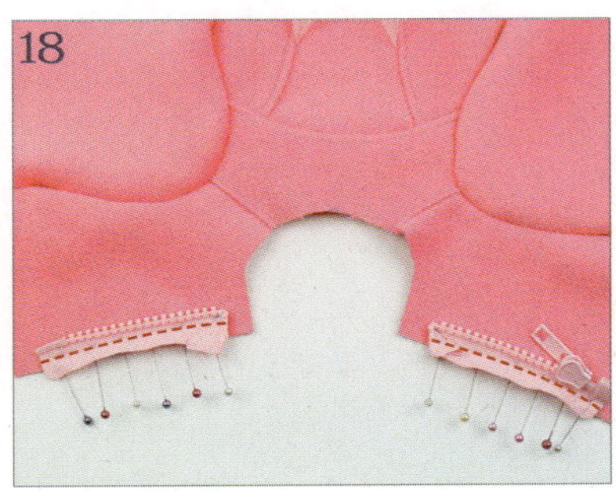

앞중심 가장자리에서 0.5cm 안쪽에 지퍼를 맞대고 바느질한다.

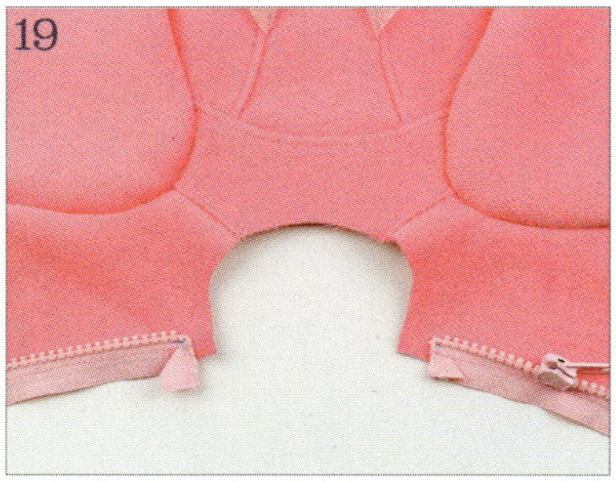

19

지퍼를 부착한 모습.

20

칼라와 목둘레의 겉면을 맞대고 고정하여 끝박음질로 칼라를 단다.

21

안감도 겉감과 같은 과정으로 준비한다.

22

겉감과 안감을 겉면끼리 맞대고 고정하여 완성선을 따라 바느질한다.

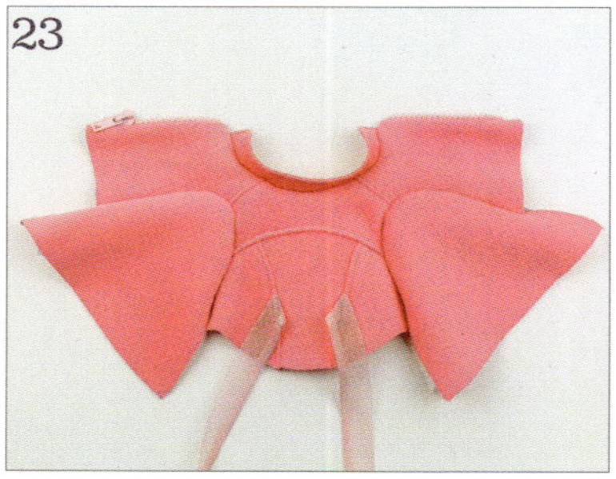

23

겉면으로 뒤집어서 정리한 모습.

24

소매 쪽에 30cm 길이의 리본끈을 반으로 접어 넣고 고정한다.

25

겉면의 소매와 옆선을 겉면끼리 맞대고 완성선을 따라 바느질한다. 안감도 같은 방법으로 바느질한다.

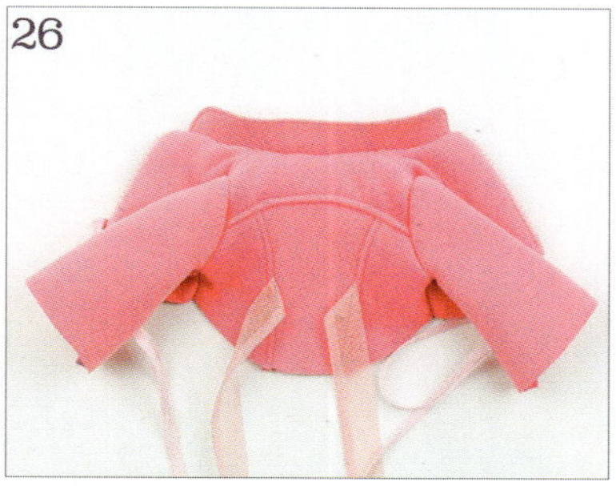

26

겉면으로 뒤집어서 정리한 모습.

27

안면의 모습.

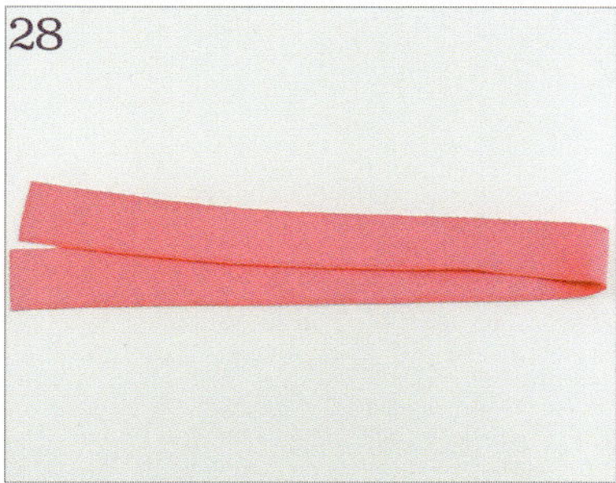

밑단 프릴감을 65cm×3.5cm 크기로 재단한다.

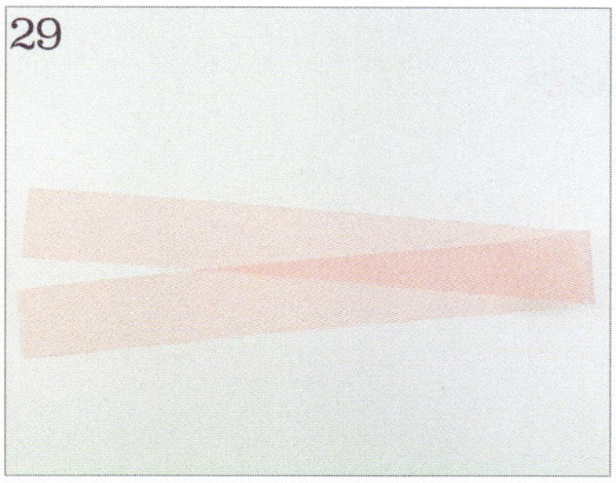

밑단 프릴감 망사 원단을 65cm×4.5cm 크기로 재단한다.

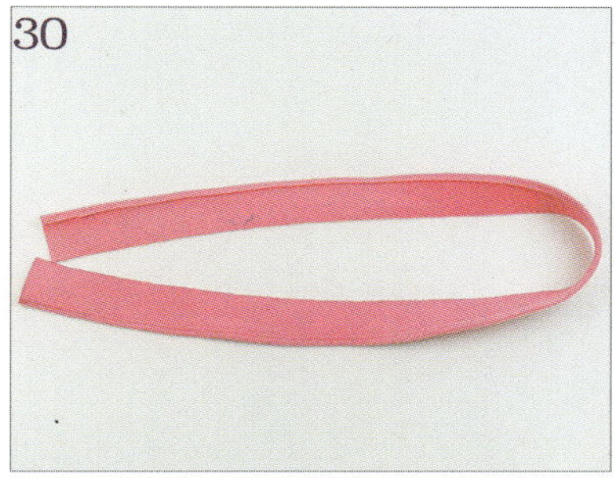

프릴감 한 면을 0.5cm 접어 바느질한다.

프릴감과 망사 원단을 겹쳐 홈질로 주름을 만든다.

안감의 밑부분에 프릴 겉면을 맞대고 완성선을 따라 바느질한다.

겉감 밑단의 시접 0.5cm를 접어서 다림질한 후 안감과 맞대고 바느질한다. 앞중심을 시작으로 0.7cm 안쪽에서 전체 둘레를 바느질한다.

소매 안감과 겉감을 공그르기로 정리한다.

소매 끝단을 다림질한다.

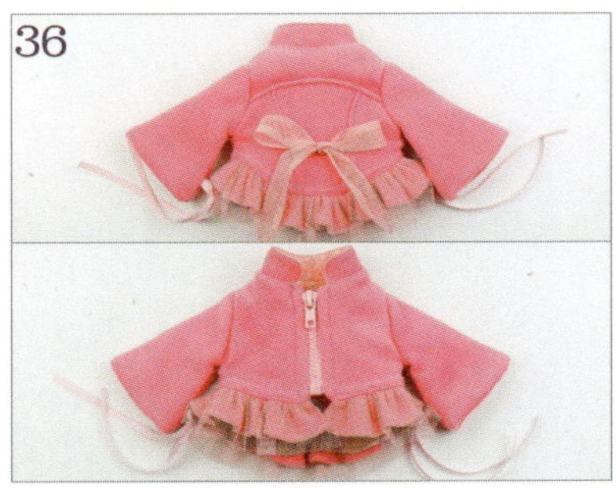

완성된 뒤판과 앞판의 모습.

ITEM

앞쪽에 유니크한 펠트 레터링으로 포인트를 주었답니다.
후드에는 스트링 끈을 넣어 조일 수 있도록 만들었어요. 소매와 밑단은
시보리로 처리하여 안정감 있는 예쁜 핏으로 연출할 수 있어요.

06

크롭 후드 집업

도안 157쪽

재료 겉감 양면 프라이스 무지 스카이 75cm×45cm, 안감 면40수 스카이 도트 45cm×30cm, 접착 레이스 20cm, 후드 끈 65cm, 지퍼 10cm, 펠트지 15cm×8cm

재단 앞판 2장, 뒤판 1장, 소매 2장, 후드 겉감 2장, 후드 안감 2장, 밑단 시보리 1장, 소매 시보리 2장

How to Make

01

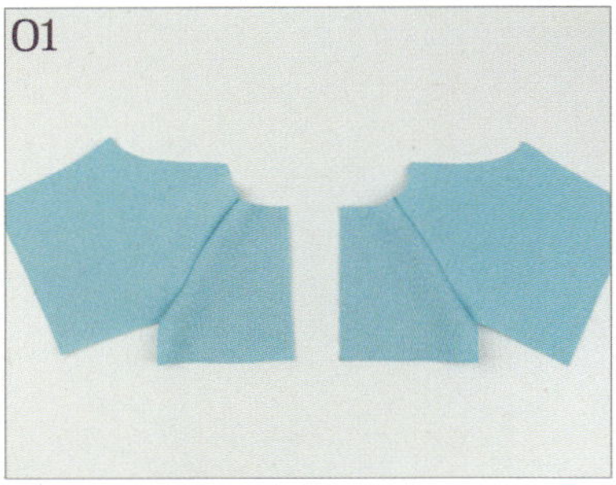

원단에 앞판과 소매의 도안을 대고 그린 후 시접을 0.5cm 주고 각각 2장씩 재단한다. 앞판에 소매 앞쪽을 겉면끼리 맞대고 완성선을 따라 바느질한다.

02

원단에 뒤판의 도안을 대고 그린 후 시접을 0.5cm 주고 재단한다. 뒤판에 소매 뒤쪽을 겉면끼리 맞대고 완성선을 따라 바느질한다.

03

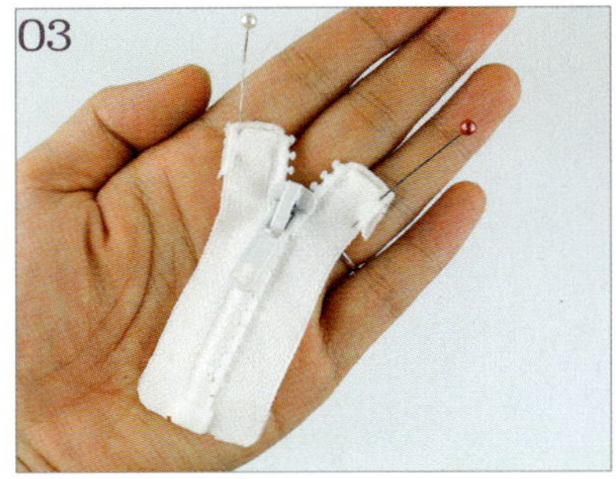

지퍼는 앞중심에 맞대어 끝부분을 그림처럼 접어서 준비한다.

04

앞중심에 시접을 0.5cm 주고 지퍼가 달릴 부분을 표시한다.

05

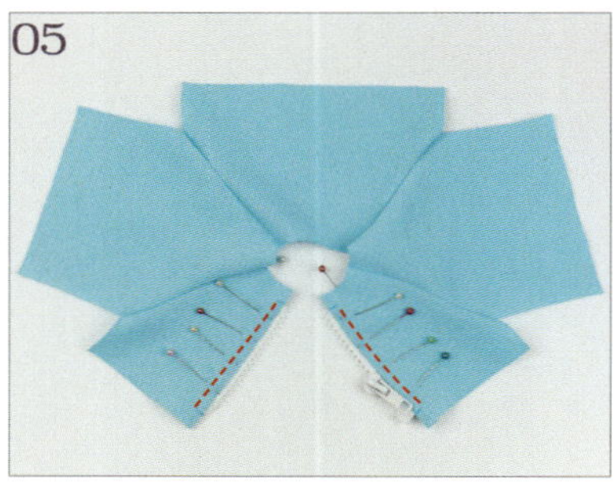

지퍼를 앞중심에 맞대고 시침핀으로 고정한 후 끝박음질한다.

06

지퍼를 단 모습.

07

펠트지에 글자를 옮기고 오린다. 앞판에 글자를 배치하고 패브릭 본드로 붙인다.

TIP 글자를 바느질로 달아도 된다.

08

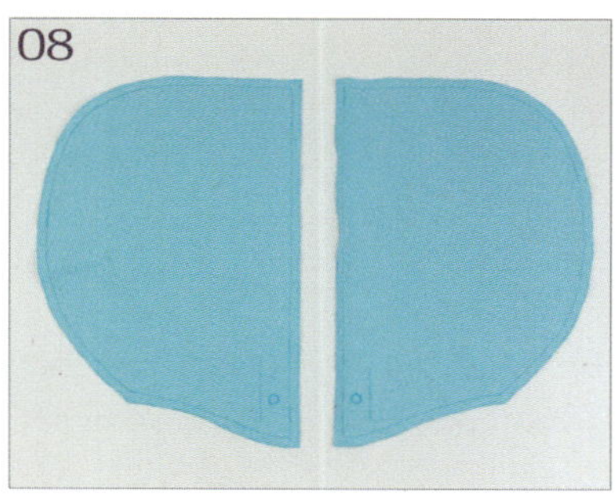

원단에 후드의 도안을 대고 그린 후 시접을 0.5cm 주고 2장 재단한다. 후드 끈이 들어갈 부분도 표시한다.

09

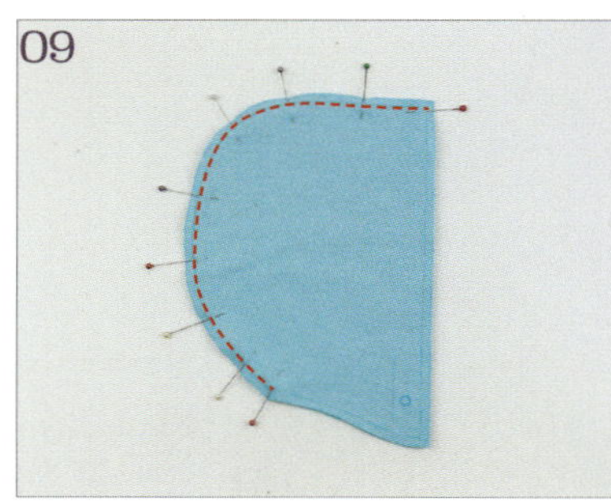

2장을 겉면끼리 맞대고 완성선을 따라 바느질한다.

10

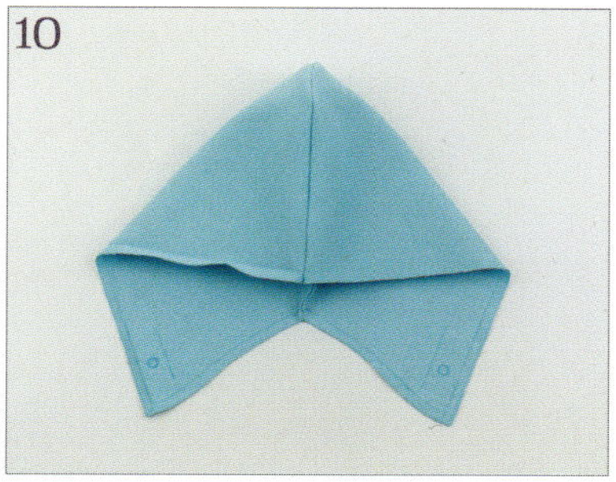

후드 2장을 연결한 모습.

11

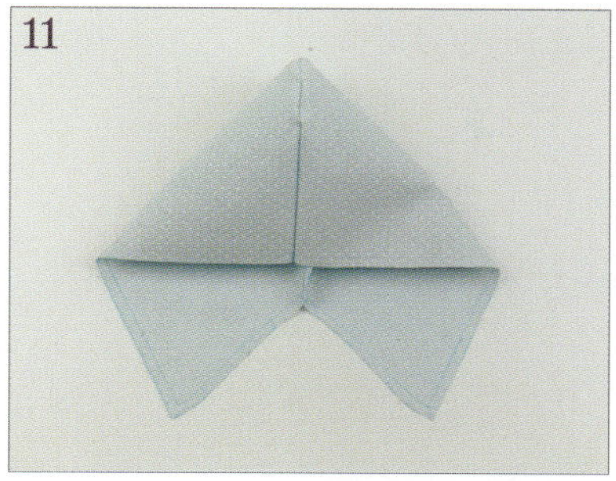

후드 안감도 겉감과 같은 방법으로 재단하고 바느질한다.

12

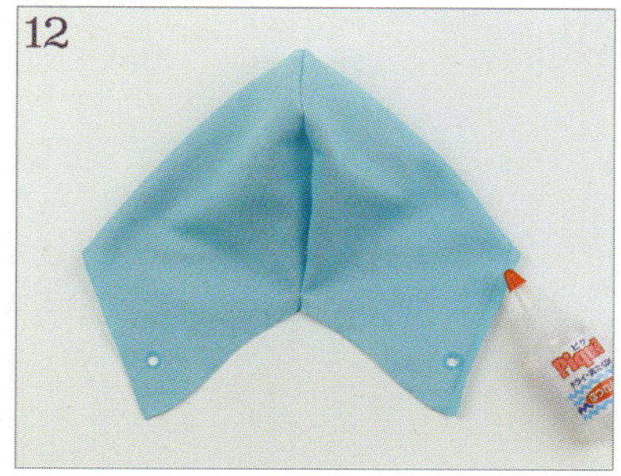

겉감 후드에 표시한 후드 구멍을 잘라내고 올 풀림 방지액을 발라서 굳힌다.

13

후드 겉감과 후드 안감에서 연결한 부분의 시접을 겉면에서 끝박음질한다.

14

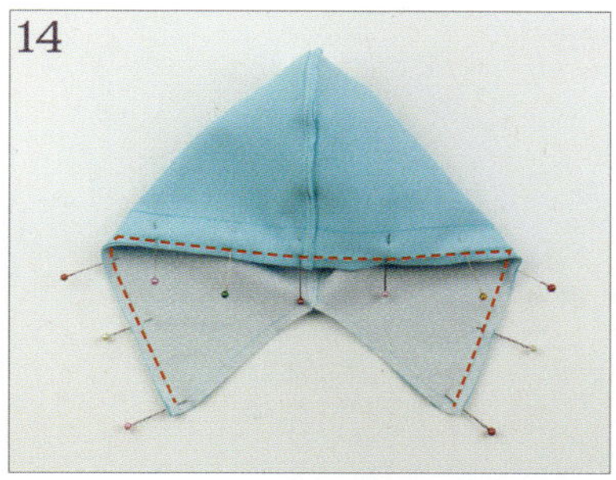

후드 겉감과 후드 안감을 겉면끼리 맞대고 완성선을 따라 바느질한다.

15

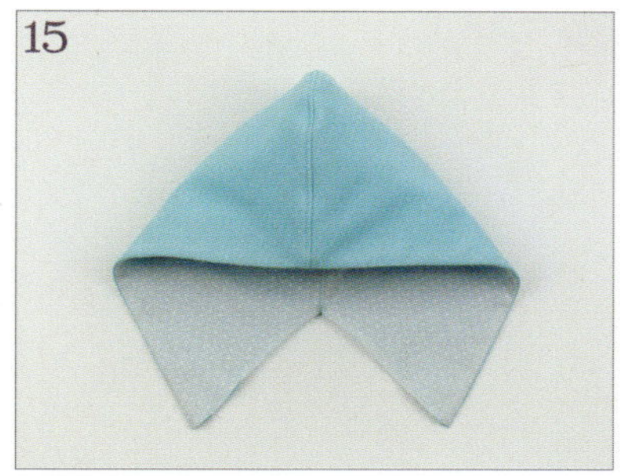

겉면으로 뒤집어서 다림질한다.

16

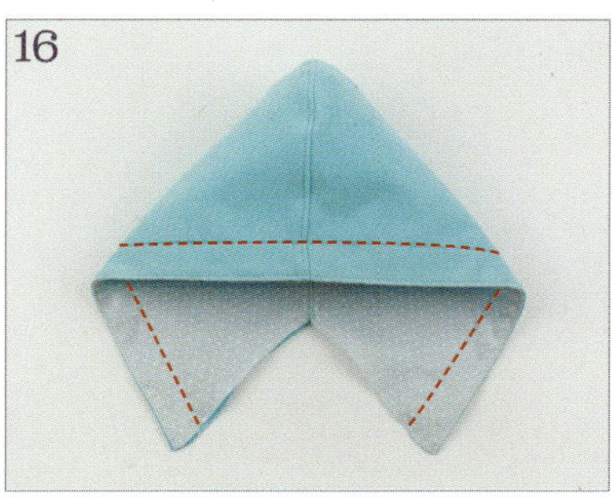

끈이 들어갈 부분을 바느질하여 공간을 만든다.

17

소매와 옆선을 겉면끼리 맞대고 완성선을 따라 바느질한 후 겉면으로 뒤집어준다.

18

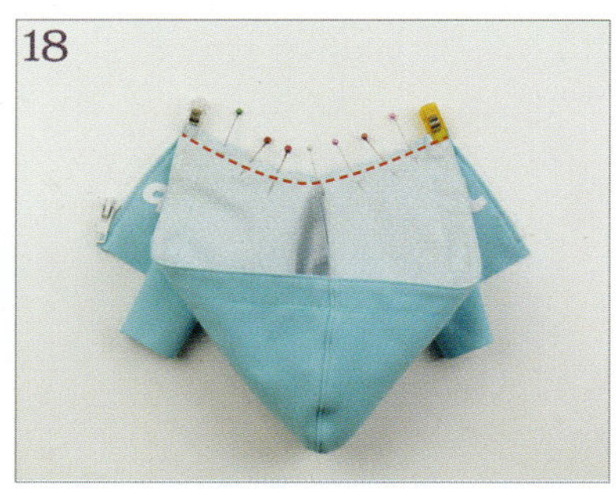

후드와 몸판의 목둘레를 겉면끼리 맞대고 시침핀으로 고정한 후 완성선을 따라 바느질한다.

19

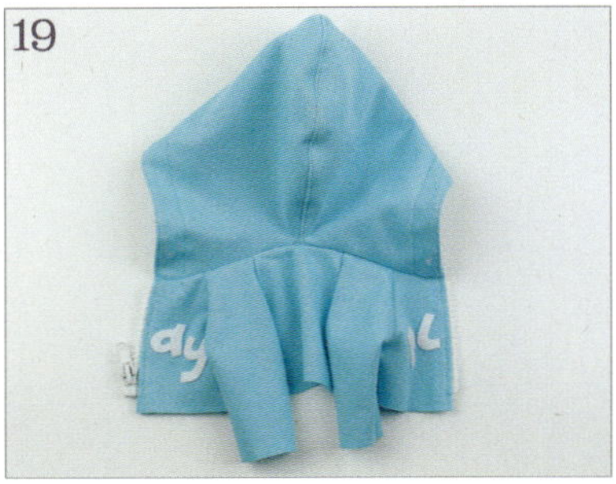

후드를 몸판에 단 모습.

20

후드를 단 안쪽 시접에 접착 레이스를 대고 바느질한다.

21

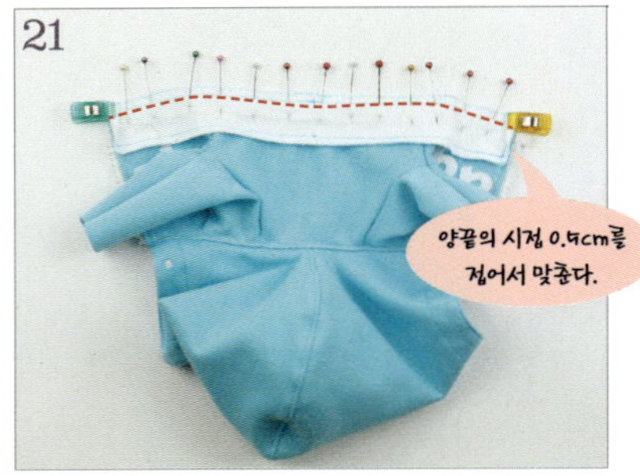

원단에 밑단 시보리의 도안을 대고 그린 후 시접을 0.5cm 주고 재단한다. 몸판의 밑단과 겉면끼리 맞대고 고정한 후 완성선을 따라 바느질한다.

22

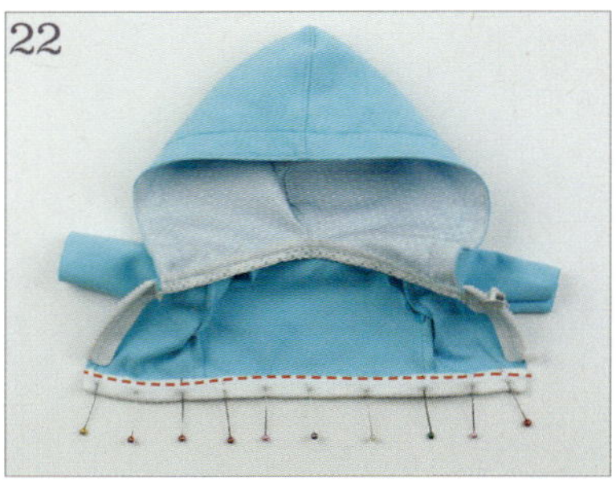

시보리를 반으로 접어서 맞춘 후 끝박음질한다.

23

밑단 시보리를 단 모습.

24

밑단 시보리의 처음과 끝부분을 접어서 바느질하여 앞중심에서 시작하는 시보리 사이가 벌어진다. 이 부분은 깔끔하게 공그르기로 마무리한다.

25

원단에 소매 시보리의 도안을 대고 그린 후 시접을 0.5cm 주고 2장을 재단한다. 시보리를 반으로 접어 완성선을 따라 바느질한다. 원형으로 만든 후 다시 반을 접어 다림질한다.

26

소매 겉면과 시보리 겉면을 맞대고 완성선을 따라 바느질한 후 겉면을 정리한다.

27

후드에 끈을 넣어서 완성한다.

ITEM

민트 색감에 날개를 단 듯한 디테일로 포인트를 더했답니다.
양털 원단의 둥근 칼라와 앞중심의 토끼 단추가
귀여움을 더욱 살려줍니다.

07

민트 케이프 코트

도안 160쪽

재료 겉감 울니트 민트 60cm×60cm, 안감 면30수 플라워 민트 60cm×60cm, 칼라 겉감 단면 양털 화이트 25cm×18cm, 토끼 단추 3개, 스냅 단추 3쌍, 폭 5mm 리본끈 38cm

재단 앞판 겉감 2장, 뒤판 겉감 1장, 앞판 안감 2장, 뒤판 안감 1장, 소매 겉감 2장, 소매 안감 2장, 케이프 앞판 겉감 2장, 케이프 뒤판 겉감 1장, 케이프 앞판 안감 2장, 케이프 뒤판 안감 1장, 칼라 겉감 1장, 칼라 안감 1장

01

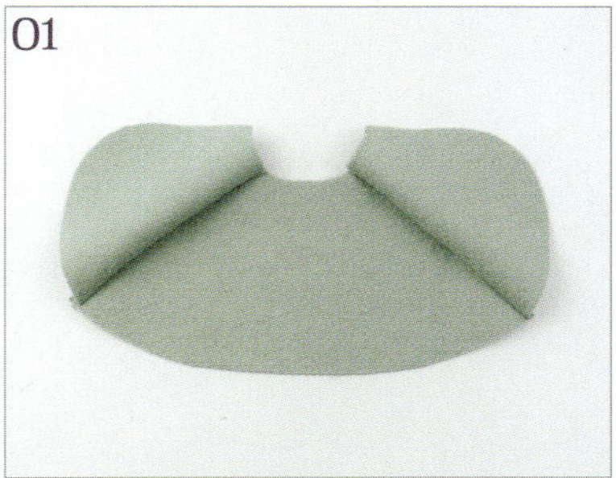

원단에 케이프 앞판과 뒤판의 도안을 대고 그린 후 시접을 0.5cm 남기고 앞판 2장, 뒤판 1장을 재단한다.

02

케이프 앞판 안감 2장과 케이프 뒤판 안감 1장을 겉면끼리 맞대고 완성선을 따라 바느질한다.

03

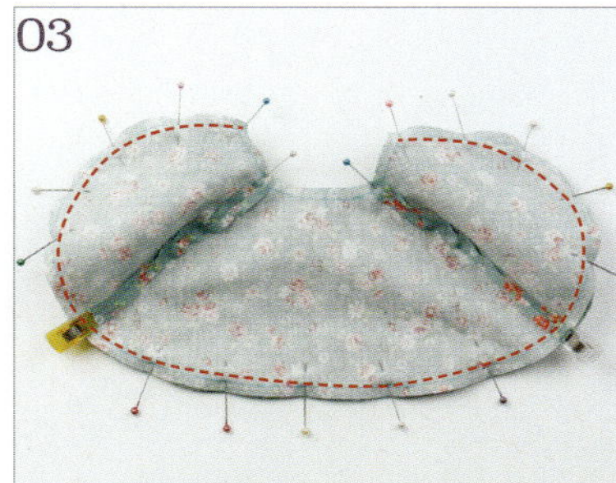

케이프 겉감과 안감의 겉면끼리 맞대고 시침핀으로 고정한 후 완성선을 따라 바느질한다.

04

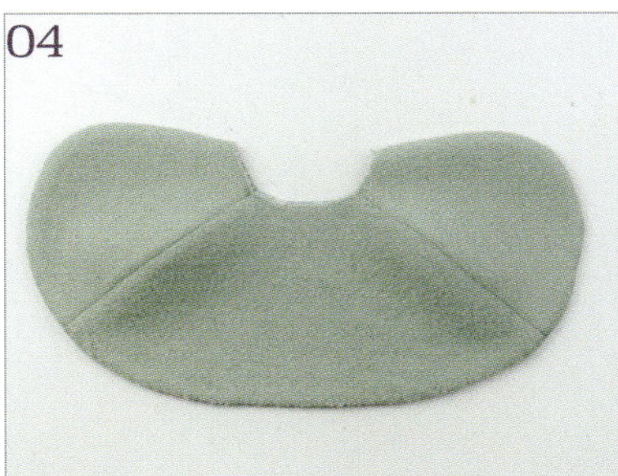

겉면으로 뒤집어서 다림질하여 정리한다.

05

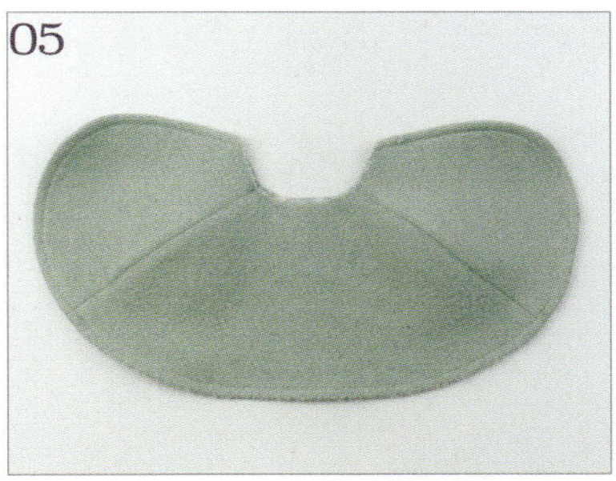

겉면 가장자리의 0.7cm 안쪽에서 바느질한다.

06

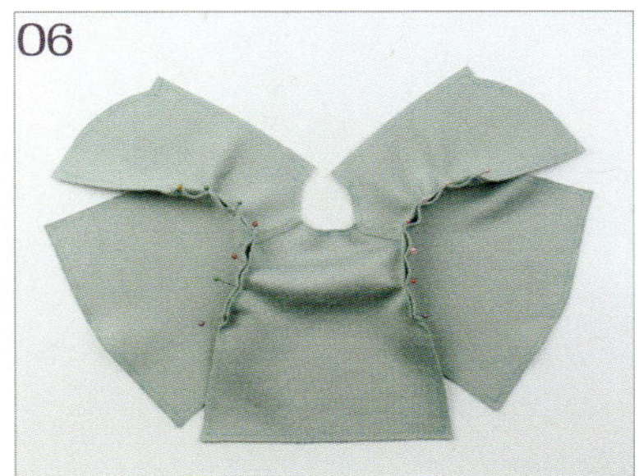

원단에 앞판, 뒤판 소매 도안을 대고 그린 후 시접을 0.5cm 남기고, 앞판 2장, 뒤판 1장, 소매 2장을 재단한다. 어깨와 암홀라인을 각각 겉면끼리 맞대고 완성선을 따라 바느질한다.

07

안감도 겉감과 같은 방법으로 준비한다.

08

목둘레 겉면과 케이프 안면을 맞대어 시침핀으로 고정한다. 가장자리를 시접 없이 끝박음질로 고정한다.

09

원단에 칼라의 겉감과 안감의 도안을 대고 그린 후 시접을 0.5cm 남기고 재단한다. 원단에 리본끈 달 위치를 표시한다.

칼라 안감의 표시 부분에 리본끈을 대고 바느질로 고정한다.

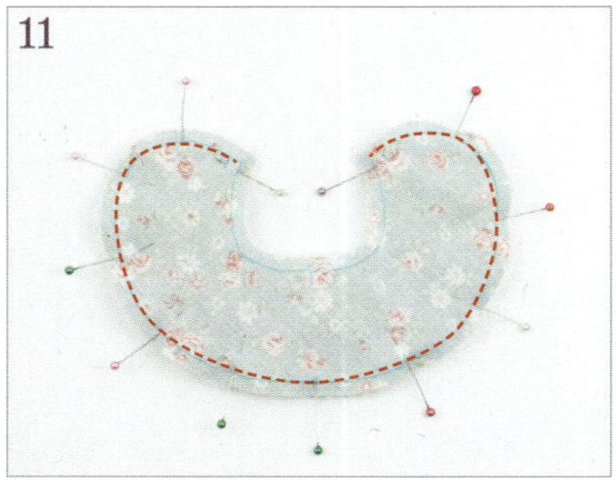

칼라 겉감과 칼라 안감의 겉면끼리 맞대고 고정한 후 완성선을 따라 바느질한다. 뒤집어서 정리한다.

케이프 위에 칼라를 맞대고 시침핀으로 고정한 후 가장자리를 끝박음질한다.

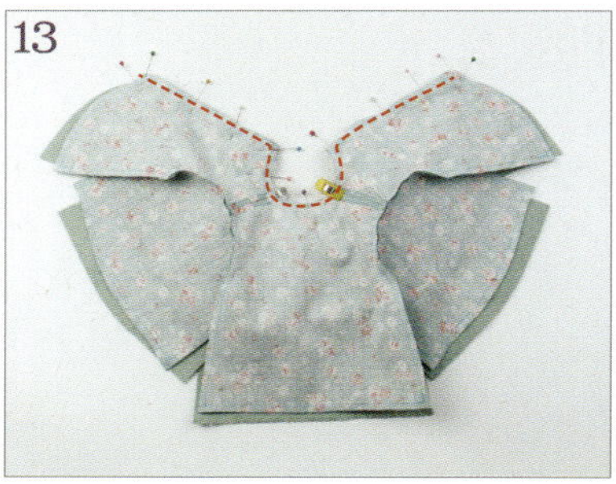

안감과 겉감의 겉면끼리 맞대고 고정하여 완성선을 따라 바느질한다.

목둘레 곡선 부분에 가위집을 낸다.

겉면의 모습.

안감의 소매와 옆면의 겉면끼리 맞대고 시침핀으로 고정한 후 완성선을 따라 바느질한다.

겉감도 안감과 같은 방법으로 준비한다.

정리한 모습.

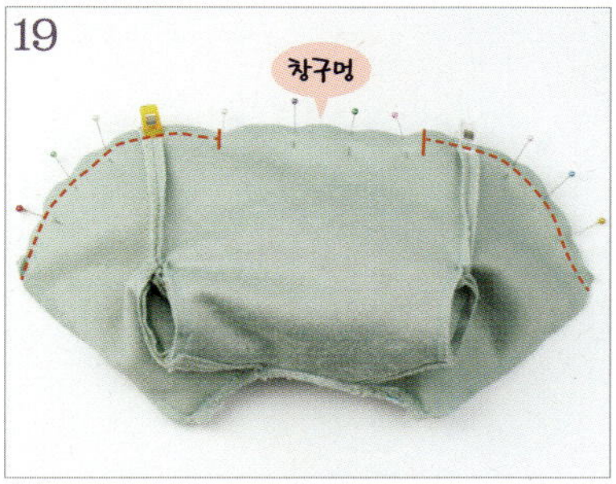

안감과 겉감의 밑단을 겉면끼리 맞대고 시침핀으로 고정한다. 창구멍을 남기고 완성선을 따라 바느질하여 연결한다.

창구멍으로 뒤집어서 시접을 정리한 후 공그르기로 창구멍을 막는다.

겉면 가장자리의 0.7cm 안쪽에서 바느질한다.

소매 끝단을 맞주름 잡아 바느질한다. 안감의 소매 끝단도 똑같이 만든다.

안감 소매와 겉감 소매의 끝단 시접을 0.5cm 접어 홈질한다.

겉감 소매와 안감 소매의 안면끼리 맞대고 시침핀으로 고정한다. 이때 겉감의 소매 끝단의 2~3mm 안쪽에서 겉감에 맞대어 공그르기로 정리한다.

소매 안쪽의 모습.

칼라가 들뜨지 않도록 칼라가 달린 부분을 홈질한다.

앞중심의 한 면에 토끼 단추를 단 후 양옆에 스냅 단추를 달아 완성한다.

ITEM

러블리한 핑크빛 매력이 묻어나는 코트예요.
주머니에는 프릴을 달아 포인트를 주었어요.
봄, 가을에 입을 수 있는 가벼운 원단으로 만들어보세요.

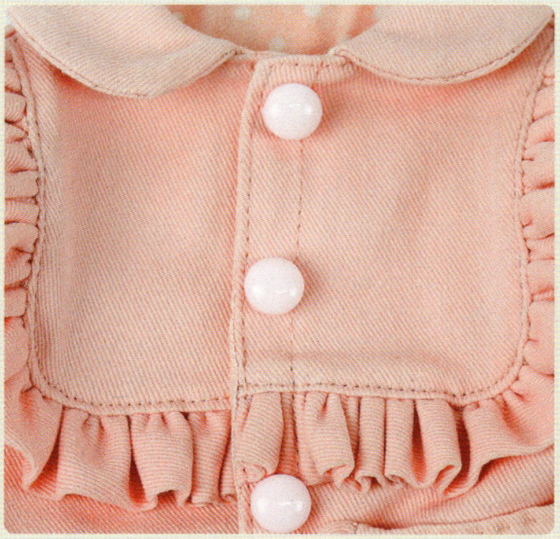

08

러블리 프릴 코트

도안 164쪽

재료 겉감 옥스퍼드 무지 핑크 102cm×40cm, 안감 면30수 핑크 도트 40cm×57cm, 스냅 단추 4쌍, 단추 4개

재단 앞판a 겉감 2장, 앞판b 겉감 2장, 앞판 안감 2장(앞판a+앞판b), 뒤판 겉감 1장, 뒤판 안감 1장, 소매 겉감 2장, 소매 안감 2장, 칼라 2장, 앞판 프릴감 2장, 소매 커프스 2장, 주머니 1장, 주머니 프릴감 1장

How to Make

01

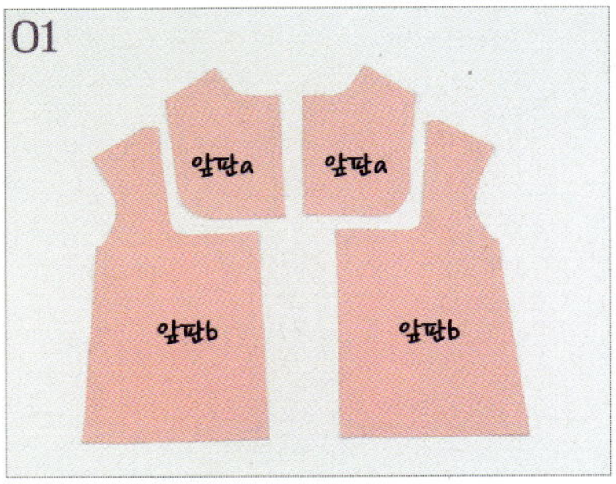

원단에 앞판a, 앞판b의 도안을 대고 그린 후 시접 0.5cm를 남기고 앞판a 2장, 앞판b 2장을 재단한다.

02

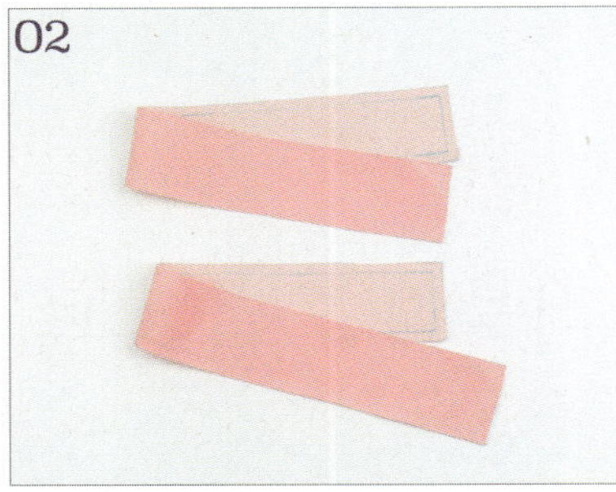

원단에 프릴 도안을 대고 그린 후 시접을 0.5cm 주고 2장을 재단한다.

03

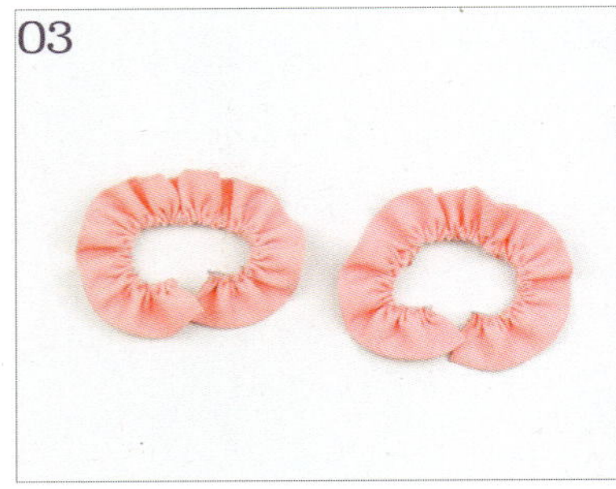

2장의 프릴감을 반으로 접어 각각 주름을 잡는다.

04

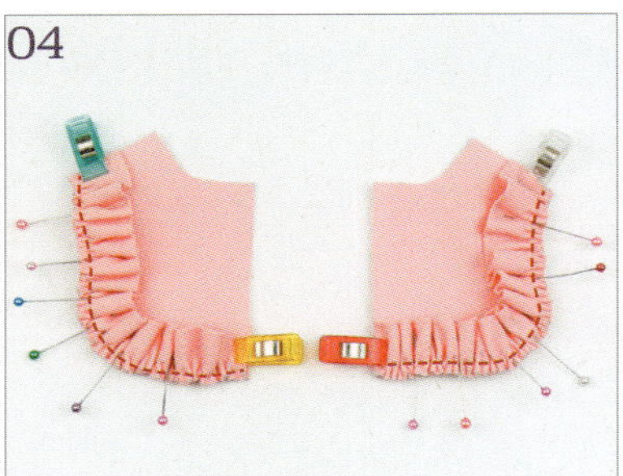

앞판a의 겉면에 프릴을 맞대고 시침핀으로 고정한 후 완성선을 따라 바느질한다.

05

앞판a에 프릴을 단 모습.

06

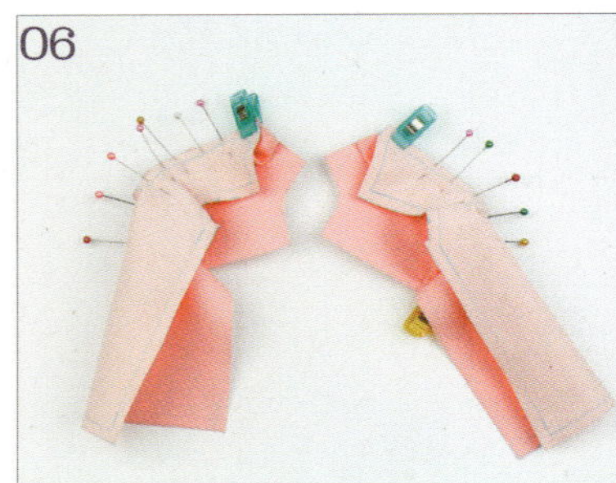

앞판b와 5의 겉면을 맞대어 시침핀으로 고정한 후 완성선을 따라 바느질한다.

07

시접을 정리하고 겉면으로 꺾은 후 프릴을 바느질한 가장자리를 끝박음질한다.

08

원단에 뒤판 도안을 대고 그린 후 시접을 0.5cm 주고 2장을 재단한다. 뒤판 2장을 겉면끼리 맞댄 후 뒤중심 완성선을 따라 바느질한다. 안면의 시접은 가름솔로 정리하여 다림질한다.

09

앞판과 뒤판의 어깨 부분을 겉면끼리 맞댄 후 완성선을 따라 바느질한다.

10

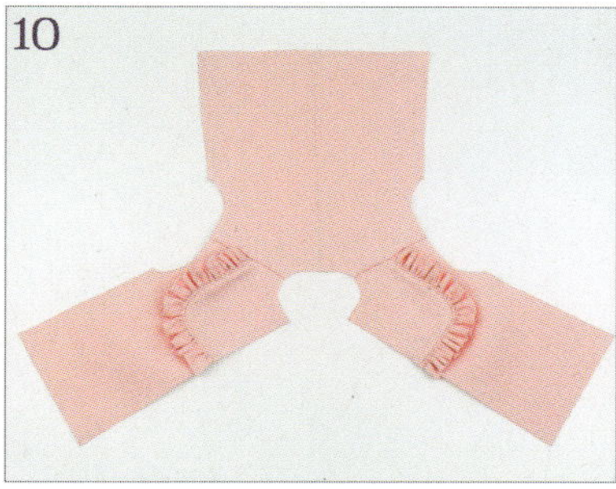

앞판과 뒤판의 어깨를 연결한 모습. 안쪽의 시접은 가름솔로 펴서 다림질한다.

11

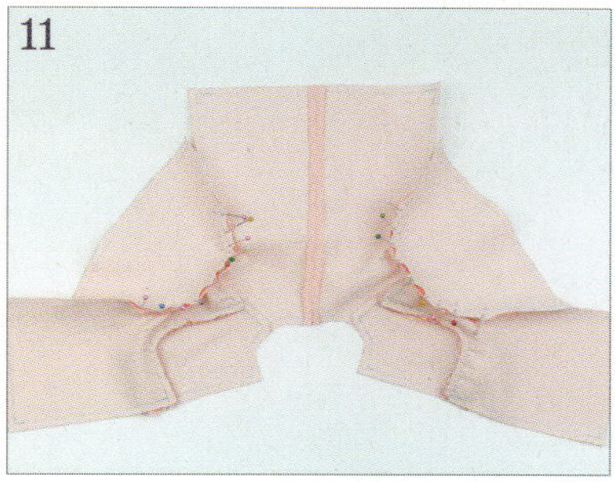

암홀라인에 소매를 맞대어 시침핀으로 고정한 후 완성선을 바느질한다.

12

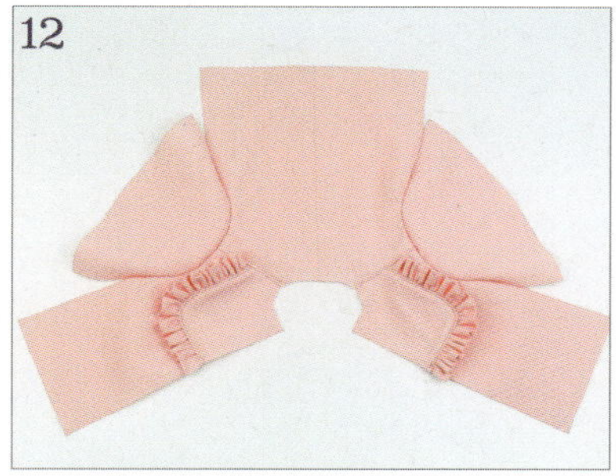

암홀라인에 소매를 단 모습.

13

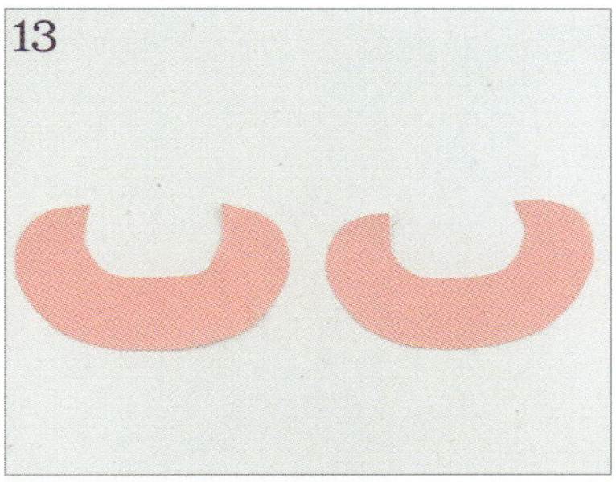

원단에 칼라 도안을 대고 그린 후 시접을 0.5cm 주고 2장을 재단한다.

14

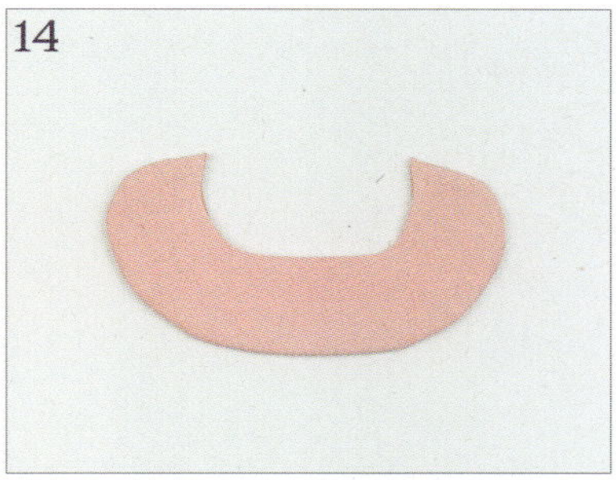

칼라 2장의 겉면끼리 맞댄 후 가장자리 완성선을 따라 바느질한다. 바느질하지 않은 부분으로 뒤집어서 다림질하여 칼라를 정리한다.

15

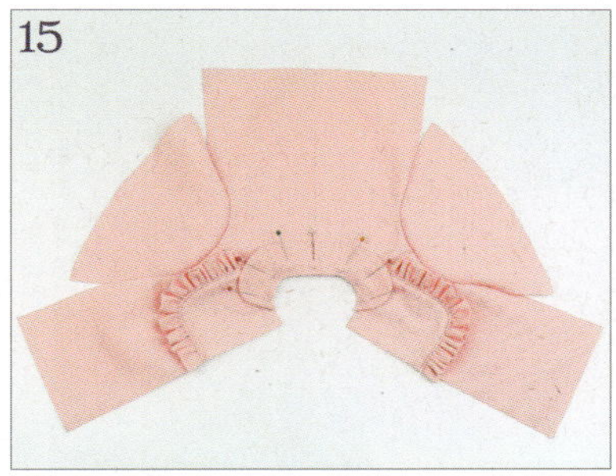

칼라를 목둘레에 잘 맞대어 시침핀으로 고정한 후 시접선보다 안쪽에서 바느질한다.

TIP 나중에 안감에 이중으로 바느질이 들어가므로 0.5cm 시접선에 바느질하지 않습니다.

16

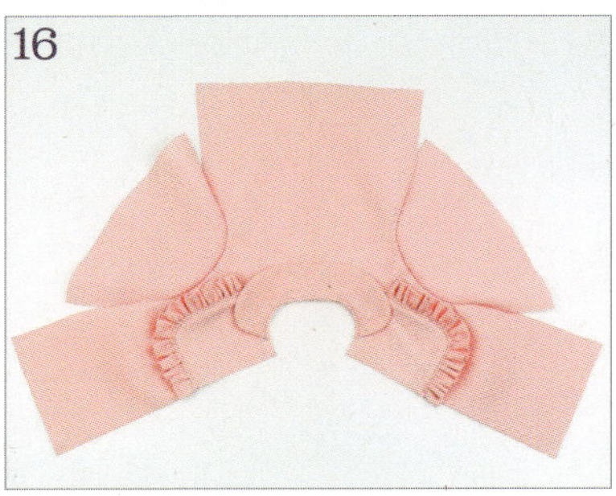

칼라를 겉면 목둘레에 고정한 모습.

17

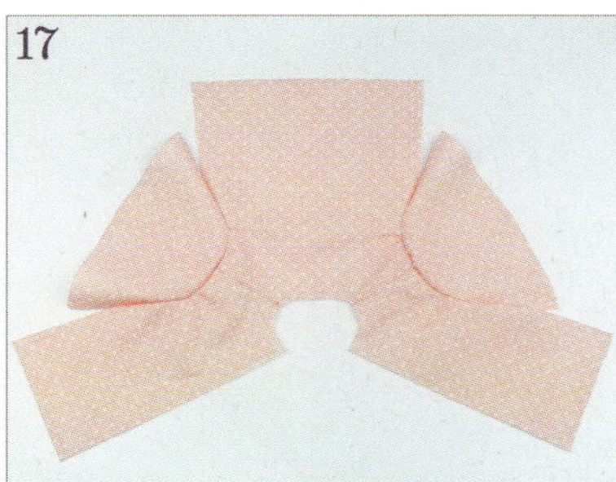

안감도 겉감과 똑같은 과정으로 바느질하여 준비한다.

TIP 안감을 재단할 때는 겉감처럼 앞판과 뒤판을 분리하지 않고, 한 장으로 그려서 재단해야 합니다.

18

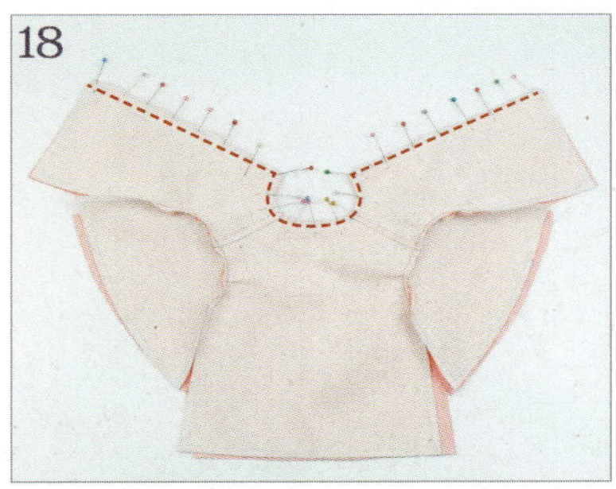

겉감과 안감의 겉면끼리 맞대고 바느질할 부분을 시침핀으로 고정한 후 완성선을 따라 바느질한다.

19

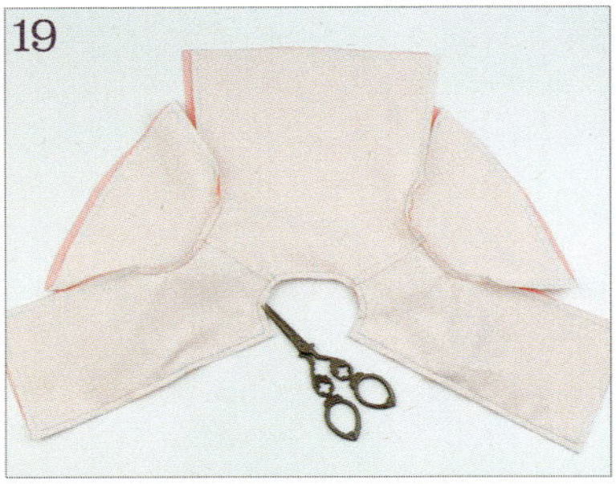

목둘레 곡선 부분에 가위집을 낸다. 가위집을 내야 뒤집었을 때 자연스럽고 깔끔한 곡선이 완성된다.

20

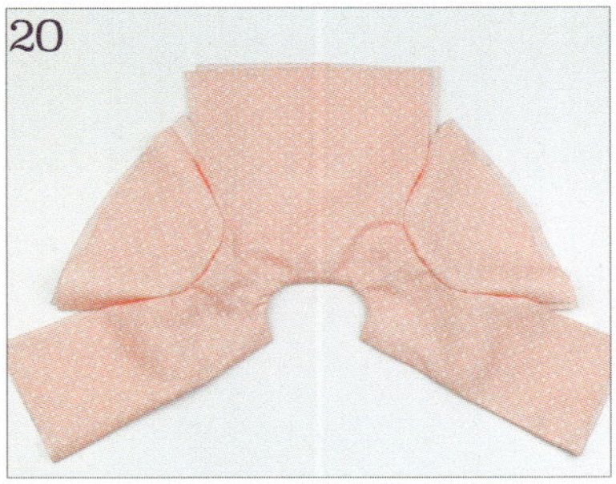

뒤집어서 정리한다.

21

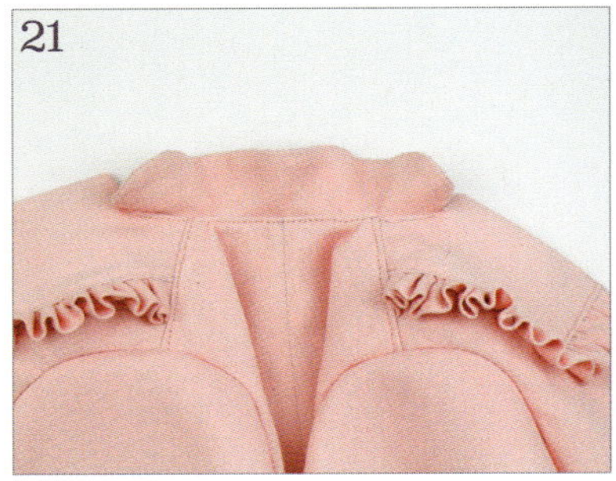

칼라가 들뜨지 않도록 칼라 겉면에서 밑부분을 홈질한다.

22

겉감의 소매와 옆선을 겉면끼리 맞대고 시침핀으로 고정한 후 완성선을 따라 바느질한다.

23

안감도 겉감과 같은 과정으로 완성한다.

24

원단에 소매 커프스 도안을 대고 그린 후 시접을 0.5cm 주고 2장을 재단한다.

25

반으로 접고 다림질한다.

26

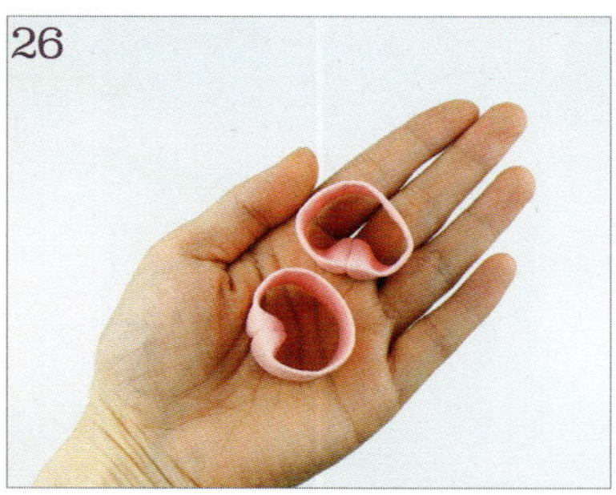

양끝을 맞춰서 연결한 후 25에서 접었던 선을 따라 반으로 접는다.

27

커프스 둘레에 맞춰 소매 끝단에 주름을 잡는다.

28

소매 끝단에 커프스를 맞대고 시침핀으로 고정한 후 완성선을 따라 바느질한다.

29

소매 끝단에 커프스를 단 모습.

30

안감 소매 끝단도 주름을 잡은 후 겉감에 맞대어 공그르기로 마무리한다.

31

밑단에서 겉감과 안감을 겉면끼리 맞대 창구멍을 남기고 완성선을 따라 바느질한다.

32

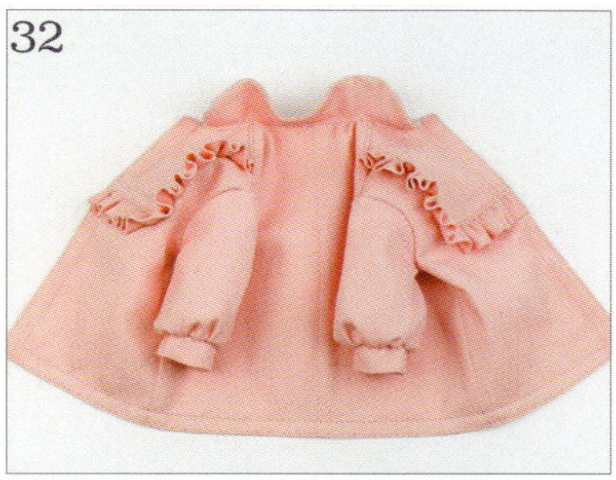

밑단의 창구멍을 정리하고 다림질한다. 창구멍을 기준으로 전체적으로 끝부분을 바느질한 후 0.7cm 안쪽에서 한 번 더 바느질한다.

33

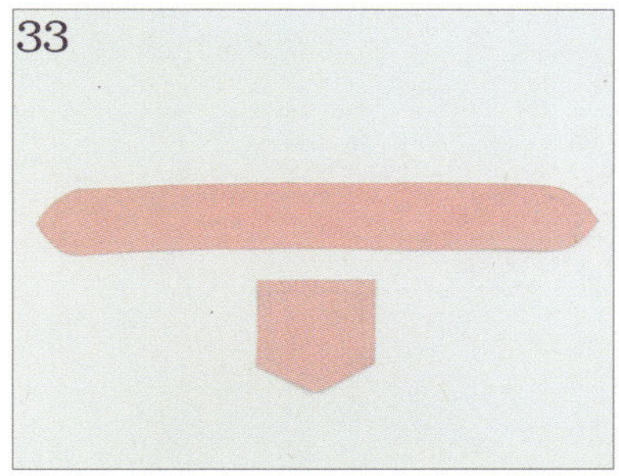

원단에 주머니와 주머니 프릴감의 도안을 대고 그린 후 시접을 0.5cm 주고 재단한다.

34

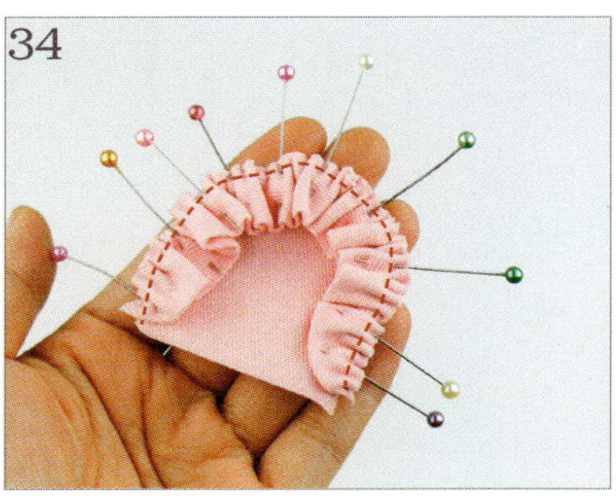

주머니 프릴감을 반으로 접고 주름을 잡는다. 주머니 위쪽을 제외한 나머지 부분의 가장자리에서 0.5cm 안쪽에 프릴을 맞대어 시침핀으로 고정한 후 완성선을 따라 바느질한다.

35

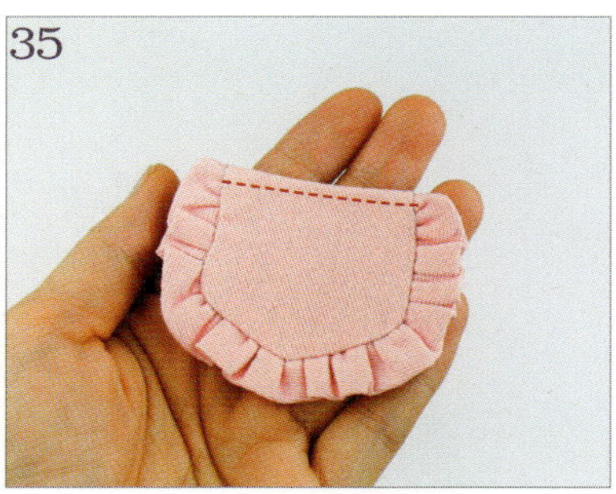

시접을 안면으로 꺾어서 다림질한다. 윗부분도 접어서 다림질한 후 홈질한다.

36

앞판에 주머니를 시침핀으로 고정한 후 홈질한다.

앞판에 주머니를 단 모습.

단추를 단다.

앞중심에 스냅 단추 4쌍을 달아 완성한다.

ITEM

앞중심에 사과 단추를 달아 포인트를 주었어요.
앞과 뒤에 프릴이 들어가서 사랑스런 느낌이에요.

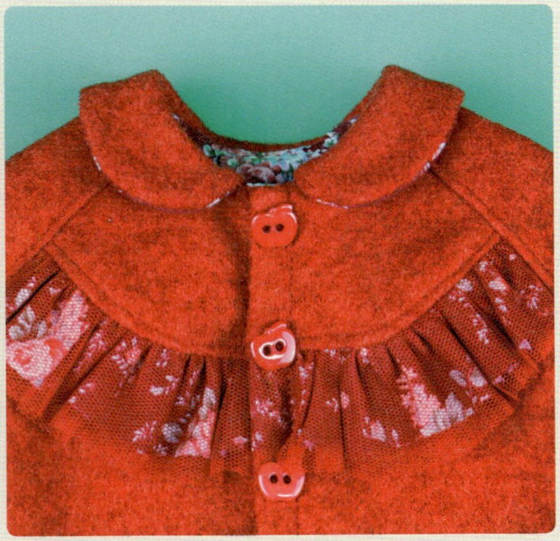

09

요크 프릴 리본 코트

도안 167쪽

재료 겉감 울 혼방 모직 레드오렌지 106cm×35cm, 안감 면30수 플라워프린트 레드 125cm×35cm, 리본장식 망사 65cm×10cm, 스냅 단추 4쌍, 길이 1.5cm 코사지핀 1개, 사과 단추 4개

재단 앞판a 겉감 2장, 앞판b 겉감 2장, 뒤판a 겉감 1장, 뒤판b 겉감 1장, 앞판 안감 2장, 뒤판 안감 1장, 소매 겉감 2장, 소매 안감 2장, 앞판 프릴감 2장, 앞판 프릴감 망사 2장, 뒤판 프릴감 1장, 뒤판 프릴감 망사 1장, 칼라 겉감 1장, 칼라 안감 1장, 뒤판 리본 1장

How to Make

01

원단에 앞판 프릴감 도안을 대고 그린 후 시접을 0.5cm 주고 2장을 재단한다. 망사 원단을 15cm×3.2cm 크기로 2장을 재단하여 겹친 후 주름을 잡는다.

02

원단에 앞판b 겉감 도안을 대고 그린 후 시접을 0.5cm 주고 2장을 재단한다. 앞판b 겉면에 프릴을 맞대고 끝박음질한다.

03

원단에 앞판a 도안을 대고 그린 후 시접을 0.5cm 주고 2장을 재단한다. 앞판a와 2를 겉면끼리 맞대고 완성선을 따라 연결한 후 시접을 꺾어서 겉면에서 끝박음질한다.

04

원단에 뒤판 프릴감 도안을 대고 그린 후 시접을 0.5cm 준다. 망사 원단을 15cm×3.2cm 크기로 재단하여 2장을 겹친 후 주름을 잡는다. 원단에 뒤판b 도안을 대고 그린 후 시접을 0.5cm 주고 재단한 후 뒤판b 겉면에 프릴을 맞대고 끝박음질한다.

05

원단에 뒤판a 도안을 대고 그린 후 시접을 0.5cm 주고 재단한다. 뒤판a와 4를 겉면끼리 맞대고 완성선을 따라 바느질하여 연결한 후 시접을 꺾어서 겉면에서 끝박음질한다.

06

원단에 소매 도안을 대고 그린 후 시접을 0.5cm 주고 2장을 재단한다. 앞판의 암홀과 소매 앞부분을 겉면끼리 맞대고 완성선을 따라 연결한다.

07

뒤판의 암홀과 소매 뒷부분을 겉면끼리 맞대고 완성선을 따라 연결한다.

08

안감도 같은 과정으로 준비한다.

09

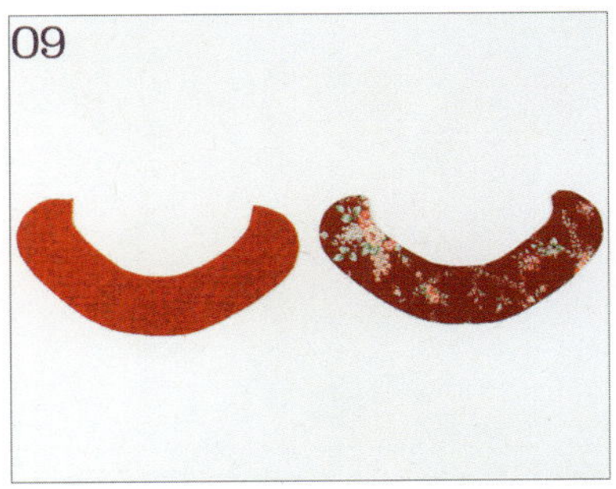

원단에 칼라 도안을 대고 그린 후 시접을 0.5cm 주고 겉감과 안감을 1장씩 재단한다.

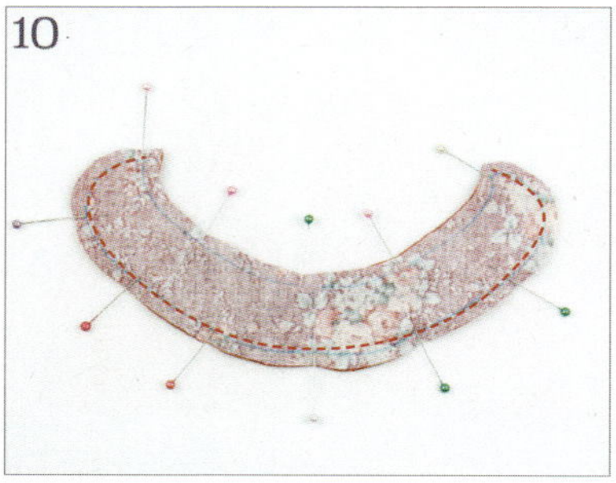

칼라의 겉감과 안감을 겉면끼리 맞대고 시침핀으로 고정한 후 완성선을 따라 바느질한다.

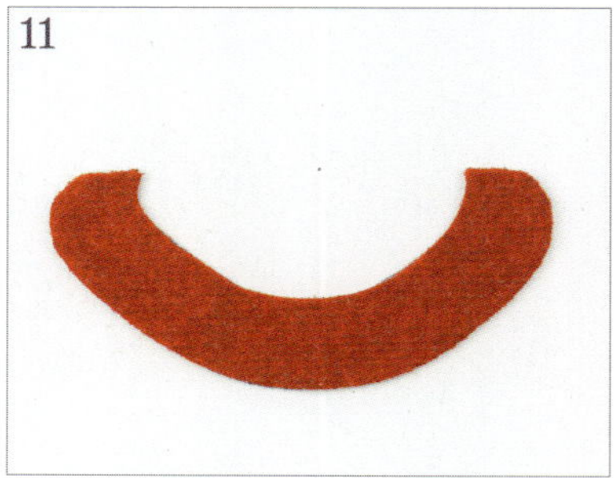

곡선 부분에 가위집을 내고 겉면으로 뒤집어서 다림질하여 정리한다.

목둘레에 칼라를 맞대고 시침핀으로 고정한 후 끝박음질하여 칼라를 단다.

겉감과 안감을 겉면끼리 맞대고 완성선을 따라 바느질한다. 곡선 부분에 가위집을 낸다.

겉감의 소매와 옆선을 겉면끼리 맞대고 완성선을 따라 바느질한다.

안감의 소매와 옆선을 겉면끼리 맞대고 완성선을 따라 바느질한다.

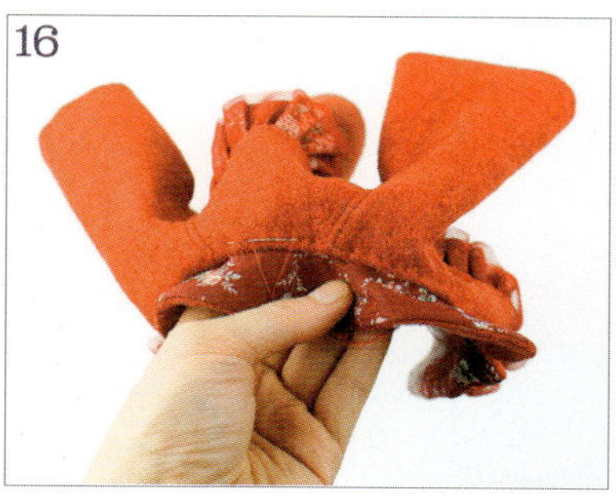

칼라가 들뜨지 않게 칼라 밑부분을 홈질한다.

소매 끝단은 안면으로 시접을 0.5cm 접어 주름을 잡는다.

안감의 소매 끝단도 안면으로 시접을 0.5cm 접어 주름을 잡는다.

19

겉감의 소매 안면에 안감의 소매 안면을 맞대고 0.2~0.3cm 안쪽에서 공그르기한다.

20

안감 소매와 겉감 소매를 연결한 모습.

21

안감과 겉감의 밑단을 겉면끼리 맞댄 후 창구멍을 남기고 완성선을 따라 바느질한다. 겉면으로 뒤집어서 창구멍을 공그르기한다.

22

밑단이 마무리된 모습.

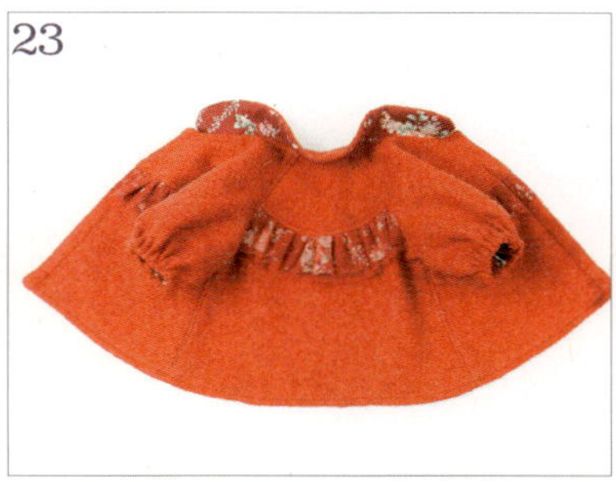

23

겉면 가장자리의 0.7cm 안쪽에서 전체 둘레를 바느질한다.

24

앞중심에 사과 단추를 단다.

25

양옆에 스냅 단추를 단다.

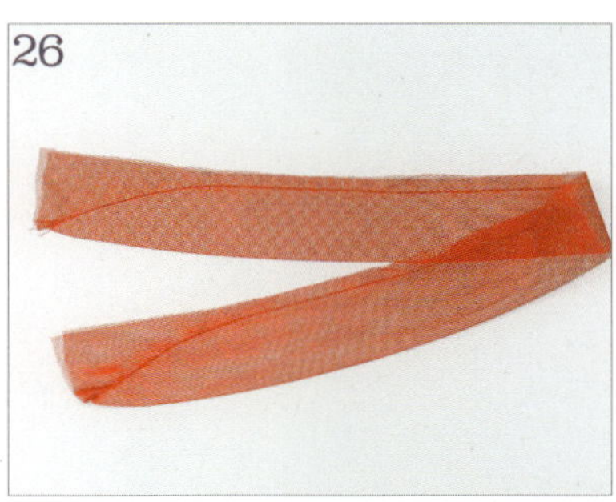

26

뒤판 리본장식 망사 원단을 반으로 접은 후 가운데에 창구멍을 남기고 처음과 끝부분을 곡선으로 굴려서 바느질한다.

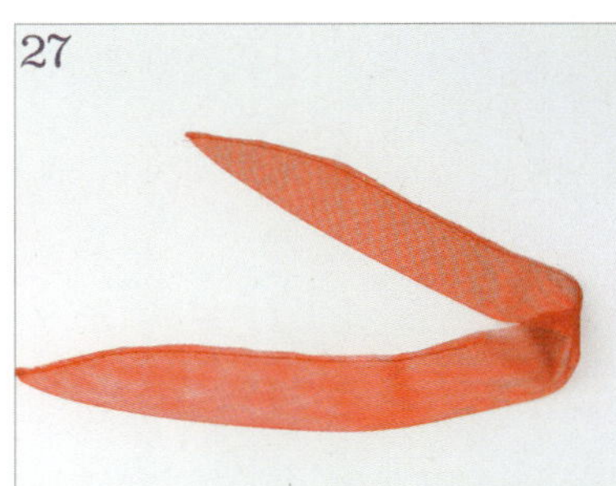

27

겉면으로 뒤집어서 창구멍을 정리한다.

28

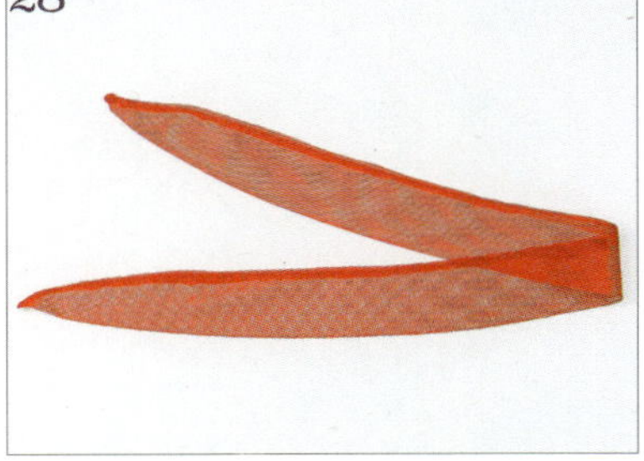

창구멍이 있는 면을 전체 바느질한다.

29

리본 모양으로 묶는다.

30

리본 뒤쪽에 코사지핀을 붙인다.

31

뒤쪽에 리본 장식을 달아 완성한다.

ITEM

그린 도트 무늬와 심플한 민무늬 안감이 대비되어
산뜻한 느낌을 주는 코트예요.
세일러칼라를 달아 귀여움을 연출했어요.
토끼 모양 주머니 덕분에 귀여움이 한층 더 커집니다.

10

세일러칼라 큐트 코트

도안 173쪽

재료 겉감 리넨 그린 도트 65cm×45cm, 안감 면40수 무지 옐로 65cm×45cm, 케이프 20수 싱글 다이마루 옐로 32cm×14cm, 장식 주머니 펠트 6cm×6cm, 기타 장식 펠트 약간, 리본장식 망사 원단 10cm×38cm, 스냅 단추 3쌍, 폭 5mm 리본끈 1.5cm, 길이 1.5cm 코사지핀 1개, 장식용 미니 리본 2개, 지름 6mm 검정 구슬 4개

재단 앞판 겉감 2장, 앞판 안감 2장, 뒤판 겉감 1장, 뒤판 안감 1장, 소매 겉감 2장, 소매 안감 2장, 케이프 2장

How to Make

01 원단에 앞판과 뒤판의 도안을 대고 그린 후 시접을 0.5cm 주고 앞판은 2장을, 뒤판은 1장을 재단한다. 뒤판과 앞판의 어깨를 겉면끼리 맞대고 완성선을 따라 바느질한다.

02 암홀라인 겉면과 소매 겉면을 맞대고 시침핀으로 고정한 후 완성선을 따라 바느질한다.

03 소매를 달아서 뒤집은 겉감의 모습.

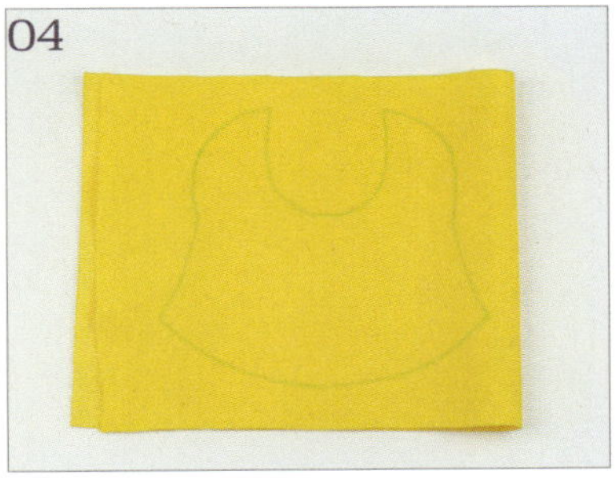

04 케이프 원단을 반으로 접어 케이프 도안을 대고 그린다.

TIP 사진처럼 위쪽 원단에 도안을 그린 후 겹쳐진 원단을 한꺼번에 바느질하여 잘라내도 된다.

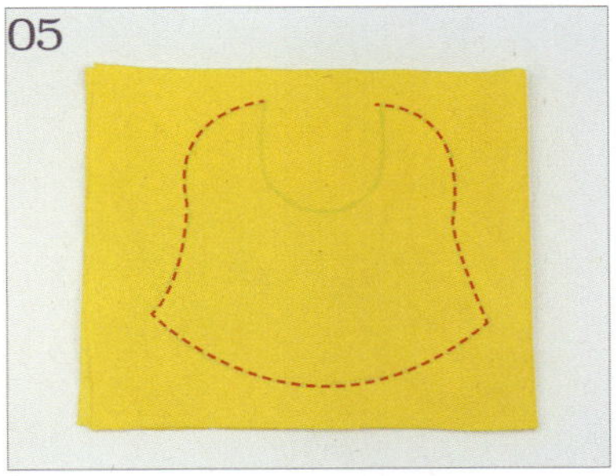

05 케이프의 가장자리를 바느질한 후 안쪽 목둘레에 0.5cm 시접을 주고 나머지는 0.3cm 주고 자른다.

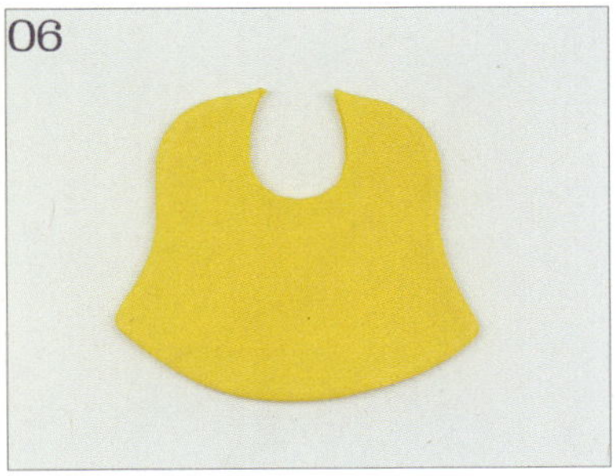

06 겉면으로 뒤집어서 다림질하여 정리한다.

07 목둘레에 케이프를 맞대고 시침핀으로 고정한 후 끝박음질로 케이프를 고정한다.

08 펠트지에 토끼 모양 도안을 대고 그린 후 2장을 재단한다.

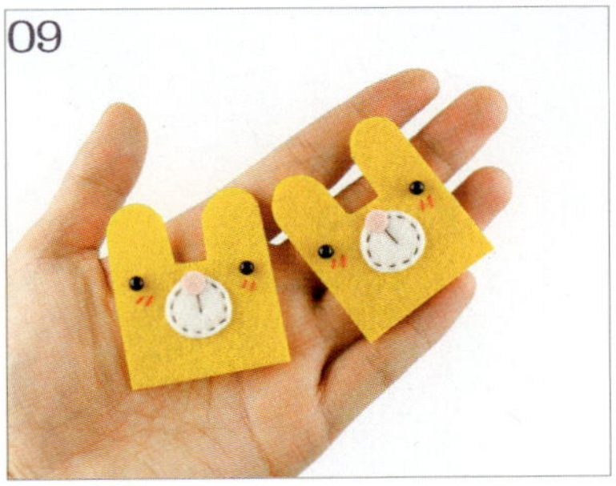

09 단추와 부직포로 토끼 얼굴을 꾸며준다.

앞판의 주머니 위치에 토끼 얼굴을 대고 홈질한다.

1~3 과정으로 안감을 준비한다.

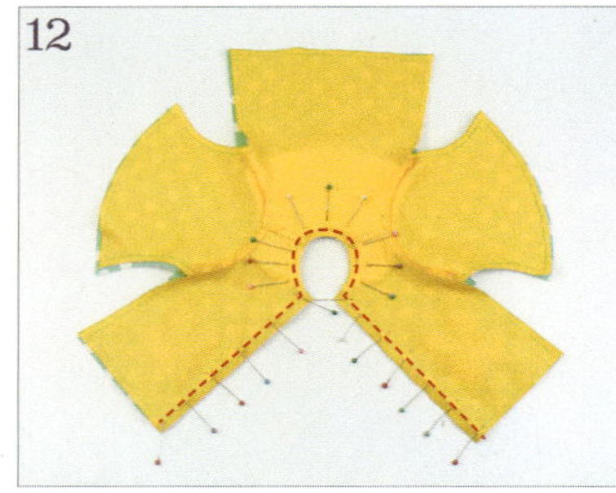

안감과 겉감을 겉면끼리 맞대고 시침핀으로 고정한 후 완성선을 따라 바느질한다.

목둘레에 가위집을 낸다.

겉면으로 정리한 모습.

칼라가 들뜨지 않게 칼라 밑부분을 홈질한다.

겉감의 소매와 옆선을 겉면끼리 맞대고 완성선을 따라 바느질한다.

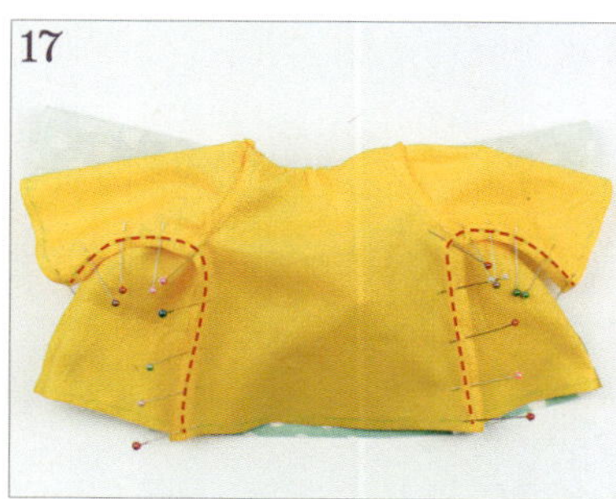

안감의 소매와 옆선을 겉면끼리 맞대고 완성선을 따라 바느질한다.

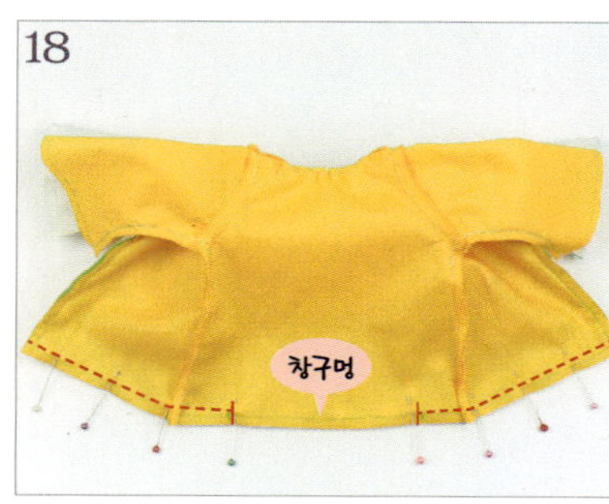

겉감과 안감의 밑단을 겉면끼리 맞대어 고정한 후 창구멍을 남기고 완성선을 따라 바느질한다.

19
겉면으로 뒤집어서 창구멍 시접을 정리하고 공그르기로 마무리한다.

20
겉면에서 전체 둘레를 끝박음질한 후 0.7cm 안쪽에서 한 번 더 바느질한다.

21
소매 끝단을 정리하고 공그르기로 마무리한다.

22
리본핀을 만들 망사 원단을 10cm×38cm 크기로 준비한다.

23
망사 원단을 지그재그 방식으로 접는다.

24
가운데에서 주름을 잡은 후 실을 묶어 고정한다.

25
가운데를 리본끈으로 감싼다. 뒤쪽에 코사지 핀을 붙인다.

26
앞중심의 양옆에 스냅 단추 3쌍을 단다.

27
칼라 아래쪽에 리본핀을 달고, 소매 끝단에 장식용 미니 리본을 달아 완성한다.

ITEM

앞판의 배색이 포인트가 되는 코트예요.
원단의 색감이나 무늬를 바꾸기만 해도
다양한 분위기의 옷을 만들 수 있어요.

11

이중배색 숄칼라 코트

도안 별도 페이지

재료 겉감 이중지 무지 네이비 75cm×40cm, 안감 30수 선염 체크 75cm×40cm, 콩알 단추 2쌍, 스냅 단추 1쌍

재단 앞판 겉감 2장, 뒤판 겉감 1장, 소매 겉감a 2장, 소매 겉감b 2장, 앞판 안감 2장, 뒤판 안감 1장, 소매 안감 2장(a+b), 안감 칼라 안단 1장, 소매 벨트 2장, 허리끈 1장

How to Make

01

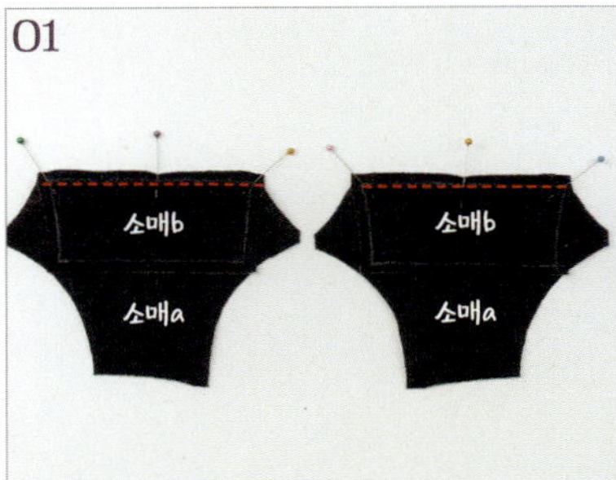

원단에 소매a와 소매b의 도안을 대고 그린 후 시접을 0.5cm 주고 각각 2장씩 재단한다. 각각 겉면끼리 맞대고 완성선을 따라 바느질한다.

02

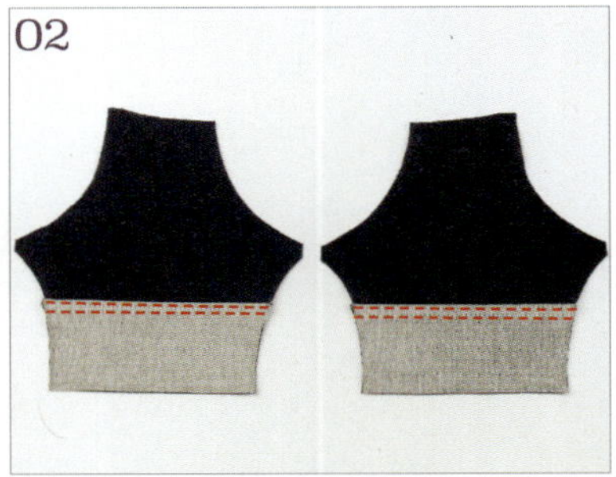

시접을 안쪽으로 꺾어서 정리한 후 겉면에서 끝박음질을 하고, 0.5cm 안쪽에서 한 번 더 바느질한다.

03

원단에 앞판 겉감 도안을 대고 그린 후 시접을 0.5cm 주고 2장을 재단한다. 앞판과 소매의 앞쪽을 겉면끼리 맞대고 시침핀으로 고정한 후 완성선을 따라 바느질한다.

04

소매 앞쪽을 연결한 모습.

05

연결한 모서리 부분에 가위집을 낸다.

06

원단에 뒤판 도안을 대고 그린 후 시접을 0.5cm 주고 재단한다. 뒤판과 소매 뒤쪽의 겉면끼리 맞대고 완성선을 따라 바느질한다.

07

뒤목중심을 겉면끼리 맞대고 완성선을 따라 바느질한다.

08

뒤목중심과 뒤판부터 소매까지 연결되는 부분을 겉면끼리 맞대고 고정한 후 완성선을 따라 바느질한다.

09

연결한 모습.

10 각진 부분을 이렇게 깔끔하게 완성하는 것이 중요하다.

11 원단에 소매 벨트의 도안을 대고 시접 없이 2장을 재단한다.

12 소매 벨트를 반으로 접어서 벨트 모양을 그린 후 접은 쪽을 제외한 나머지 면의 완성선을 따라 바느질한다.

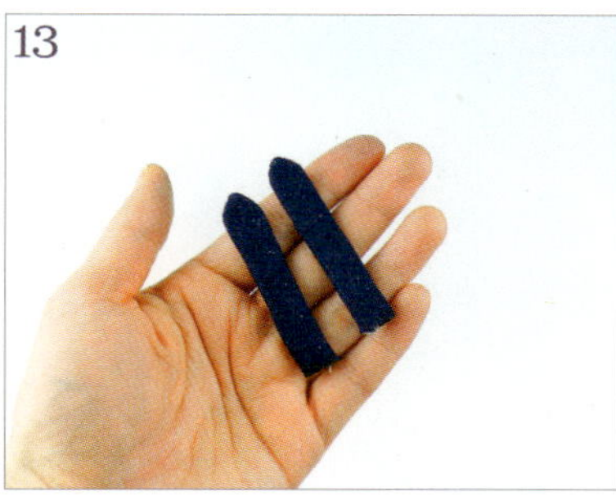

13 겉면으로 뒤집어 다림질한다.

14 소매 부분에 소매 벨트를 대고 끝박음질하여 단다.

15 겉감의 소매와 옆선을 겉면끼리 맞대고 고정한 후 완성선을 따라 연결한다.

16 겉면으로 정리한 겉감의 모습.

17 안감의 뒤판과 소매는 겉감과 같이 준비하고 앞판 안감의 도안을 그린 후 시접을 0.5cm 주고 재단한다. 각각 겉면끼리 맞대고 완성선을 따라 바느질한다.

18 안감 칼라 안단의 도안을 대고 그린 후 시접을 0.5cm 주고 재단한다. 안감 칼라 안단과 겉면끼리 맞대고 고정한 후 완성선을 따라 바느질한다.

시접을 안면으로 꺾어서 다림질하여 안감을 준비한다.

겉감과 안감을 겉면끼리 맞대고 고정한 후 밑단을 제외하고 둘레를 완성선을 따라 바느질한다. 안감의 소매와 옆선을 겉면끼리 맞대고 완성선을 따라 바느질한다.

겉면으로 뒤집어서 다림질한 모습.

안감 소매 시접을 접어서 겉감 소매와 맞대고 공그르기한다.

TIP 안감을 맞출 때는 바깥쪽에서 2mm 정도 들어온 상태로 하세요.

소매를 정리한 모습.

겉감과 안감의 밑단을 겉면끼리 맞댄 후 창구멍을 남기고 완성선을 따라 바느질한다.

밑단의 창구멍 시접을 정리해서 공그르기하고, 밑단을 제외한 전체 둘레를 0.7cm 안쪽에서 바느질한다.

소매 벨트에 단추를 단다.

소매와 소매 벨트에 스냅 단추를 단다.

앞중심 양쪽에 스냅 단추를 단다.

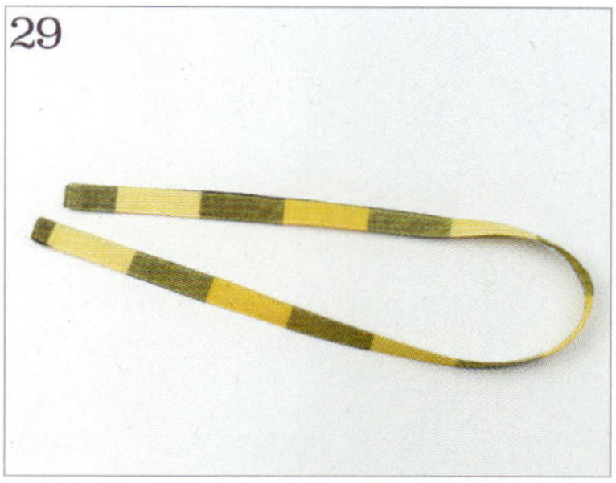

허리끈은 58cm×5.2cm 길이로 재단한다. 4등분하여 접은 후 양끝의 시접도 접어 넣어 전체 둘레를 끝박음질한다.

완성된 숄칼라 코트의 모습.

ITEM

앞중심과 칼라에 프릴을 달아 러블리한 느낌이 돋보이는 옷이에요.
미니 리본 단추로 한층 더 귀여운 느낌을 살렸어요.

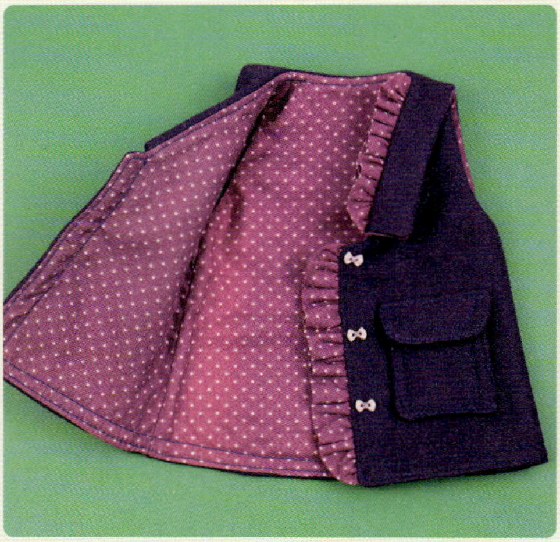

12

원피스형 베스트

도안 176쪽

재료 겉감 10수 고급 울 무지 딥퍼플 65cm×50cm, 안감 면30수 퍼플 도트 60cm×45cm, 미니 리본 단추 3개, 스냅 단추 3쌍

재단 앞판 겉감 2장, 앞판 안감 2장, 뒤판 겉감 1장, 뒤판 안감 1장, 칼라 겉감 1장, 칼라 안감 1장, 앞중심 프릴감 1장, 칼라 프릴감 1장, 주머니 2장, 주머니 뚜껑 2장

How to Make

원단에 앞판과 뒤판 도안을 대고 그린 후 시접을 0.5cm 주고 앞판 2장, 뒤판 1장을 재단한다. 앞판과 뒤판의 어깨를 겉면끼리 맞대고 완성선을 따라 바느질한다.

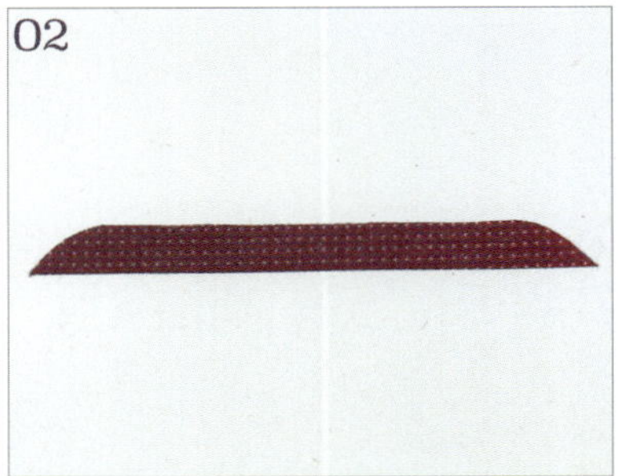

원단에 앞중심 프릴감의 도안을 대고 그린 후 시접을 0.5cm 주고 재단한다. 반을 접어서 다림질한 후 홈질하여 프릴을 만든다.

앞중심에 프릴을 맞대고 끝박음질하여 단다.

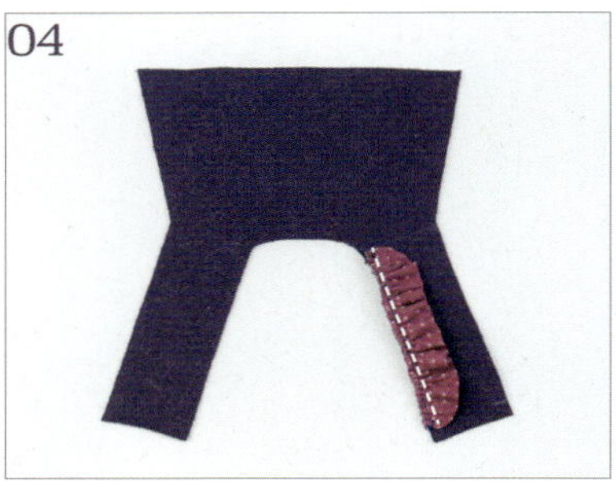

원단에 칼라 프릴감의 도안을 대고 그린 후 시접을 0.5cm 주고 칼라 1장, 프릴감 1장을 재단한다. 프릴감을 반으로 접어 프릴을 만든 후 칼라 오른쪽 부분에 맞대고 끝박음질한다.

안감 칼라도 겉감처럼 준비하고, 프릴을 단 칼라 겉감과 칼라 안감을 겉면끼리 맞대고 고정한 후 완성선을 따라 바느질한다.

박음질된 모습.

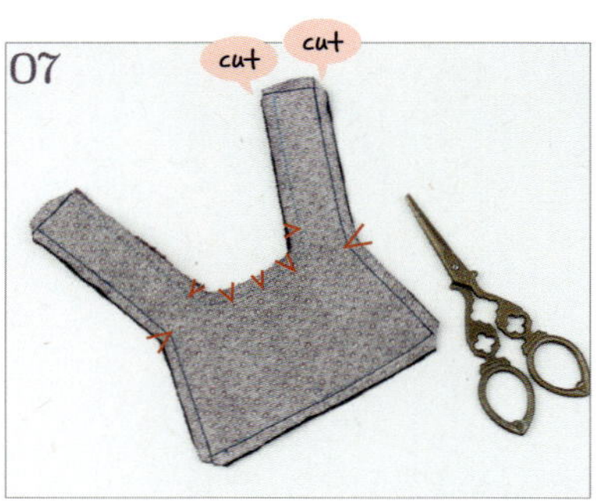

모서리 부분은 사선으로 자르고 곡선 부분에 가위집을 낸다.

겉면으로 뒤집어 다림질한다.

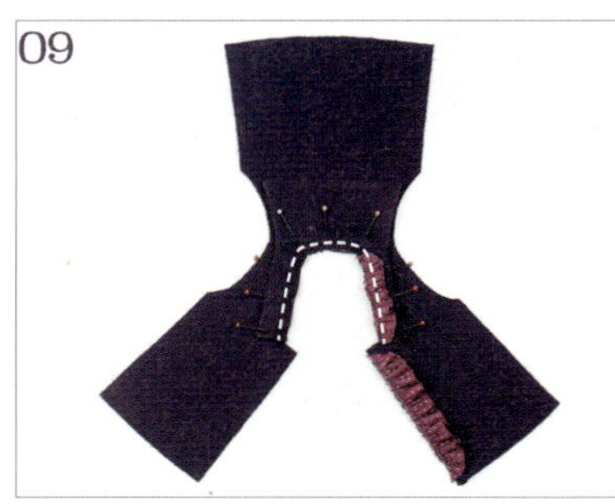

겉감의 목둘레 부분에 칼라를 맞대고 끝박음질한다.

10

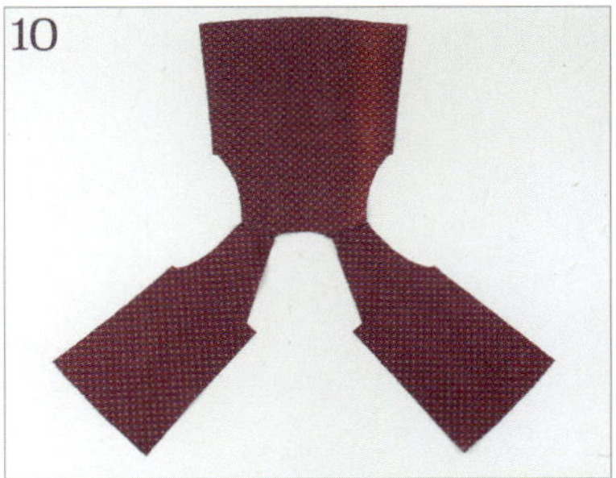

안감의 앞판과 뒤판도 겉감처럼 준비한다. 안감도 앞판과 뒤판의 어깨를 겉면끼리 맞대고 완성선을 따라 연결한다.

11

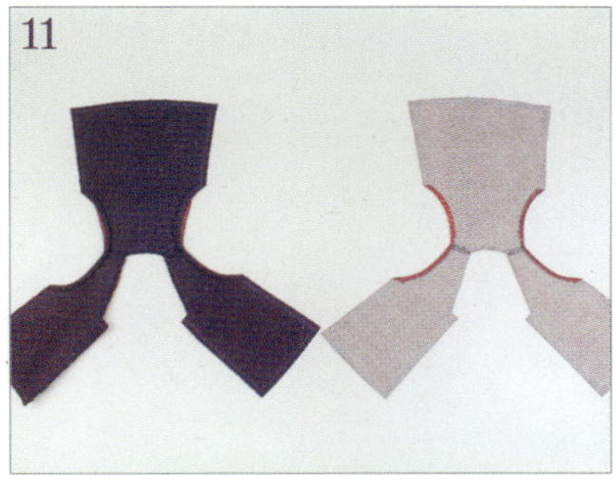

앞판과 겉감의 암홀라인에 가위집을 내고, 시접을 0.5cm 접어 다림질한다.

12

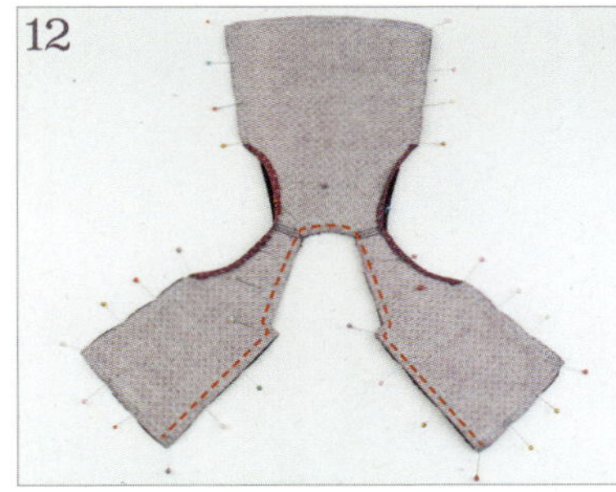

겉감과 안감을 겉면끼리 맞대고 시침핀으로 고정한다. 앞중심과 목둘레 완성선을 따라 바느질한다.

13

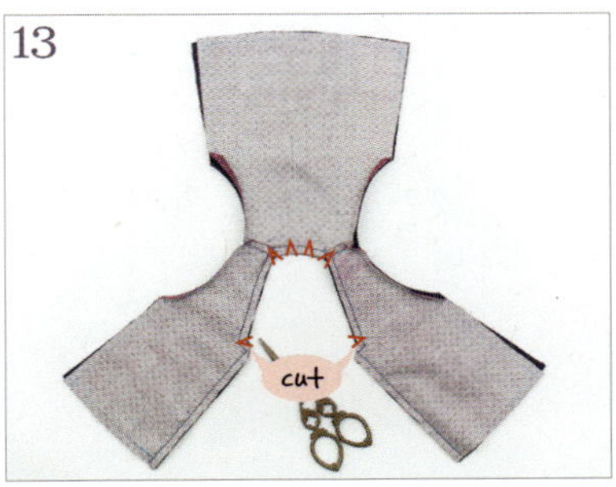

모서리 부분과 곡선 부분에 가위집을 내고, 앞중심 시접 끝부분은 사선으로 잘라낸다.

14

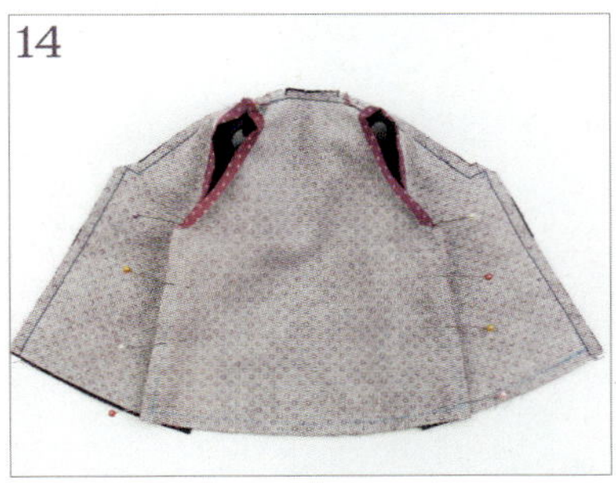

안감의 옆선을 겉면끼리 맞대고 완성선을 따라 바느질한다.

15

겉감의 옆선을 겉면끼리 맞대고 완성선을 따라 바느질한다.

16

밑단으로 뒤집은 안면.

17

밑단으로 뒤집은 겉면.

18

겉감과 안감의 암홀라인을 맞대고 시침핀으로 고정한다.

19 암홀라인을 공그르기로 연결한다.

20 정리한 모습.

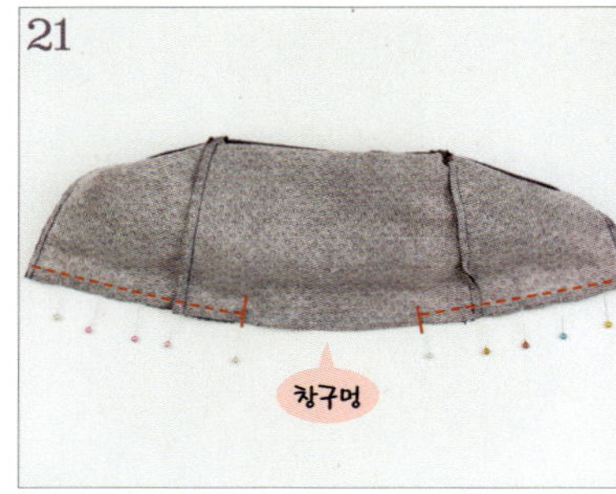

21 겉감과 안감의 밑단을 겉면끼리 맞댄 후 창구멍을 남기고 완성선을 따라 바느질한다.

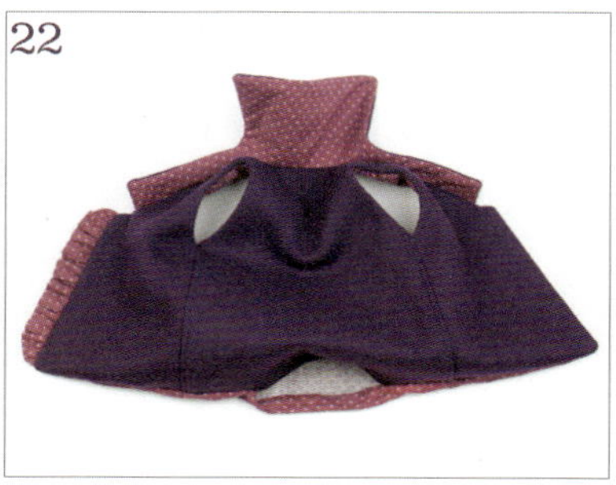

22 창구멍으로 밑단을 뒤집는다.

23 창구멍의 시접을 정리하여 공그르기한다.

24 칼라 밑부분부터 시작해 전체 둘레를 끝박음질하고, 0.7cm 안쪽에서 한 번 더 바느질한다.

25 원단에 주머니와 주머니 뚜껑의 도안을 대고 그린 후 시접을 0.5cm 주고 각각 2장씩 재단한다.

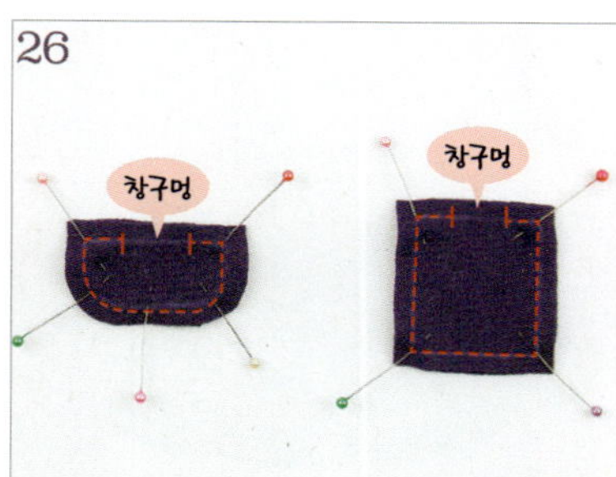

26 주머니 뚜껑 2장을 겉면끼리 맞대고, 주머니 2장도 겉면끼리 맞대고 고정한다. 각각 창구멍만 남기고 완성선을 따라 바느질한다.

27 창구멍으로 뒤집은 후 공그르기한다.

앞판에 주머니와 주머니 뚜껑을 바느질하여 단다.

앞중심에 리본 단추를 단다.

스냅 단추를 단다.

완성된 베스트의 뒷모습.

ITEM

앞판에 다양한 와펜을 달아
센스 있게 포인트를 더해주었어요.

13

청 후드 재킷

도안 178쪽

재료 겉감 30수 워싱 청해지 55cm×45cm, 안감 면30수 도트 55cm×45cm, 단추 고리 1개, 장식 와펜

재단 앞판 겉감 2장, 앞판 뒤판 1장, 겉감 후드 2장, 앞판 안감 2장, 뒤판 안감 1장, 안감 후드 2장, 주머니 2장

How to Make

01
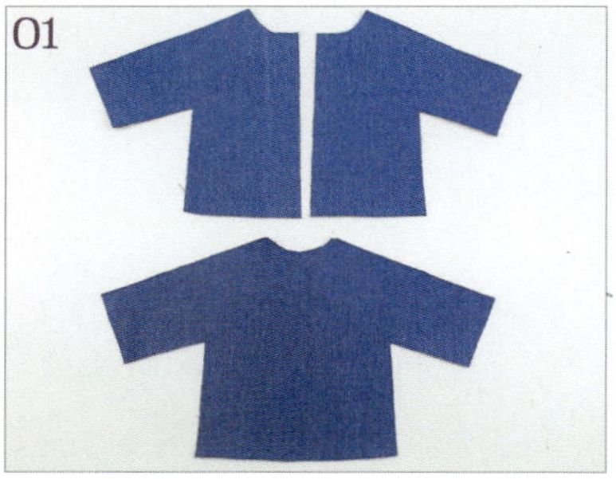

원단에 앞판과 뒤판의 도안을 대고 그린 후 시접을 0.5cm 주고 앞판은 2장, 뒤판은 1장을 재단한다.

02

앞판과 뒤판을 겉면끼리 맞대고 완성선을 따라 바느질한다.

03

모서리 부분에 가위집을 낸다.

04
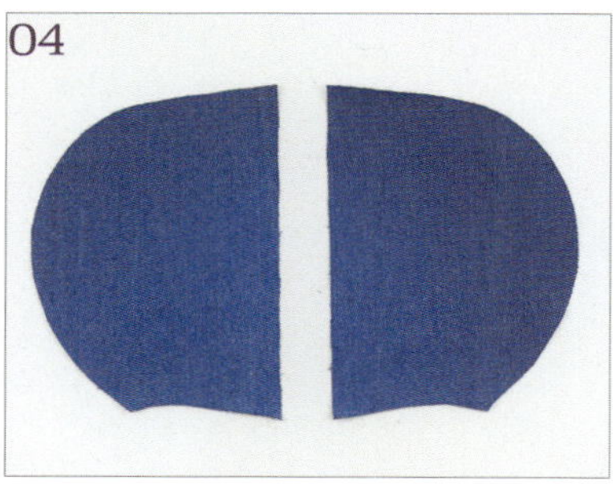

원단에 후드 겉감의 도안을 대고 그린 후 시접을 0.5cm 주고 2장을 재단한다.

05
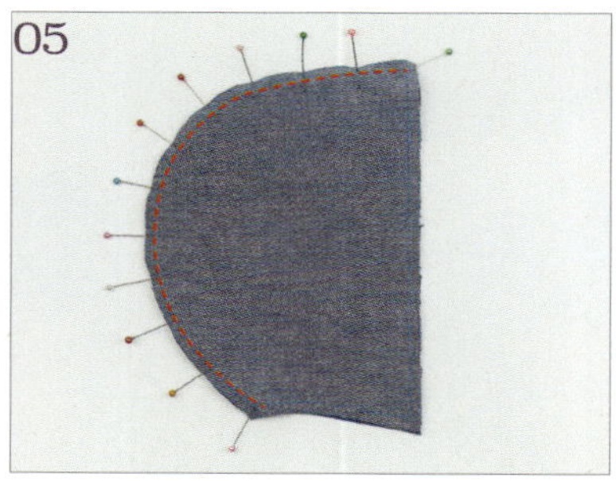

두 장을 겉면끼리 맞대고 완성선을 따라 바느질한다.

06
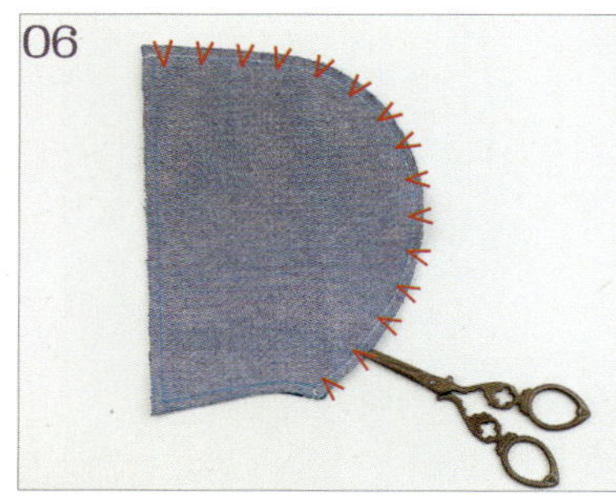

바느질한 부분에 가위집을 낸다.

07

앞판에 장식 와펜을 자유롭게 배치하고 바느질한다.

TIP 장식 와펜은 다양한 디자인별로 판매하는 원단 사이트에서 쉽게 구할 수 있다.

08

와펜을 부착한 모습.

09

주머니를 만들 원단을 반으로 접어 주머니를 그린 후 창구멍을 남기고 바느질한다.

10

시접을 잘라내고 겉면으로 뒤집어서 창구멍을 공그르기한다.

11

색실을 이용하여 주머니 위쪽을 제외한 나머지 면을 홈질한다.

12

앞판에 주머니를 대고 시침핀으로 고정한다.

13

홈질하여 주머니를 달고 단추를 단다.

14

겉감의 목둘레 부분과 후드를 겉면끼리 맞대고 고정한 후 완성선을 따라 바느질한다.

15

연결한 부분의 가장자리를 겉면에서 끝박음질한다.

16

겉감을 정리한 모습.

17

안감의 앞판과 뒤판도 겉감과 같은 과정으로 재단하여 준비한다.

18

안감의 후드도 겉감과 같은 과정으로 재단하여 준비한다.

안감의 목둘레 부분과 안감 후드를 겉면끼리 맞대고 시침핀으로 고정한 후 완성선을 따라 바느질한다.

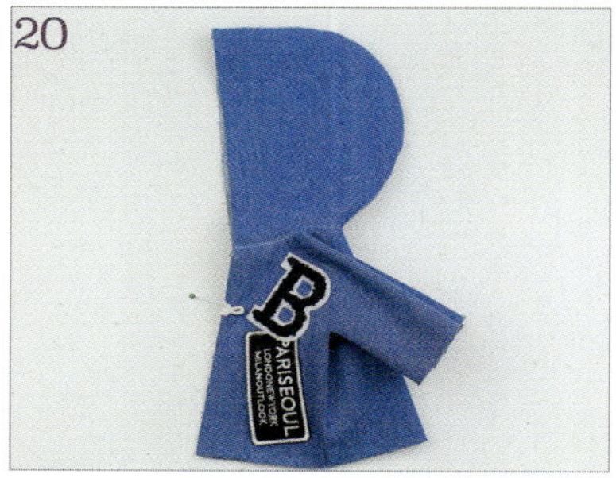

겉감 앞판에 단추 고리를 단다.

겉감과 안감을 겉면끼리 맞대고 고정한 후 밑단을 제외하고 완성선을 따라 전체 둘레를 바느질한다.

겉감과 안감을 연결한 모습.

소매를 공그르기한다.

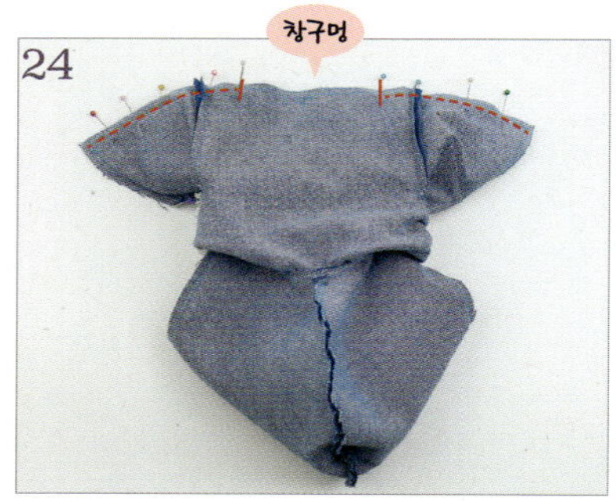

겉감과 안감의 밑단을 겉면끼리 맞대고 창구멍을 제외한 나머지 부분을 완성선을 따라 바느질한다.

겉면으로 뒤집어서 밑단의 창구멍을 정리하여 다림질한 후 공그르기한다.

전체 둘레를 끝박음질하고 0.7cm 안쪽에서 한 번 더 바느질한다.

완성된 청 후드 재킷의 모습.

ITEM

점퍼 앞중심에 떡볶이 단추를 달아
귀여움을 더했어요.

14

후드 무스탕 점퍼

도안 181쪽

재료 무스탕 양털 무지 블랙 60cm×60cm, 길이 2cm 떡볶이 단추 2개, 5.5cm 고무줄 끈 4개

재단 앞판a 2장, 앞판b 2장, 뒤판 2장, 소매 2장, 주머니 2장, 단추 장식 원단 4장, 후드 2장

How to Make

01

원단에 앞판a의 도안을 그린다. 앞중심에 시접을 1.5cm, 나머지는 0.5cm 주고 2장을 재단한다. 원단에 앞판b의 도안을 그린 후 앞중심과 밑단에 시접을 1.5cm, 나머지는 0.5cm 주고 2장을 재단한다.

02

앞판a와 앞판b의 안면끼리 맞대고 완성선을 따라 바느질한다.

03

뒤판 2장의 안면끼리 맞대고 완성선을 따라 바느질한다.

04

앞판과 뒤판의 어깨를 겉면끼리 맞대고 완성선을 따라 바느질한다.

05

암홀라인에 소매를 맞춘 후 완성선을 따라 바느질한다.

06

앞중심의 시접을 겉면으로 1.5cm 접은 후 바느질한다.

07

소매와 앞판, 뒤판의 옆면을 겉면끼리 맞대고 바느질한다.

08

밑단의 시접을 겉면으로 1.5cm 접은 후 바느질한다.

09

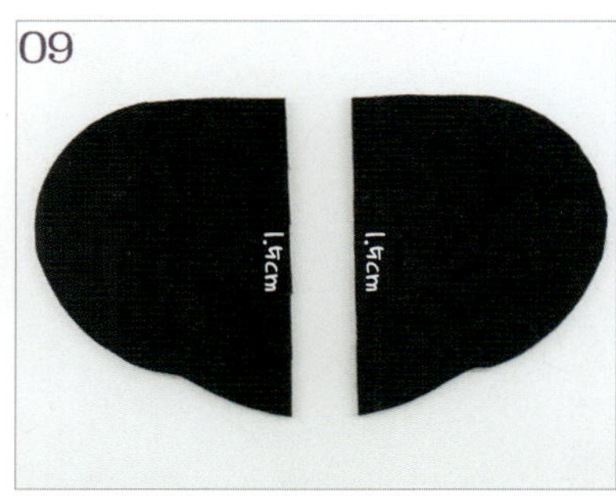

원단에 후드 도안을 대고 그린다. 앞쪽에 시접을 1.5cm, 나머지는 0.5cm 주고 2장을 재단한다.

10

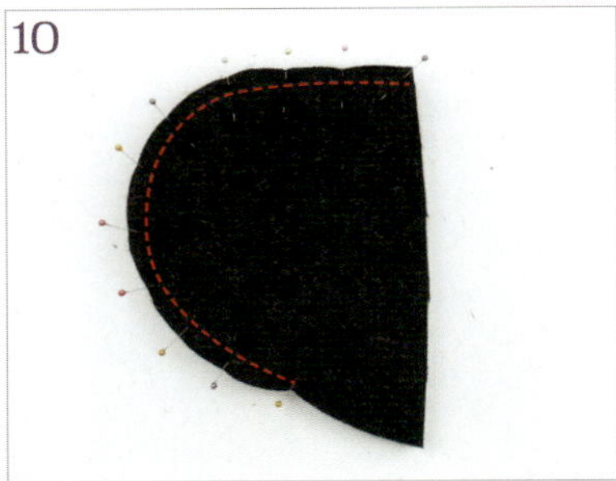

후드 2장을 안면끼리 맞춘 후 완성선을 따라 바느질한다.

11

후드 앞면의 시접을 겉면으로 1.5cm 접은 후 바느질한다.

12

후드와 몸판의 목둘레 부분을 겉면끼리 맞대고 완성선을 따라 바느질한다.

13

원단에 주머니 도안을 대고 그린 후 시접 없이 2장을 재단한다.

14

소매 끝단을 1.5cm 겉면으로 접어 올린다. 주머니를 단다.

15

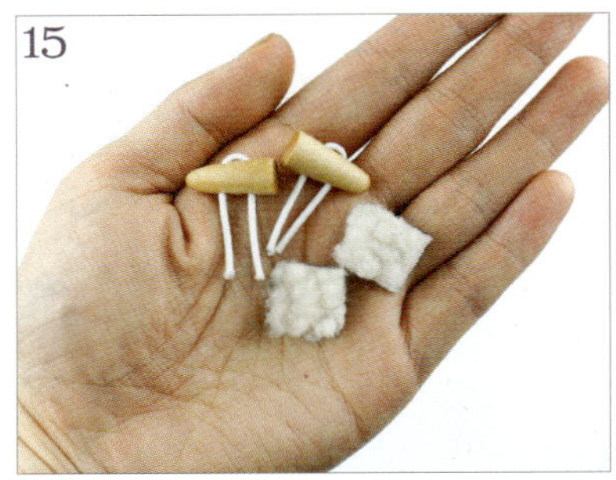

앞중심에 고정할 떡볶이 단추 2개, 고무줄 끈 2개, 단추 장식 원단 2장을 시접 없이 준비한다.

16

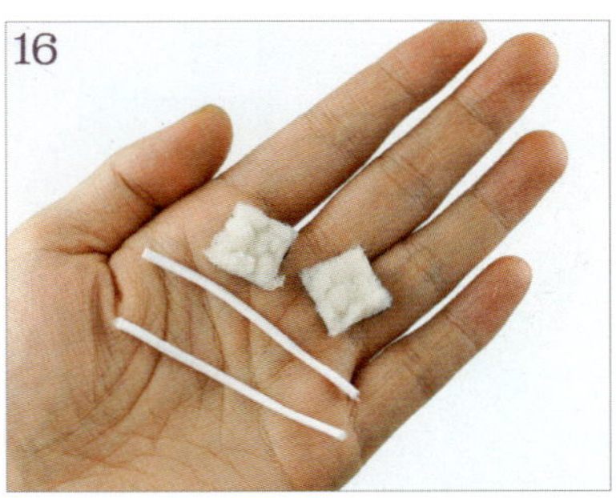

앞중심 다른 면에 고정할 고무줄 끈 2개, 단추 장식 원단 2장을 시접 없이 준비한다.

17

앞중심에서 각각 단추 장식 원단 안으로 끈을 넣어 고정한다. 단추 장식 원단 네 면을 바느질해서 달면 완성.

ITEM

안감에 스트라이프 배색 포인트를 주어
후드를 착용하지 않을 때도
디테일이 살아 있는 아우터예요.

15

훈민정음 후드 패딩 점퍼

도안 185쪽

재료 겉감 혼방 누빔 90cm×50cm, 안감 면30수 스트라이프 블랙 75cm×50cm, 시보리 원단 15cm×27cm, 지퍼 13cm

재단 앞판 겉감 2장, 앞판 안감 2장, 뒤판 겉감 1장, 뒤판 안감 1장, 소매 겉감 2장, 소매 안감 2장, 후드 겉감 2장, 후드 안감 2장, 후드 시보리 1장, 소매 시보리 2장, 주머니 4장

How to Make

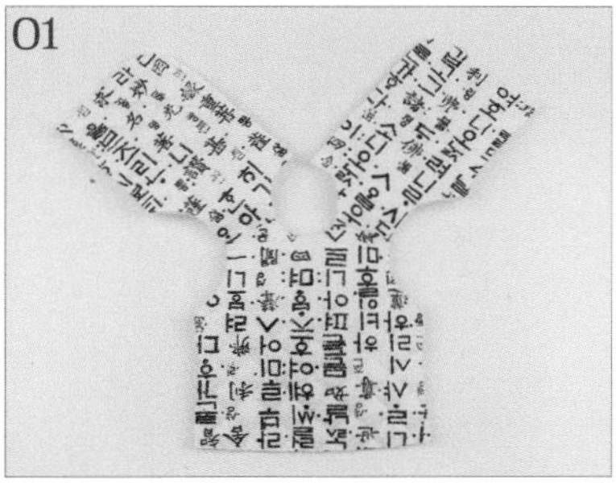

01 원단에 앞판, 뒤판의 도안을 대고 그린 후 시접을 0.5cm 주고 앞판 2장, 뒤판 1장을 재단한다. 앞판과 뒤판의 어깨 부분을 겉면끼리 맞대고 완성선을 따라 바느질한다.

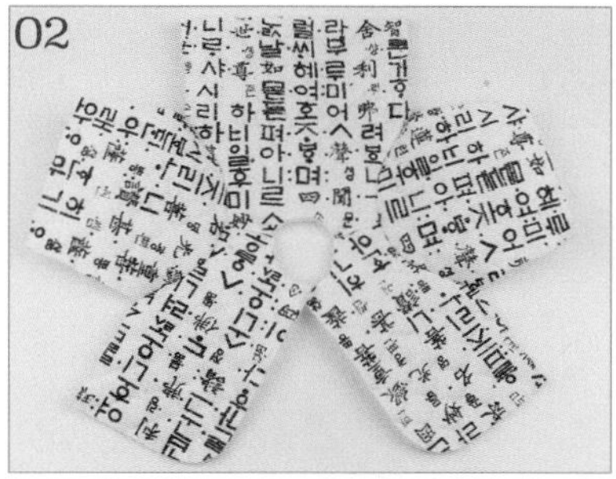

02 원단에 소매 도안을 대고 그린 후 시접을 0.5cm 주고 2장을 재단한다. 암홀라인에 소매를 겉면끼리 맞대고 완성선을 따라 바느질한다.

03 원단에 후드 시보리의 도안을 대고 그린 후 시접을 0.5cm 주고 재단한다.

04 반으로 접어서 다림질한다.

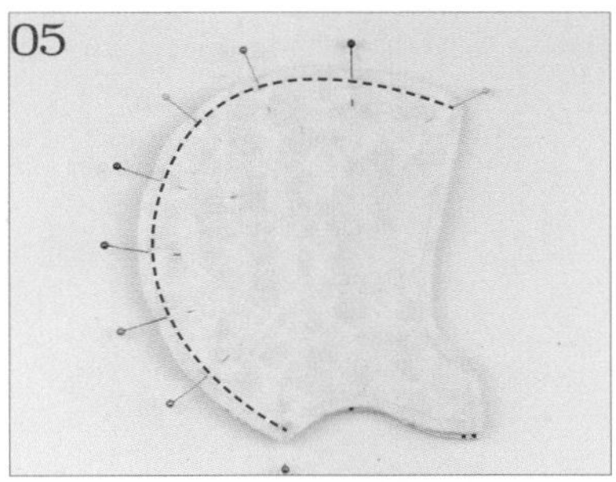

05 원단에 후드 도안을 대고 그린 후 시접을 0.5cm 주고 2장을 재단한다. 재단한 후드 원단 2장을 겉면끼리 맞대고 완성선을 따라 바느질한다.

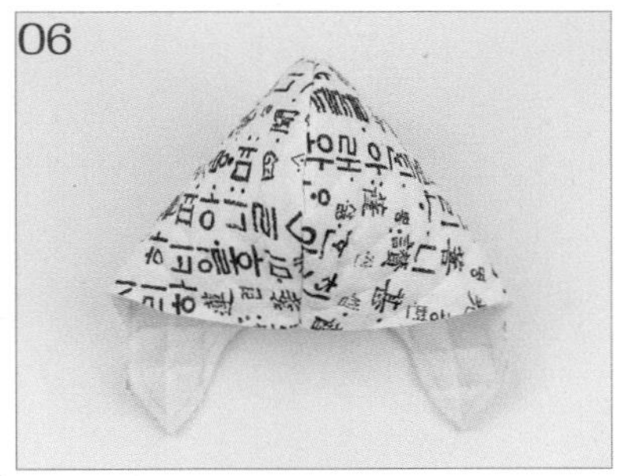

06 겉감 후드를 바느질한 모습.

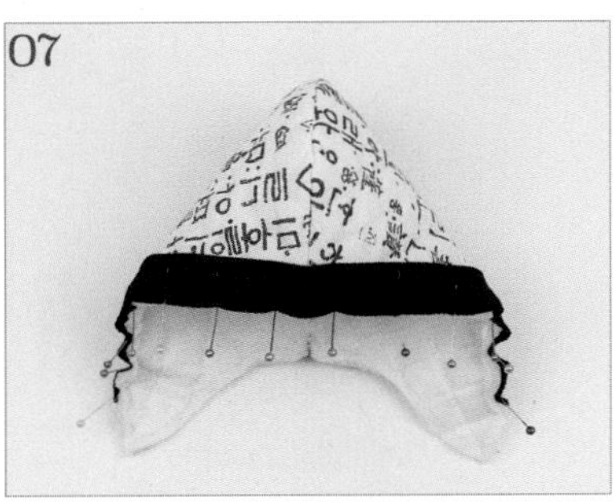

07 후드 겉면 둘레에 후드 시보리를 맞대고 고정한 후 끝박음질하여 시보리를 단다.

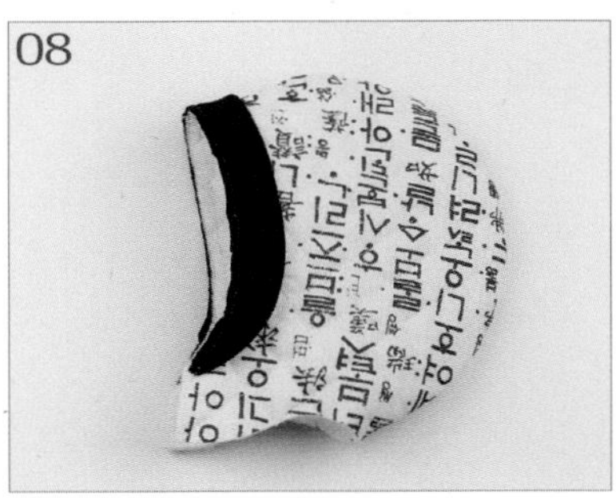

08 후드에 시보리를 단 모습.

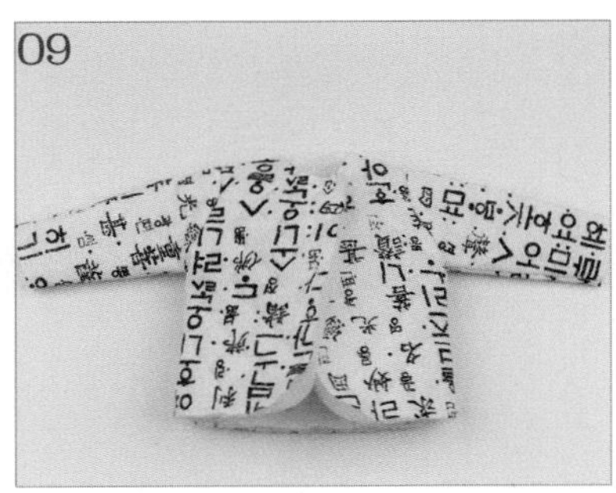

09 겉감의 소매와 옆선을 겉면끼리 맞대고 완성선을 따라 바느질한 후 겉면으로 뒤집어 정리한다.

10

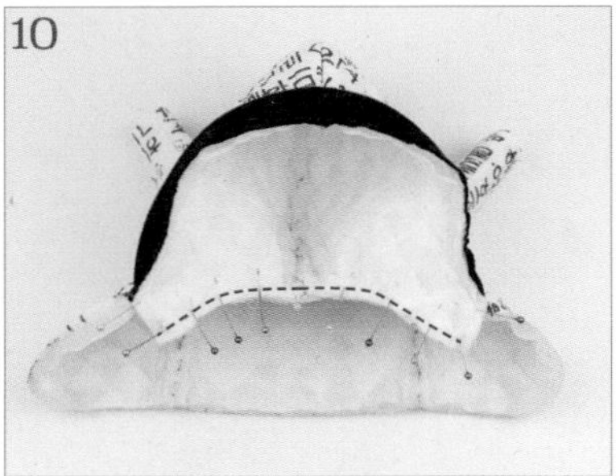

몸판의 목둘레와 후드를 겉면끼리 맞대고 완성선을 따라 바느질한다.

11

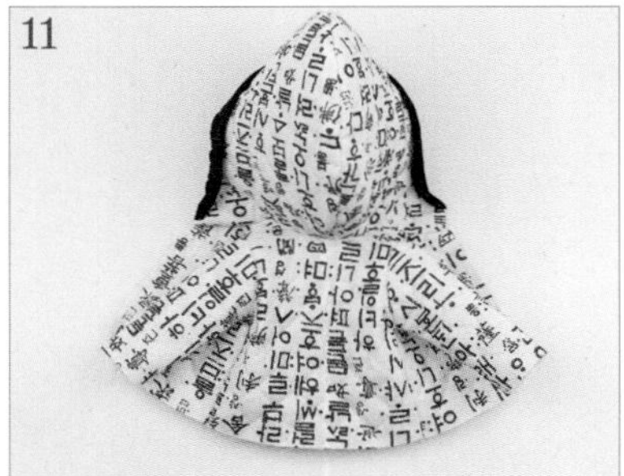

몸판에 후드를 연결한 모습.

12

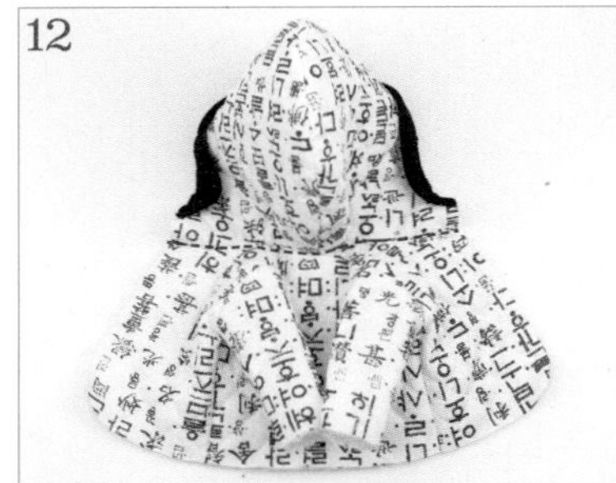

겉면에서 후드와 연결된 부분을 끝박음질한다.

13

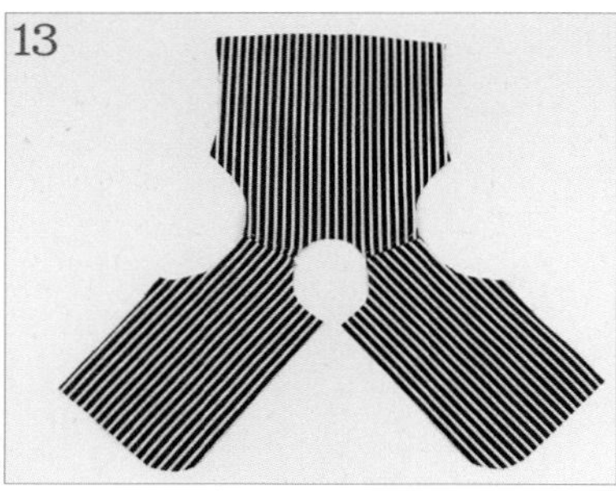

안감의 앞판과 뒤판도 겉감과 같이 재단하고 바느질한다.

14

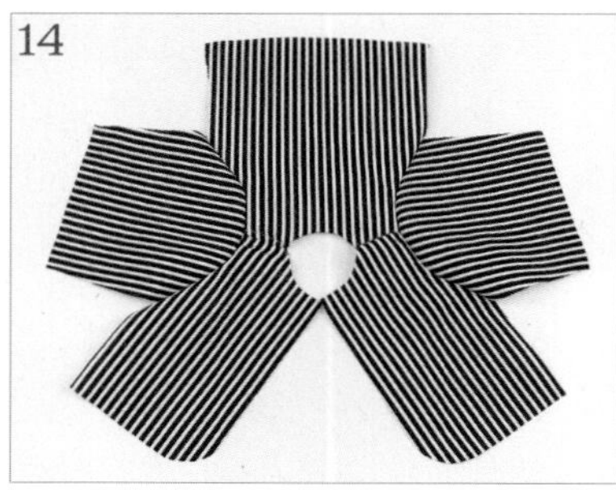

소매 안감도 겉감과 같이 재단한 후 암홀라인에 소매를 겉면끼리 맞대고 완성선을 따라 바느질한다.

15

안감의 소매와 옆선을 겉면끼리 맞대고 고정한 후 완성선을 따라 바느질한 후 겉면으로 뒤집어 정리한다.

16

후드 안감도 겉감과 같이 재단하고 바느질하여 연결한다.

17

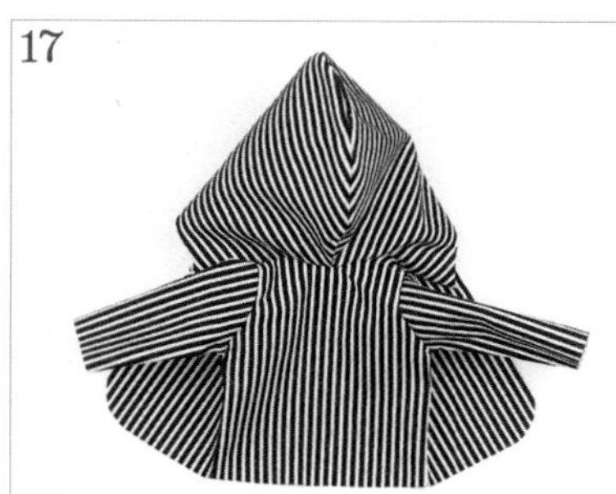

안감의 몸판에 후드를 겉면끼리 맞대고 완성선을 따라 바느질하여 후드를 단다.

18

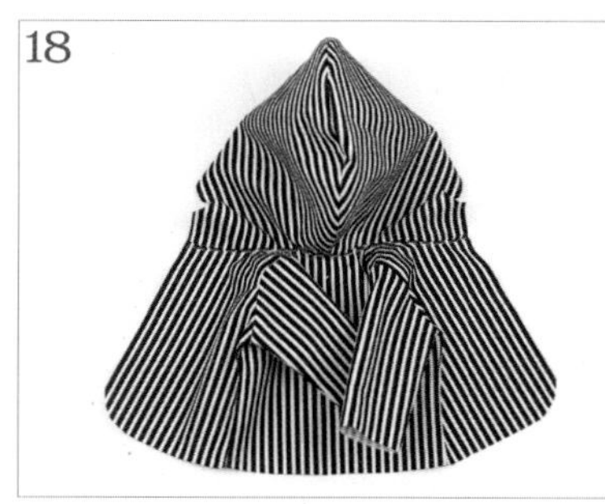

후드와 연결된 부분은 겉면에서 끝박음질한다.

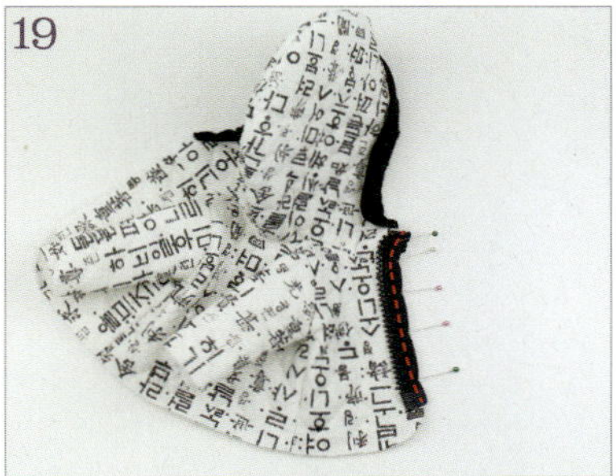

겉감의 앞중심에 지퍼를 맞대고 끝박음질하여 지퍼를 단다.

맞은편에도 지퍼를 맞대고 끝박음질하여 지퍼를 단다.

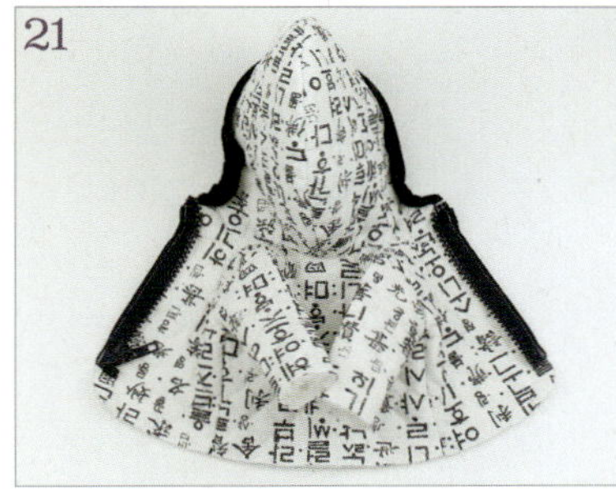

앞판의 앞중심에 지퍼를 단 모습.

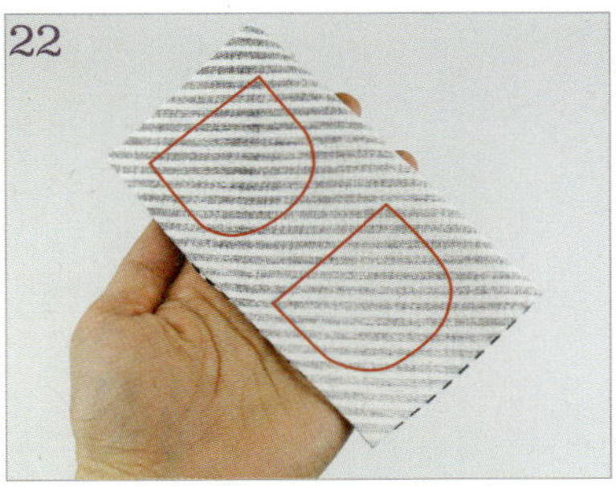

주머니 원단을 반으로 접어 안쪽에 주머니 도안을 그린 후 재단한다.

창구멍을 남기고 둘레를 바느질한 후 시접을 0.5cm 남기고 자른다.

창구멍으로 뒤집어서 시접을 정리한 후 공그르기한다.

앞판에 주머니를 대고 바느질한다.

앞판에 주머니를 단 모습.

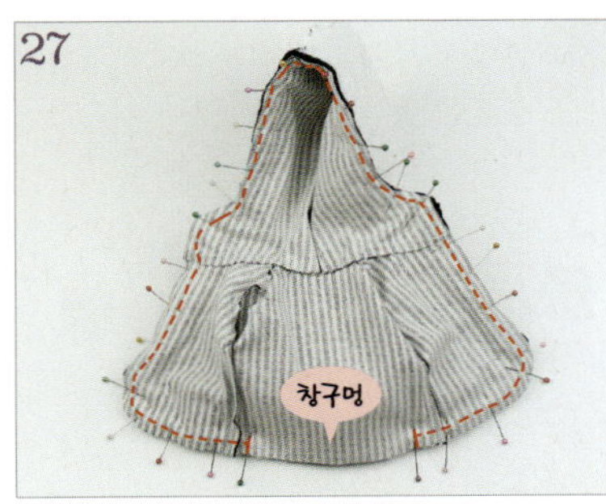

겉감과 안감을 겉면끼리 맞대고 고정한 후 밑단에 창구멍을 남기고 완성선을 따라 전체 둘레를 바느질한다.

28

창구멍으로 뒤집어서 창구멍 시접을 정리하고 공그르기한다.

29

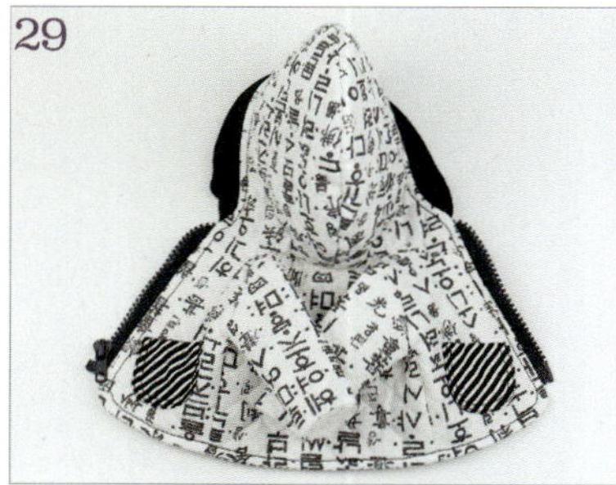

겉면 가장자리의 0.7cm 안쪽에서 전체 둘레를 바느질한다.

30

원단에 소매 시보리 도안을 대고 그린 후 시접을 0.5cm 주고 2장을 재단한다. 소매 시보리를 반으로 접어 다림질한다.

31

반으로 접은 부분을 펼쳐서 끝과 끝을 맞대고 완성선을 따라 바느질한다.

32

처음에 반으로 접었던 부분을 다시 접어 소매 시보리를 정리한다.

33

겉감의 소매 끝단과 시보리를 겉면끼리 맞대고 완성선을 따라 바느질한다.

34

소매 시보리를 연결한 시접을 안면으로 꺾고 겉면으로 뒤집어서 정리한다.

35

소매 안감의 시접 0.5cm를 접어서 겉감 소매와 맞대고 공그르기한다.

36

완성된 후드 패딩 점퍼의 모습.

ITEM

어떤 색감의 안감을 매치하느냐에 따라
코트의 느낌이 달라져요. 주머니는 꼭 원단이 아닌
부드러운 펠트지로 만들어도 좋아요!

16

알파벳 후드 롱 패딩

도안 별도 페이지

재료 겉감 폴리 누빔 네이비 105cm×55cm, 안감 30수 선염 체크 레드 95cm×55cm, 주머니감 네오플렌 무지 옐로 15cm×10cm, 고무줄 끈 5cm 3개, 지퍼 20cm, 지름 1.5cm 단추 3개, 모양 단추 2개, 스냅 단추 7쌍

재단 앞판 겉감 2장, 앞판 안감 2장, 뒤판 겉감 1장, 뒤판 안감 1장, 소매 겉감 2장, 소매 안감 2장, 후드 겉감 2장, 후드 안감 2장, 지퍼 덧단 1장, 앞판 주머니 1장, 앞판 주머니 뚜껑 1장, 소매 주머니 1장

How to Make

원단에 앞판과 지퍼 덧단의 도안을 대고 그린 후 시접을 0.5cm 주고 앞판 2장, 지퍼 덧단 1장을 재단한다. 지퍼 20cm도 준비한다.

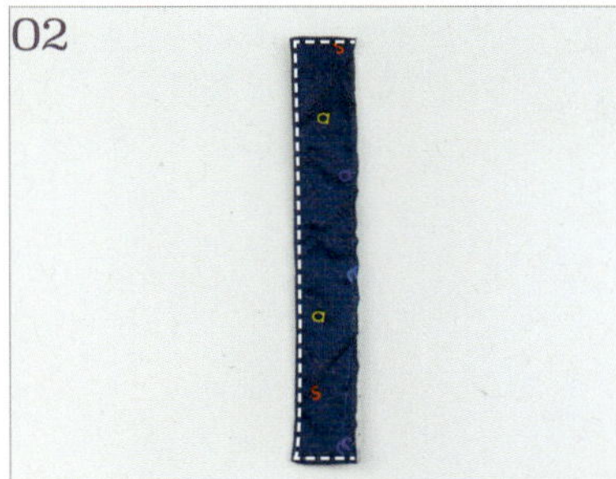

지퍼 덧단을 반으로 접고, 위아래 시접을 0.5cm 접어 안쪽으로 반을 접은 후 세 면을 바느질한다.

앞판에서 0.5cm 안쪽에 지퍼 덧단을 맞대어 고정한 후 끝박음질로 지퍼 덧단을 단다.

지퍼 덧단의 시접 0.5cm 위치에 지퍼를 맞대고 바느질한다.

다른 앞판에도 지퍼를 맞대고 바느질한다.

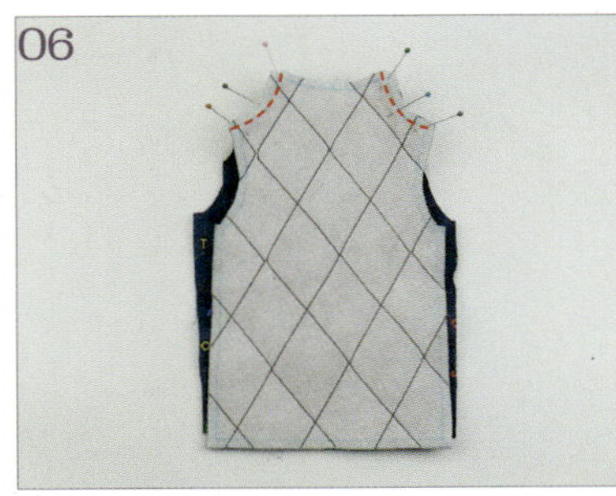

원단에 뒤판의 도안을 대고 그린 후 시접을 0.5cm 주고 재단한다. 지퍼를 단 앞판과 뒤판의 어깨를 맞대고 완성선을 따라 바느질한다.

원단에 소매 도안을 대고 그린 후 시접을 0.5cm 주고 2장을 재단한다. 암홀라인에 소매를 겉면끼리 맞대고 완성선을 따라 바느질한다.

소매를 단 모습.

지퍼 덧단에 지퍼를 단 모습.

다른 앞판의 앞중심에 지퍼가 달린 모습.

안감도 겉감과 같이 재단하고 바느질한다.

안감의 앞판 앞중심의 시접을 0.5cm 접어서 다림질한다.

겉감과 안감의 목둘레 부분을 겉면끼리 맞대고 시침핀으로 고정한다.

완성선을 따라 바느질한다.

겉면에서 시접을 정리하여 다림질한 후 목둘레를 0.5cm 시접만큼 한 번 더 바느질한다.

원단에 앞판의 주머니와 주머니 뚜껑의 도안을 대고 그린 후 시접 없이 각각 1장씩 재단한다.

앞판 한쪽에 주머니를 대고 홈질한다.

주머니 뚜껑을 홈질한 후 모양 단추를 단다.

19

소매에 주머니 뚜껑을 대고 홈질한 후 모양 단추를 단다.

20

주머니를 단 모습.

21

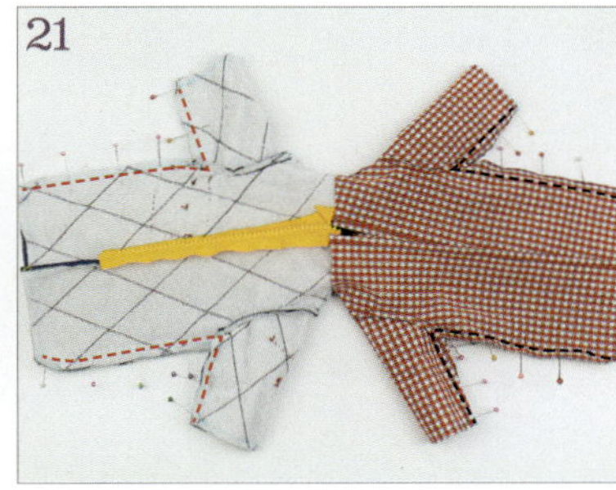

겉감과 안감을 각각 소매부터 옆선까지 맞대고 완성선을 따라 바느질한다.

22

겉감과 안감의 밑단을 겉면끼리 맞대고 완성선을 따라 바느질한다.

23

뒤집어서 지퍼 있는 앞중심을 겉감과 잘 맞대고 고정한 후 공그르기한다.

24

안감을 마무리한 모습.

25

겉면 가장자리의 0.7cm 안쪽에서 전체 둘레를 바느질한다.

26

안감과 겉감의 소매는 0.5cm 시접을 접어 공그르기한다.

27

완성된 모습.

28

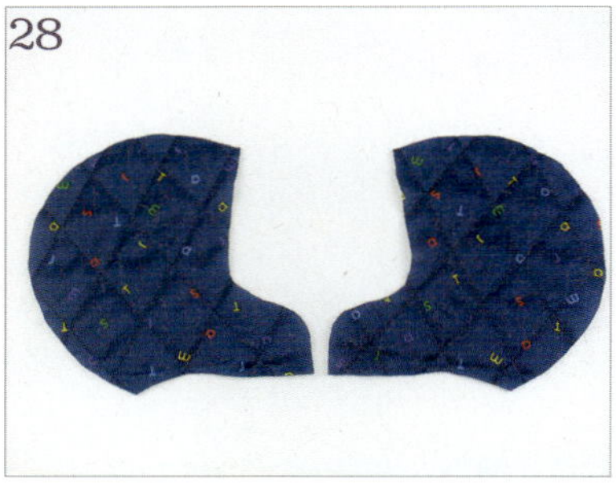

원단에 후드의 도안을 대고 그린 후 시접을 0.5cm 주고 2장을 재단한다.

29

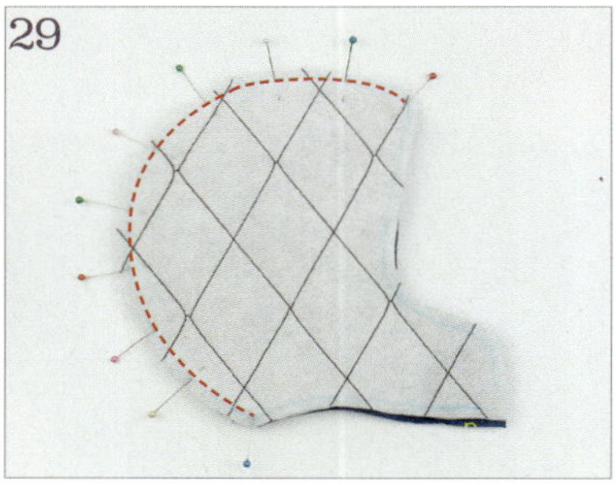

후드 2장을 겉면끼리 맞대고 고정한 후 완성선을 따라 바느질한다.

30

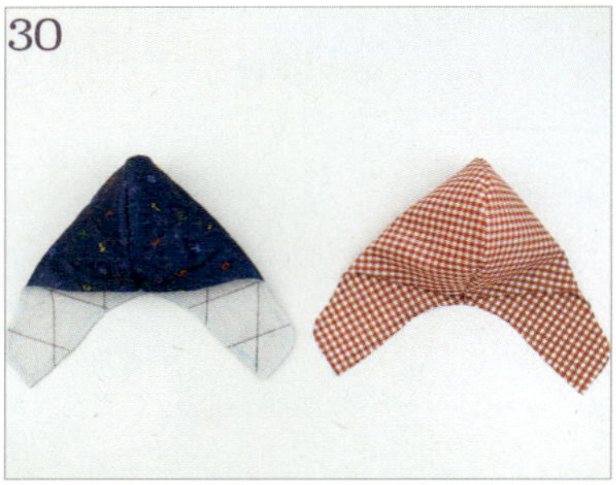

안감 후드도 겉감과 같은 방법으로 재단하고 바느질한다.

31

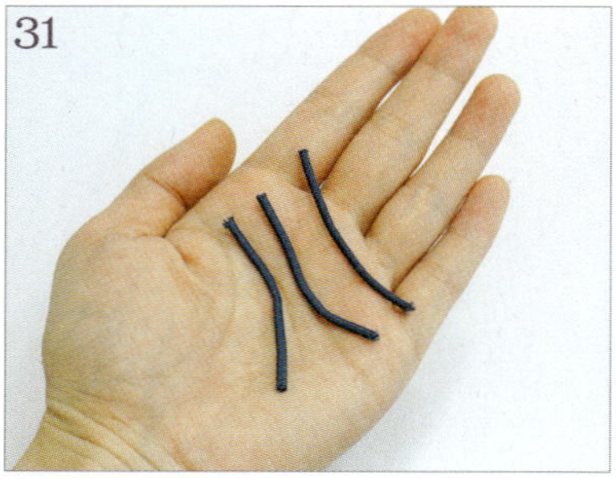

5cm 고무줄 끈을 3개 준비한다.

32

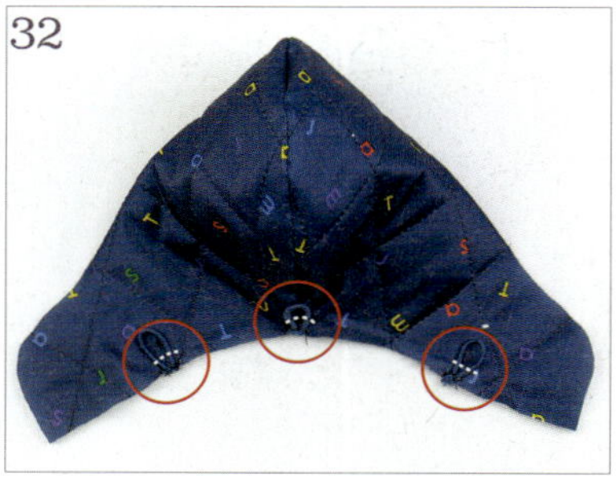

고무줄 끈을 반으로 접어 사진과 같이 겉감 후드에 부착한다.

33

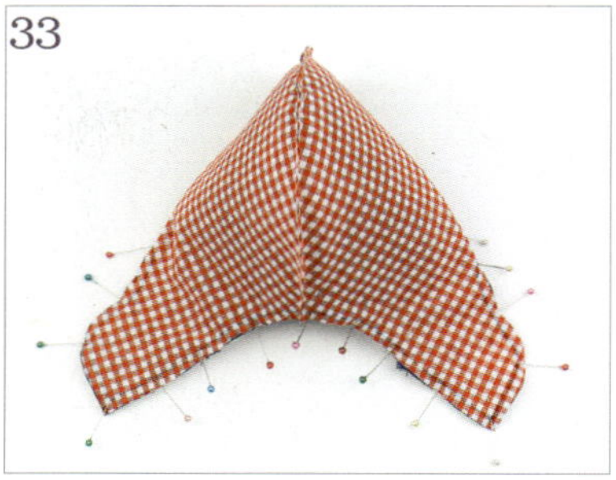

겉감 후드와 안감 후드를 겉면끼리 맞댄다. 창구멍을 남기고 완성선을 따라 바느질한다.

34

창구멍으로 뒤집어서 정리한다.

35

창구멍을 공그르기한다.

36

후드 가장자리의 0.7cm 안쪽에서 전체 둘레를 바느질한다.

37

후드의 양옆에 스냅 단추를 단다.

38

목둘레 부분에 후드 단추를 단다.

39

앞중심에 스냅 단추를 달아 완성한다.

ITEM

올데이 타이즈
어그 부츠
비니 모자
양털 머플러

17

올데이 타이즈

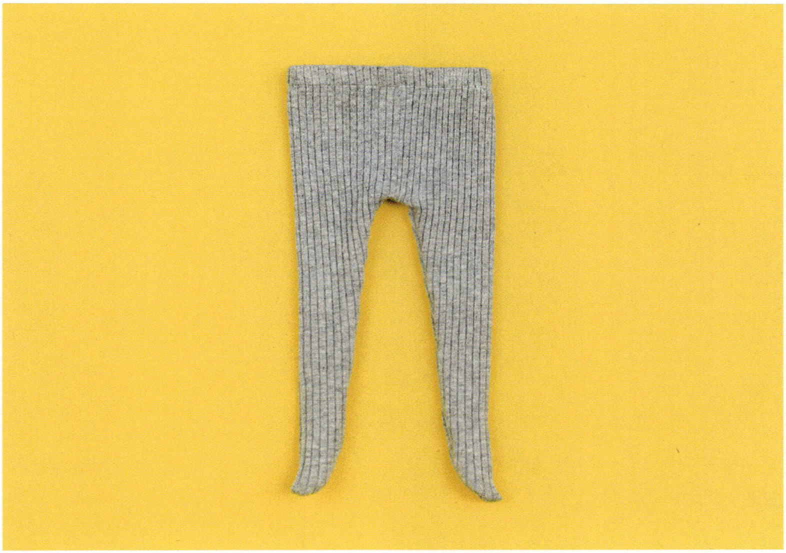

도안 189쪽

재료 골지 다이마루 스판 멜란지 35cm×25cm, 고무줄 21cm, 옷핀 1개

재단 도안의 골선을 연결하여 그린 2장

How to Make

01

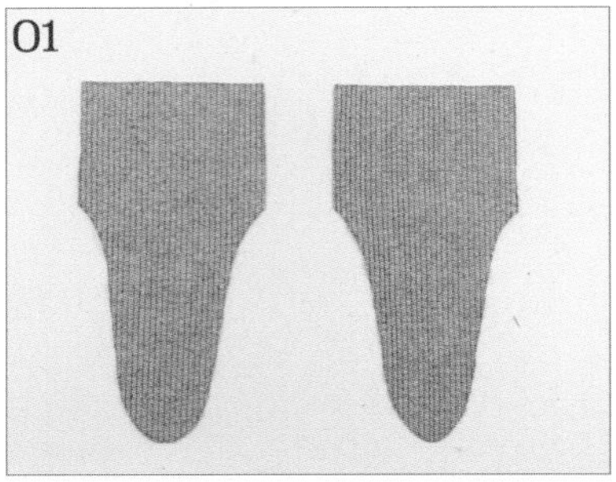

원단에 타이즈 도안을 대고 그린 후 시접을 0.5cm 주고 2장을 재단한다.

02

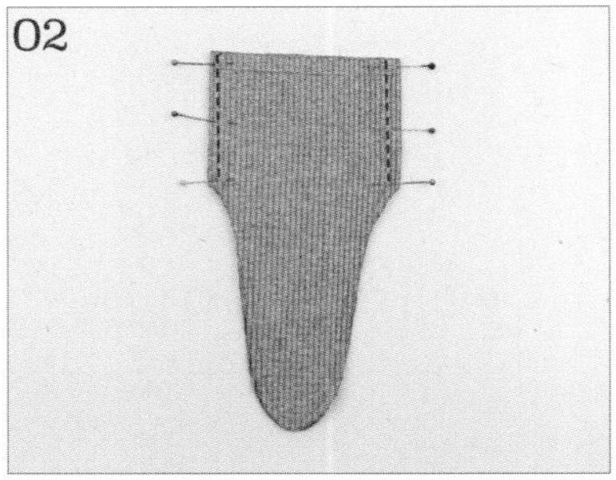

2장을 겉면끼리 맞대고 완성선을 따라 바느질한다.

03

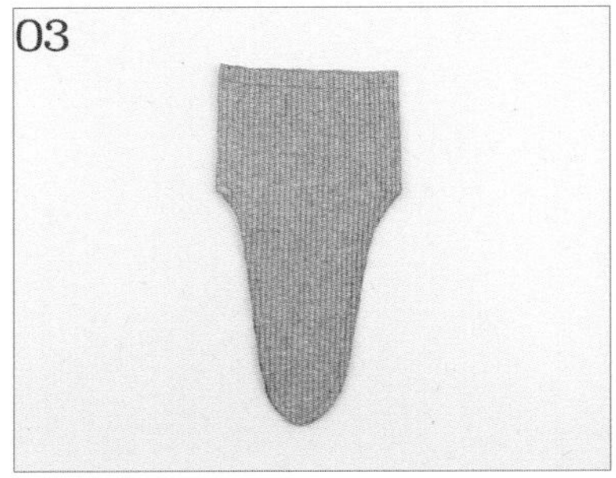

바느질한 모습.

04

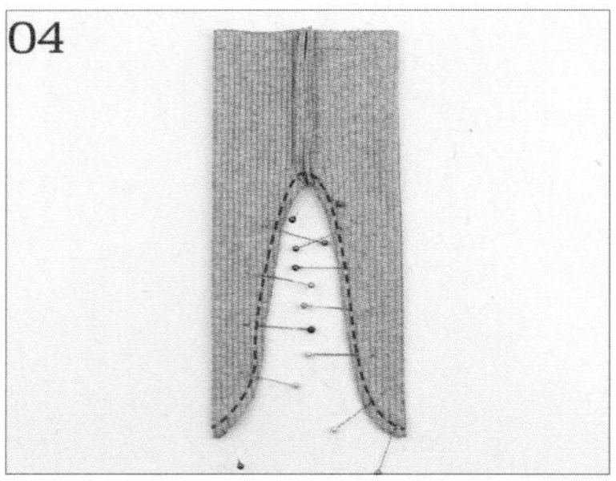

도안의 골선에 해당하는 부분을 반으로 접어 아랫부분을 맞추고 완성선을 따라 바느질한다.

05

바느질한 모습.

06

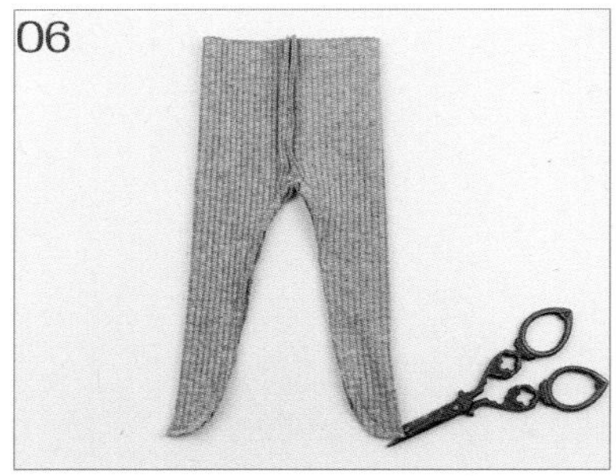

발끝 모서리 부분의 시접을 사선으로 자른다.

07

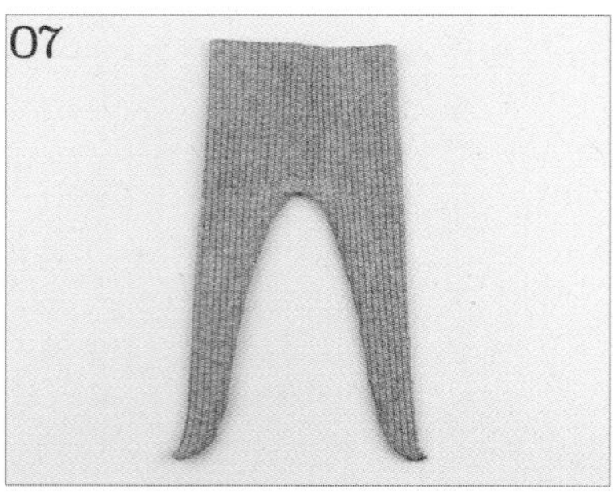

겉면으로 뒤집은 모습.

08

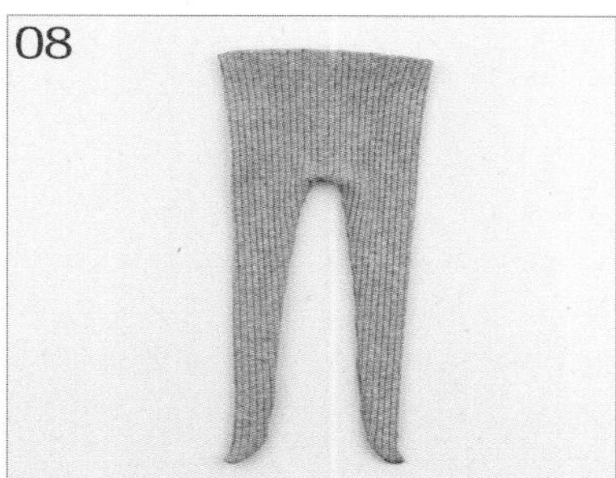

허리 부분의 시접 1cm를 접어 다림질한다.

09

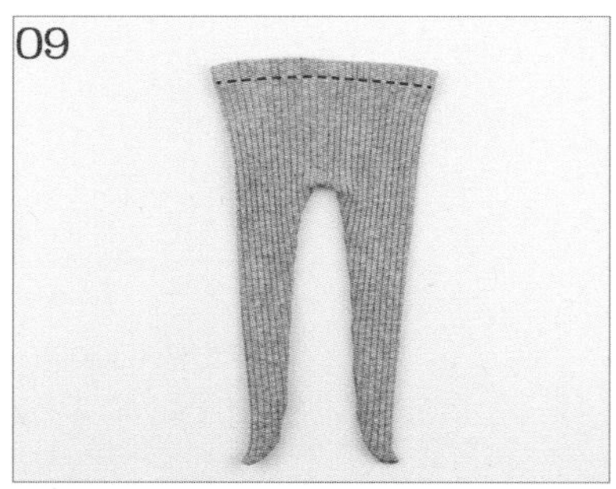

고무줄이 들어갈 창구멍을 남기고 바느질한다.

10

창구멍을 남기고 바느질한 모습.

11

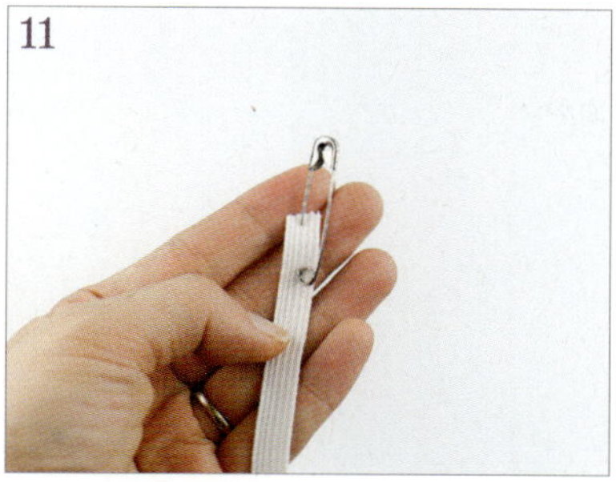

고무줄 끝에 옷핀을 끼운다.

12

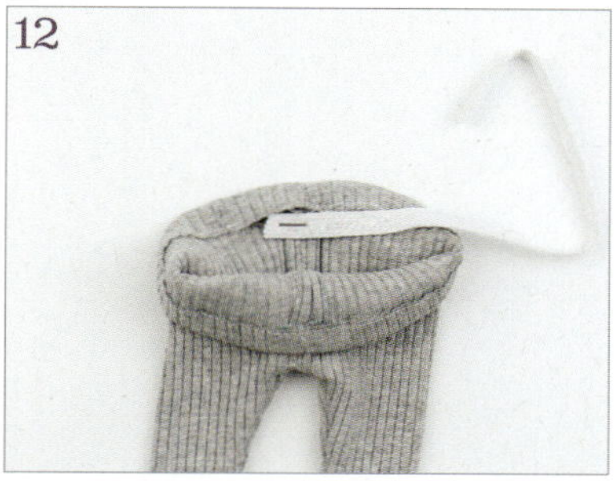

창구멍으로 고무줄을 끼운 옷핀을 넣는다.

13

고무줄의 처음과 끝부분을 겹치게 놓는다.

14

사각형 모양으로 바느질하여 고무줄을 연결한다.

15

연결한 고무줄을 창구멍 안으로 집어넣은 후 창구멍을 공그르기한다.

16

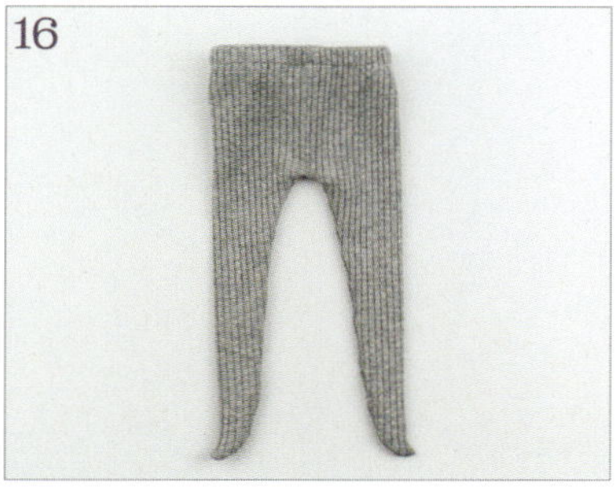

완성된 타이즈의 모습.

18

어그 부츠

도안 190쪽

재료 무스탕 양털 무지 블랙 40cm×25cm, 폭 5mm 리본끈 66cm 2줄

재단 발목 앞판 2장, 발목 뒤판 2장, 바닥 2장, 발등 2장

How to Make

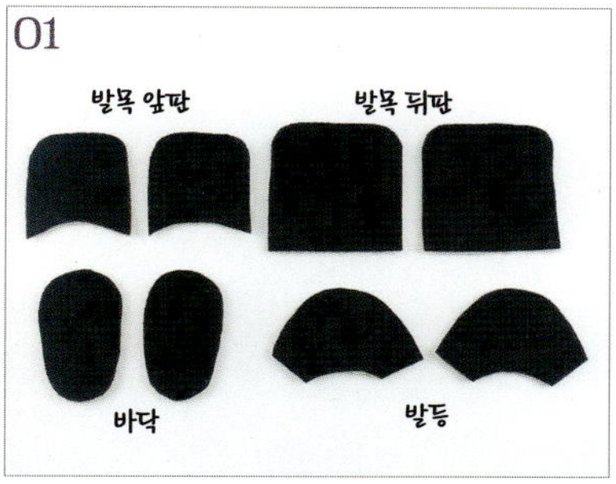

원단에 발목 앞판, 발목 뒤판, 바닥, 발등의 도안을 대고 그린 후 각각 시접을 0.5cm 주고 2장씩 재단한다.

발등과 발목 앞판의 곡선 부분을 안면끼리 맞대고 고정한 후 완성선을 따라 바느질한다.

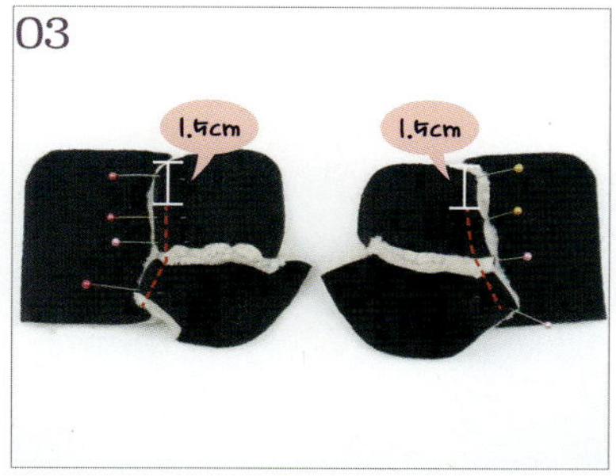

2의 한쪽 면과 발목 뒤판을 안면끼리 맞대고 고정한 후 1.5cm 안쪽에서 완성선을 따라 바느질한다.

연결한 모습.

반대편에 리본끈을 넣어 시침핀으로 고정한 후 1.5cm 안쪽에서 완성선을 따라 바느질한다.

리본끈을 연결한 모습.

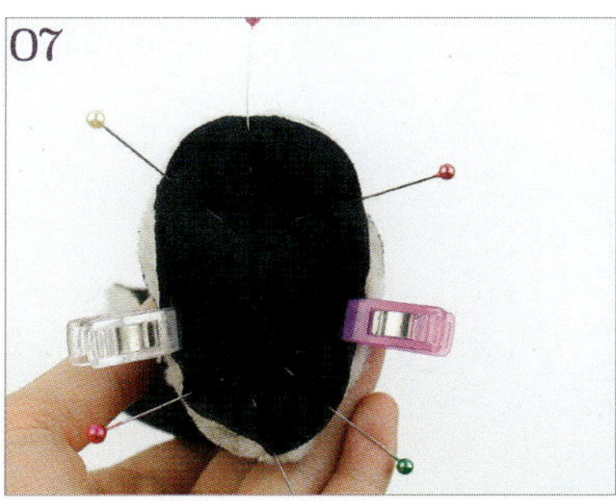

바닥과 안면을 맞대고 시침핀으로 고정한 후 완성선을 따라 바느질한다.

바닥을 연결한 모습.

리본끈을 묶어서 완성한다.

19

비니 모자

도안 191쪽

재료 기모 니트 체크 오렌지블랙 45cm×40cm, 길이 2cm 코사지핀, 와펜 1개

재단 도안의 골선을 연결하여 그린 타원형 2장

How to Make

01

원단에 골선을 연결하여 모자 도안을 그린 후 시접을 0.5cm 주고 2장을 재단한다.

02

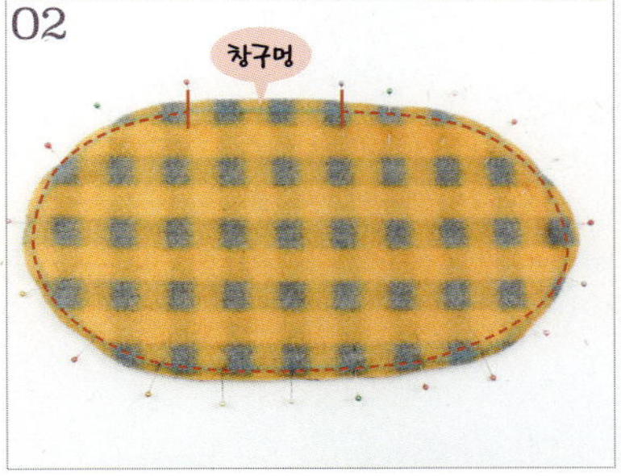

2장을 겉면끼리 맞대고 고정한 후 창구멍을 남기고 완성선을 따라 바느질한다.

03

창구멍을 남기고 바느질한 모습.

04

창구멍으로 뒤집은 모습.

05

창구멍의 시접을 잘 정리해서 시침핀으로 고정한다.

06

창구멍을 공그르기한다.

07

다림질해서 정리한다.

08

반쪽을 안으로 집어넣는다.

09

모자 입구를 한 번 더 접는다.

10

코사지핀과 와펜을 준비한다.

11

와펜 뒷면에 글루건으로 코사지핀을 붙인다.

12

다양한 와펜을 달아 비니 모자의 느낌을 다양하게 연출할 수 있다.

13

14

20

양털 머플러

재료 양털 원단 60cm×10cm, 털방울 2개

How to Make

원단을 시접을 포함한 60cm×10cm 크기로 재단한다.

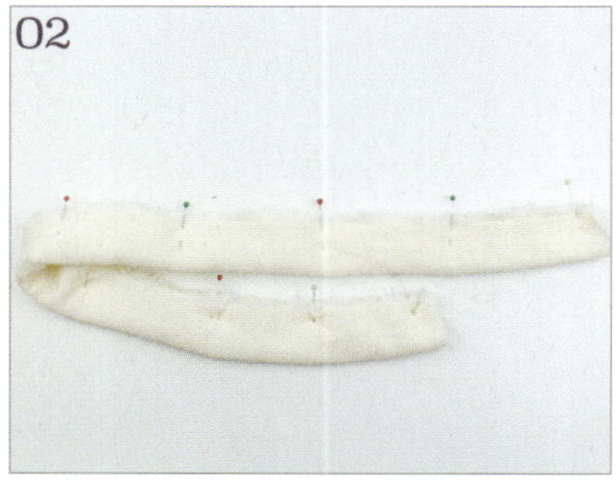

원단을 반으로 접은 후 시침핀으로 고정한다.

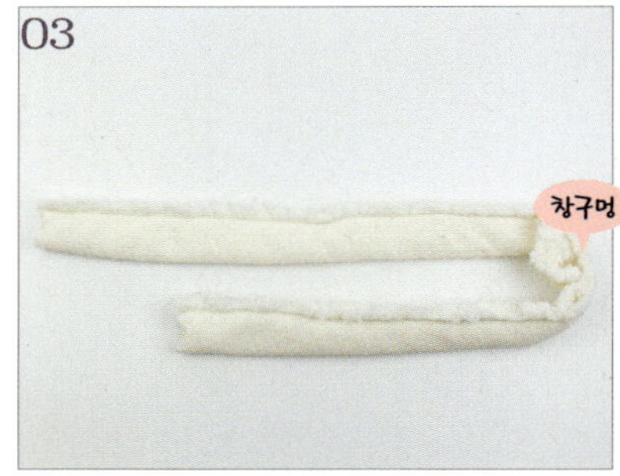

창구멍을 제외하고 시접을 0.5cm 주고 바느질한다.

양쪽 끝부분의 둘레를 홈질한다.

끝부분을 바느질한 모습.

창구멍으로 뒤집는다.

창구멍의 시접을 잘 정리한 후 공그르기한다.

창구멍을 정리한 모습. 털방울 2개를 준비한다.

머플러의 양쪽 끝에 털방울을 달면 완성.

PATTERN

도안

심플 카디건

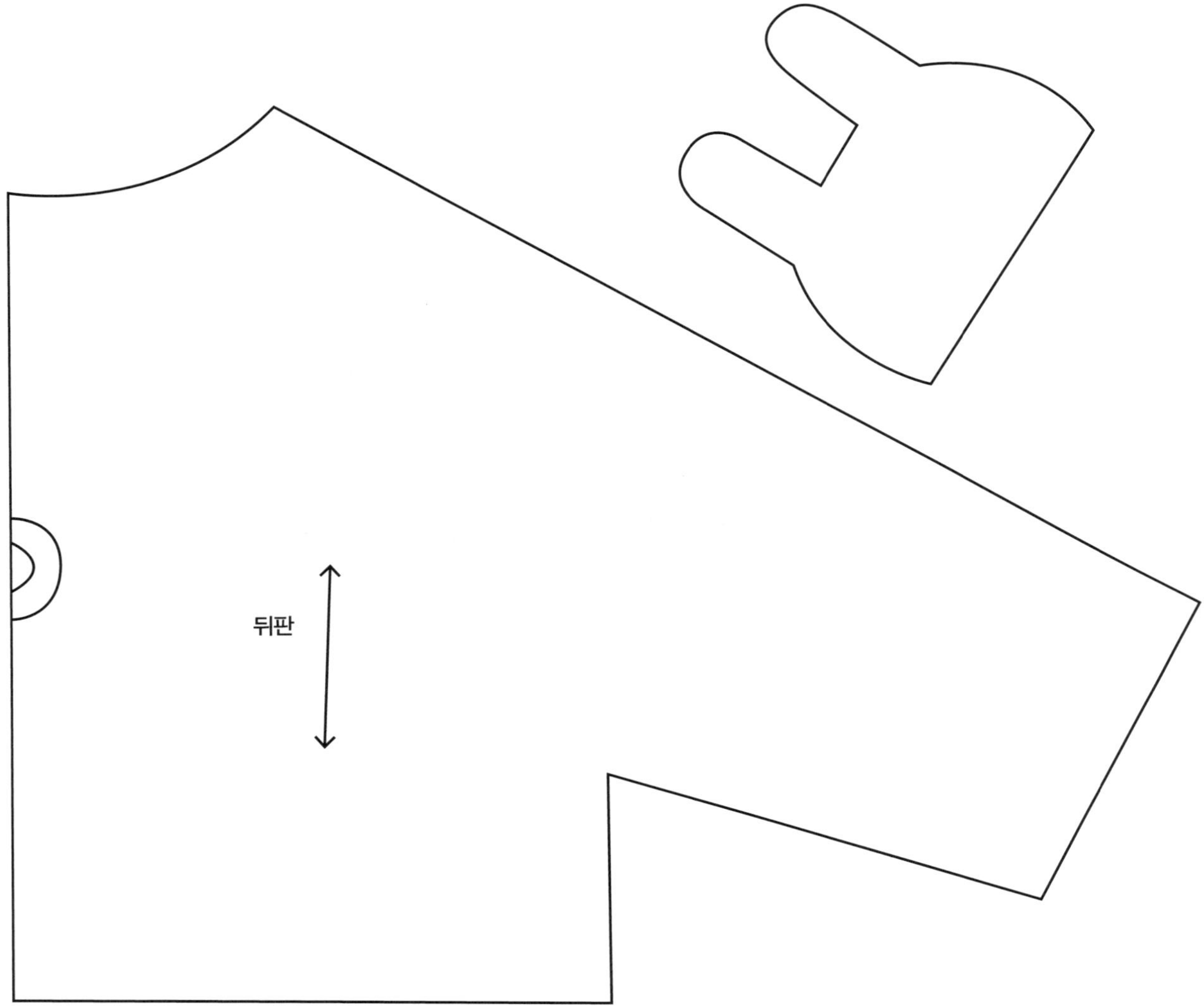

심플 카디건

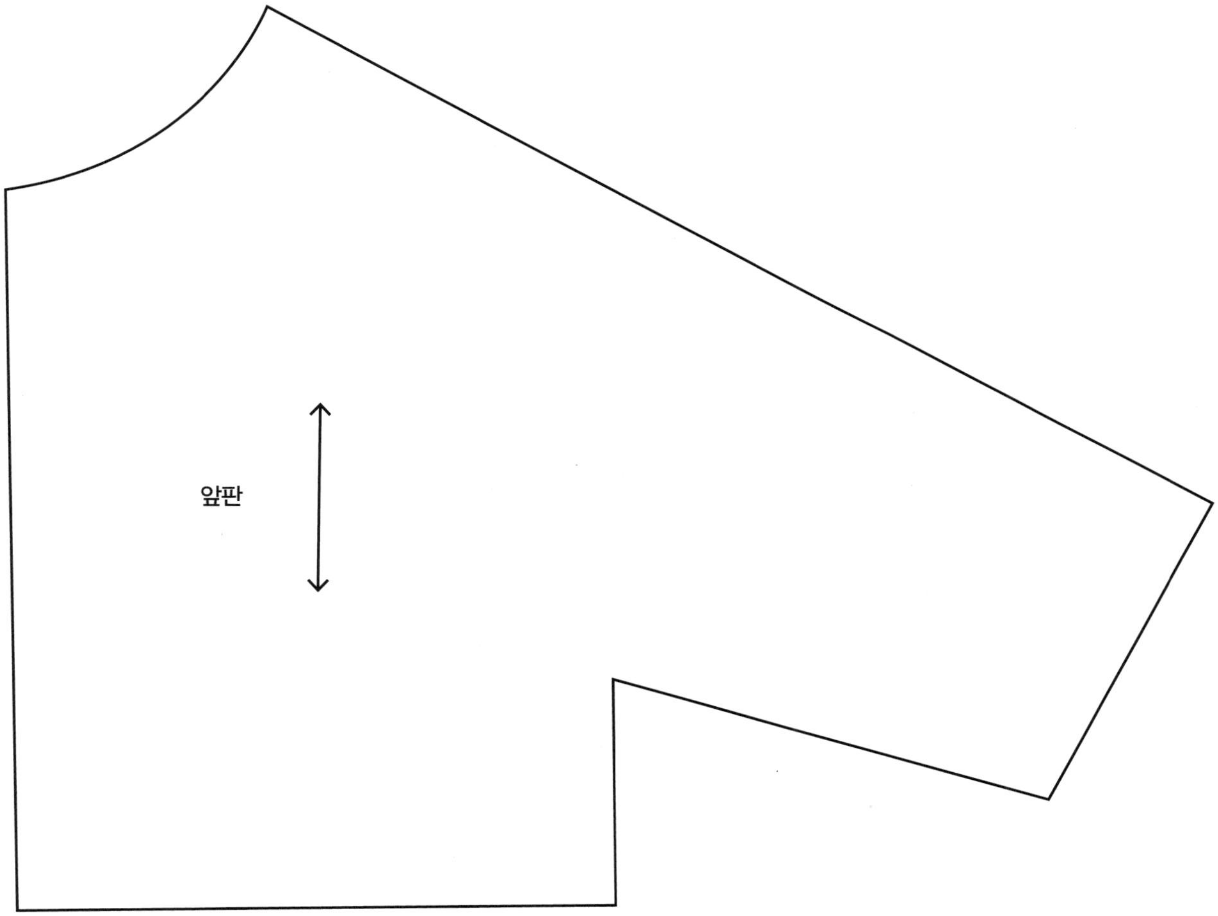

언밸런스 패션 재킷

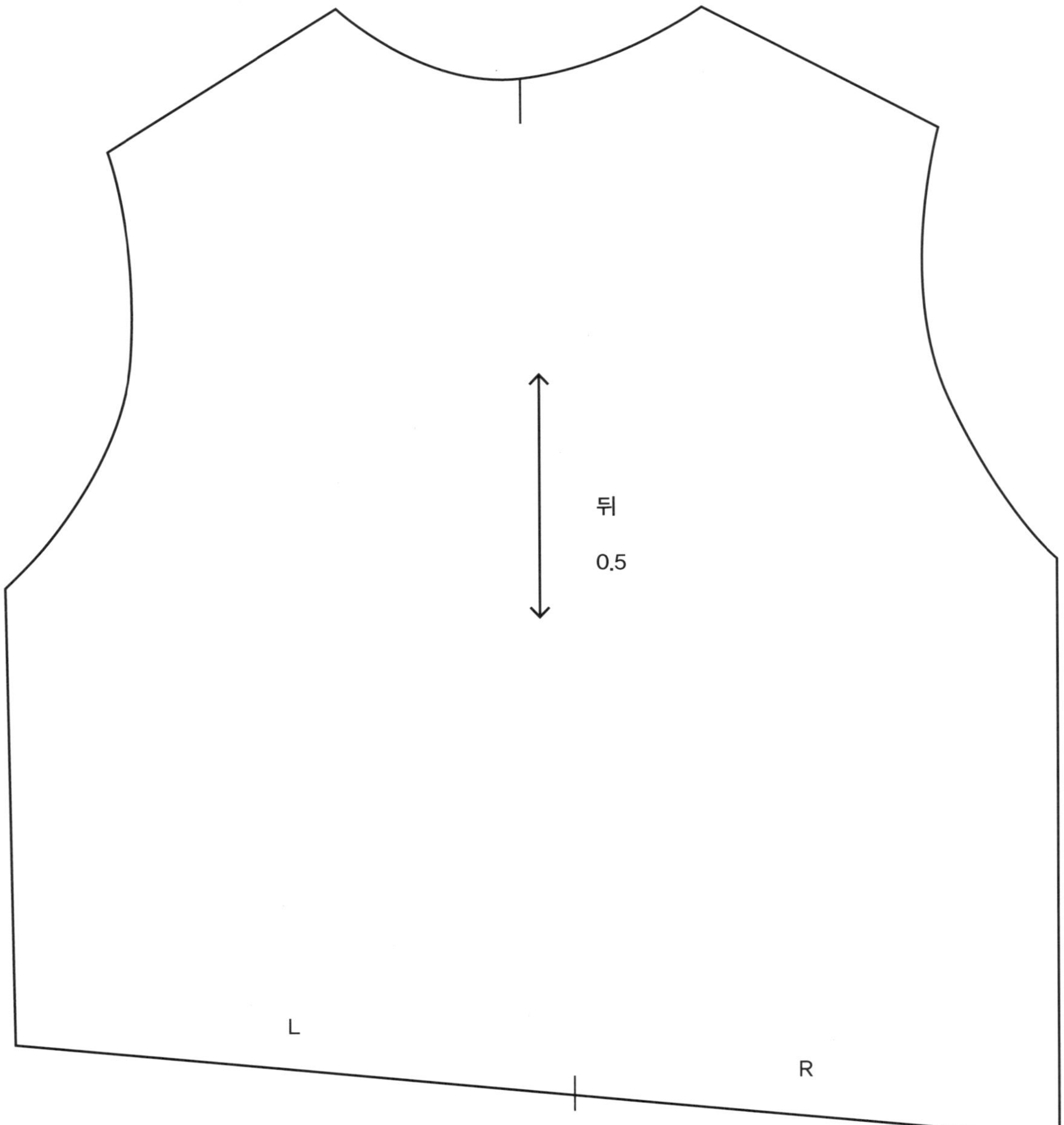

언밸런스 패션 재킷

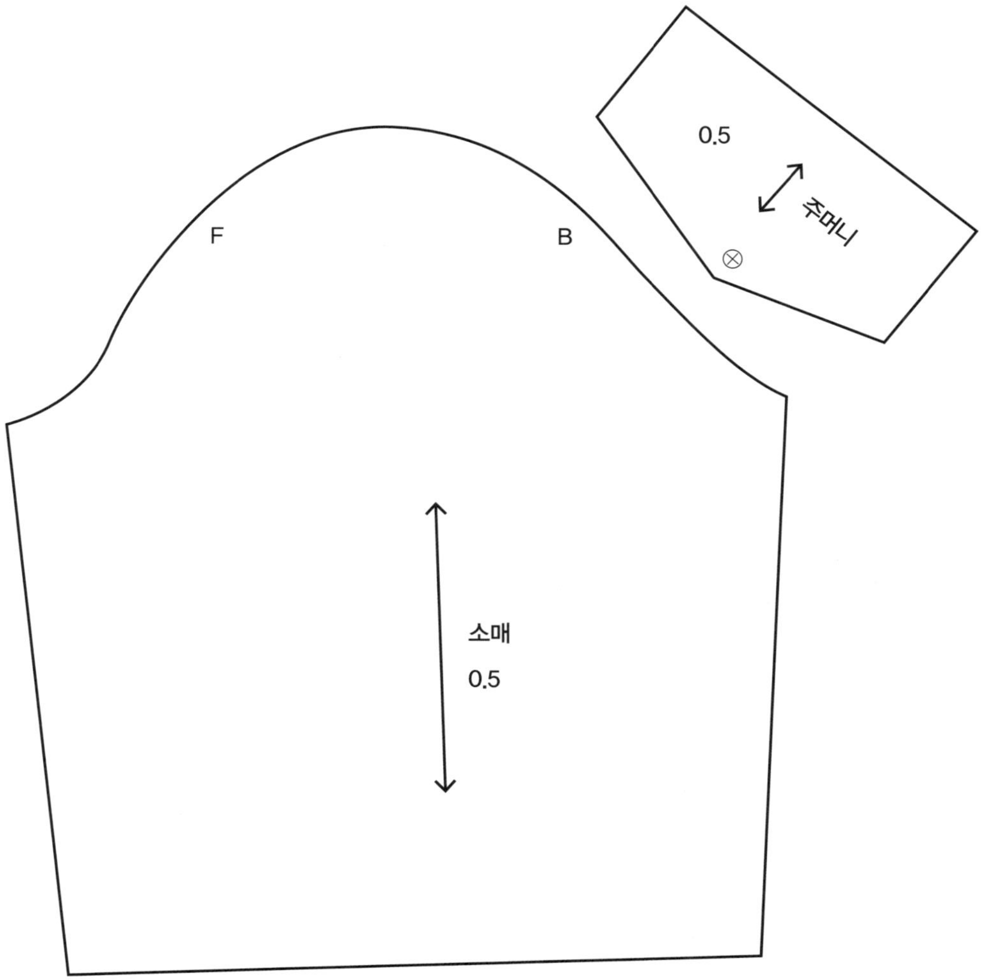

언밸런스 패션 재킷

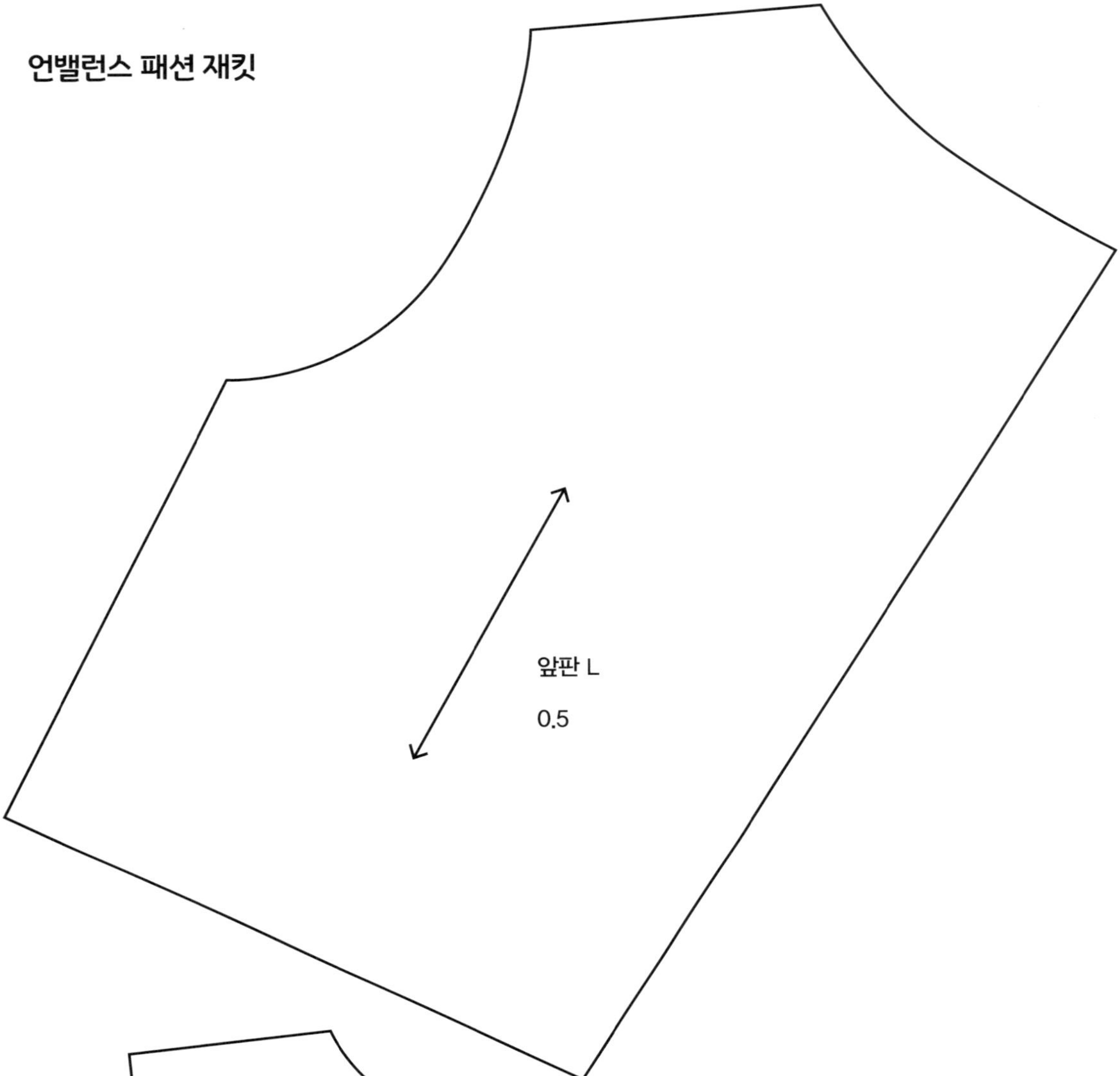

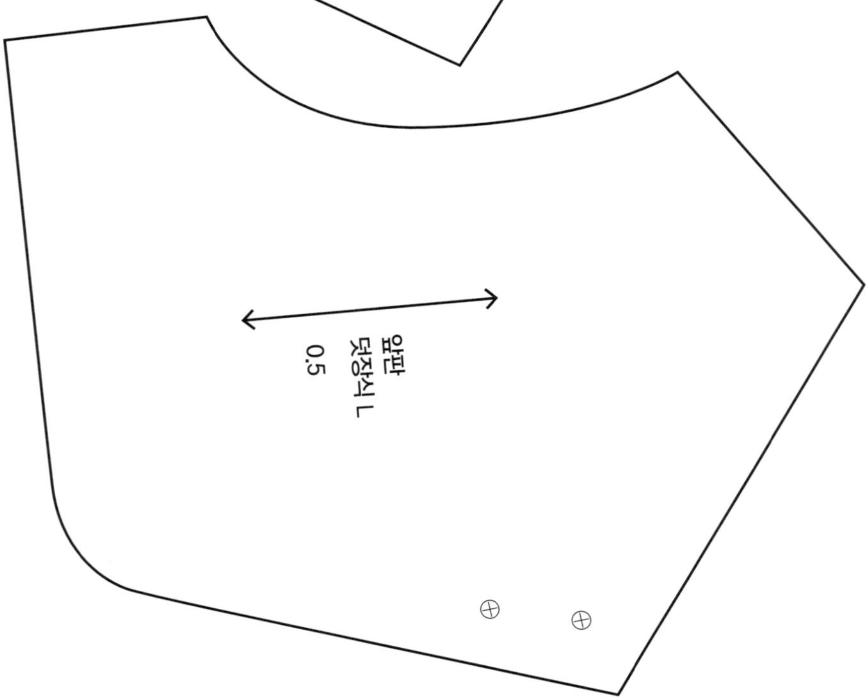

언밸런스 패션 재킷

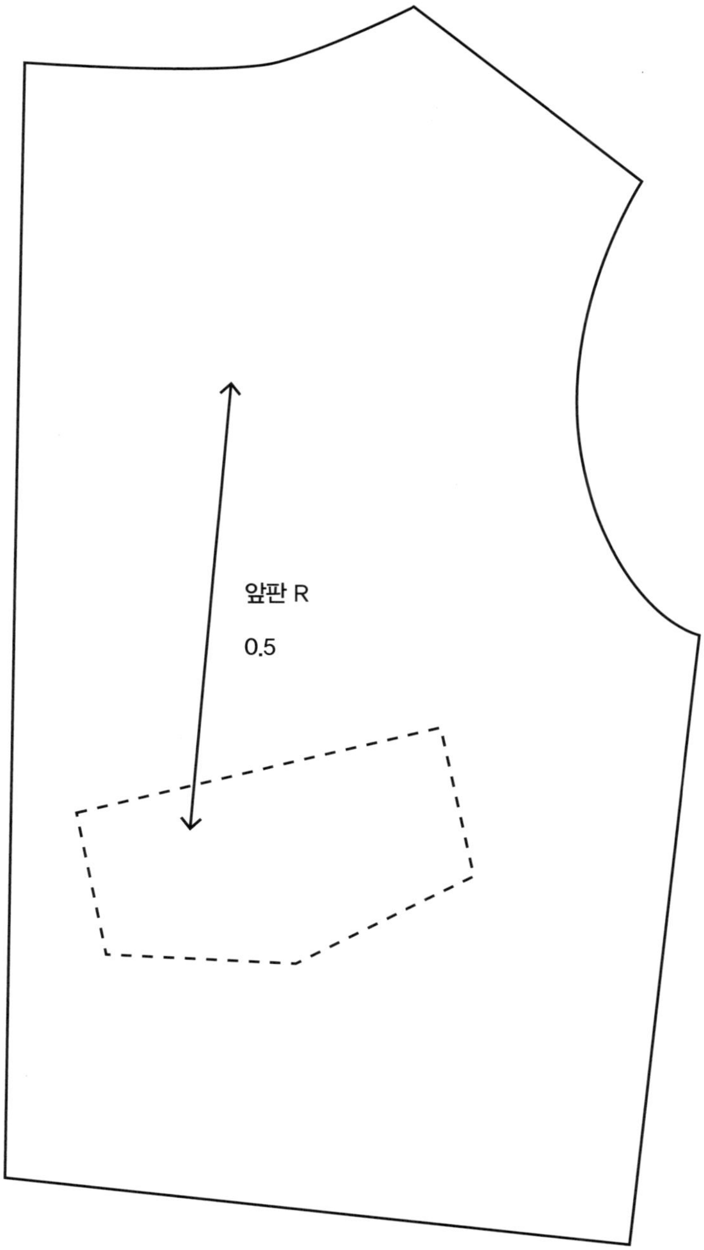

핑크 라이더 재킷

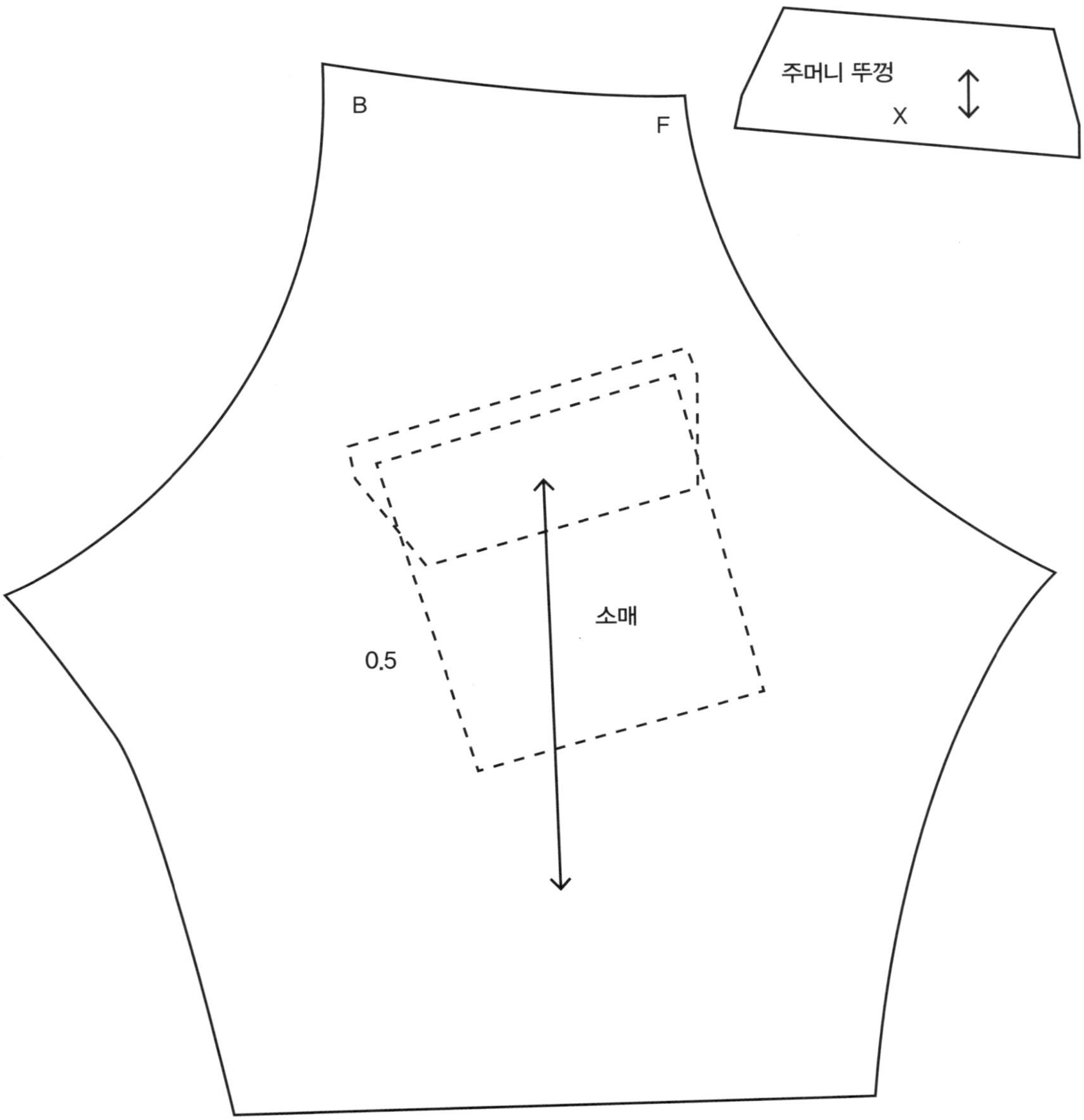

핑크 라이더 재킷

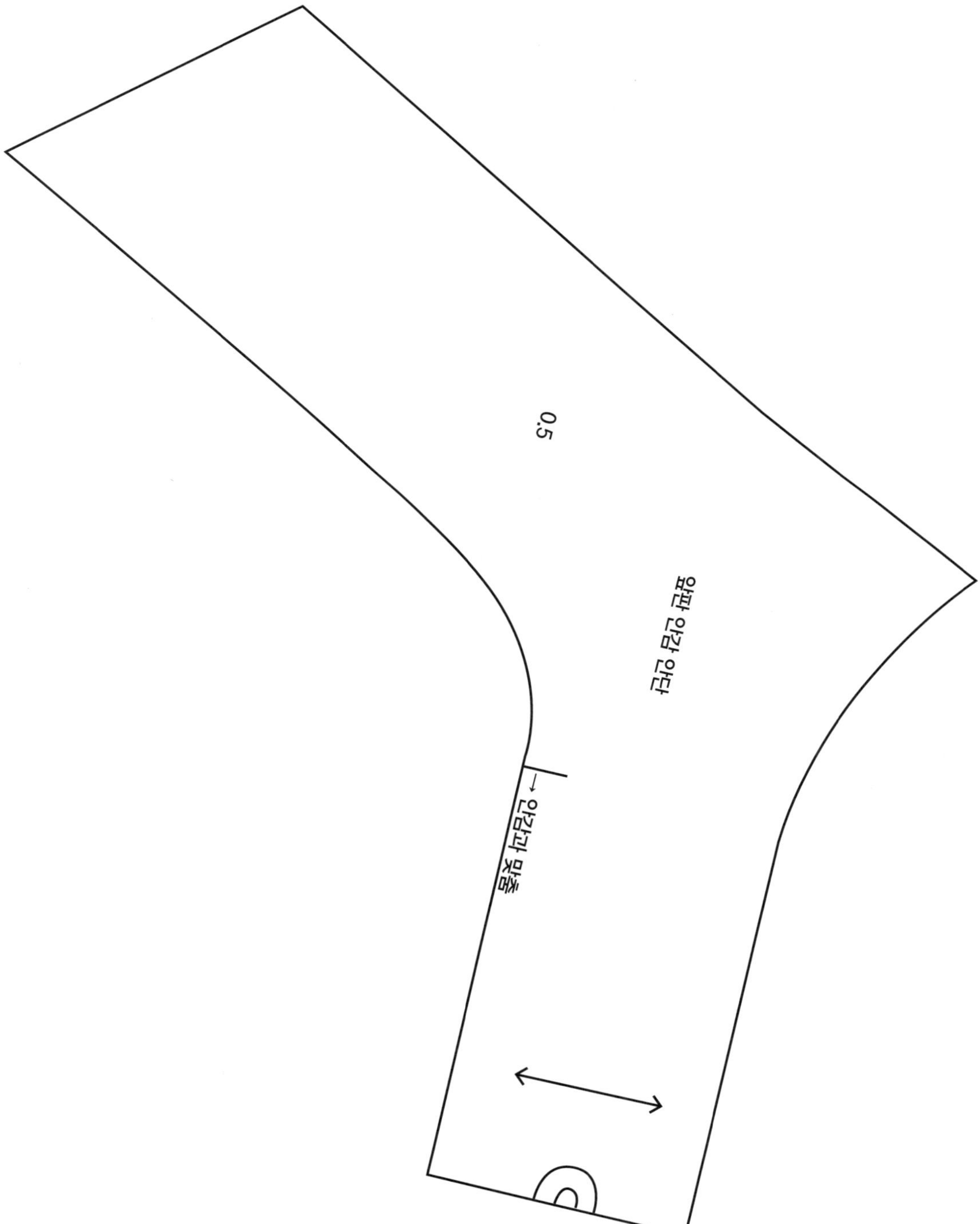

핑크 라이더 재킷

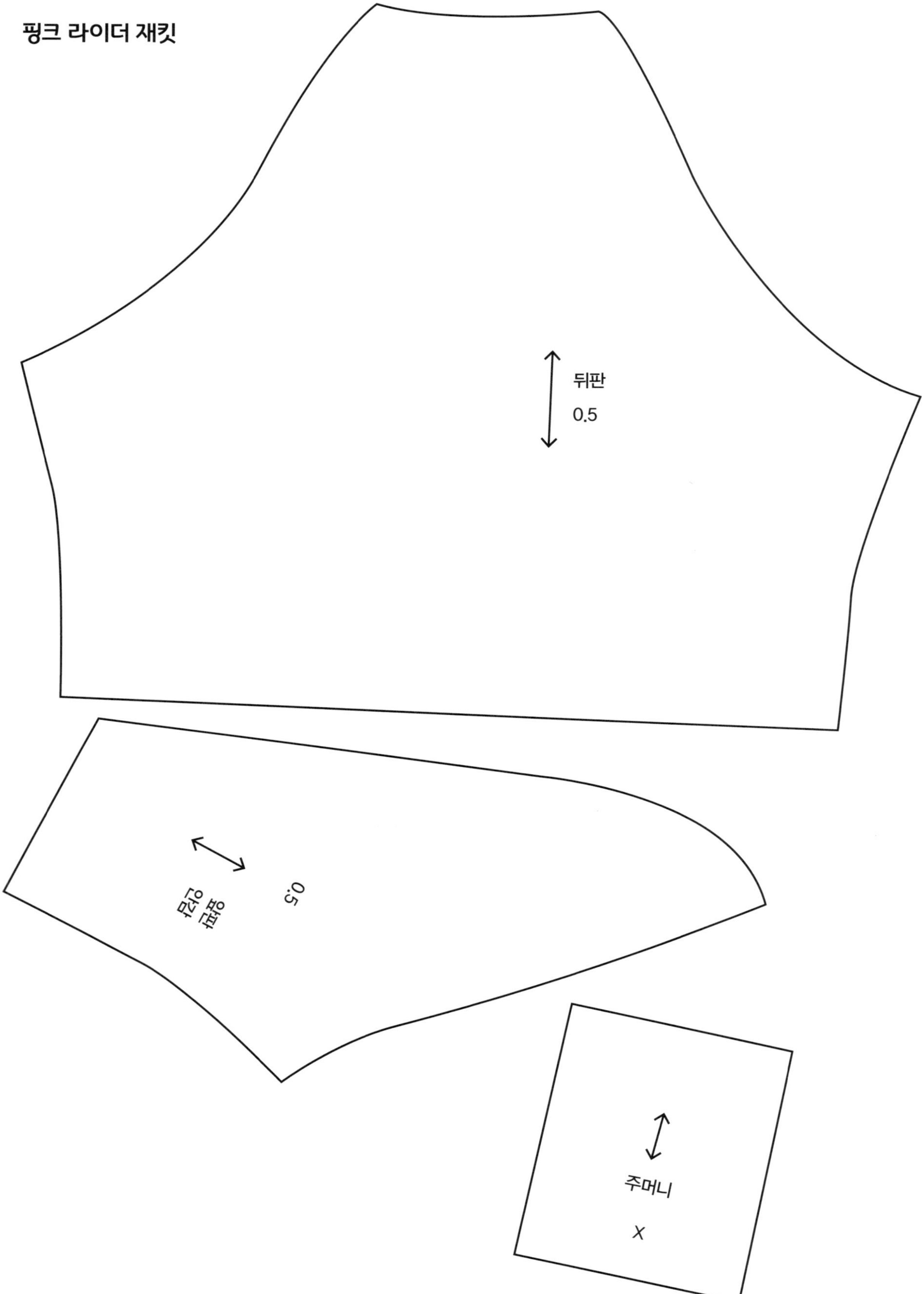

핑크 라이더 재킷

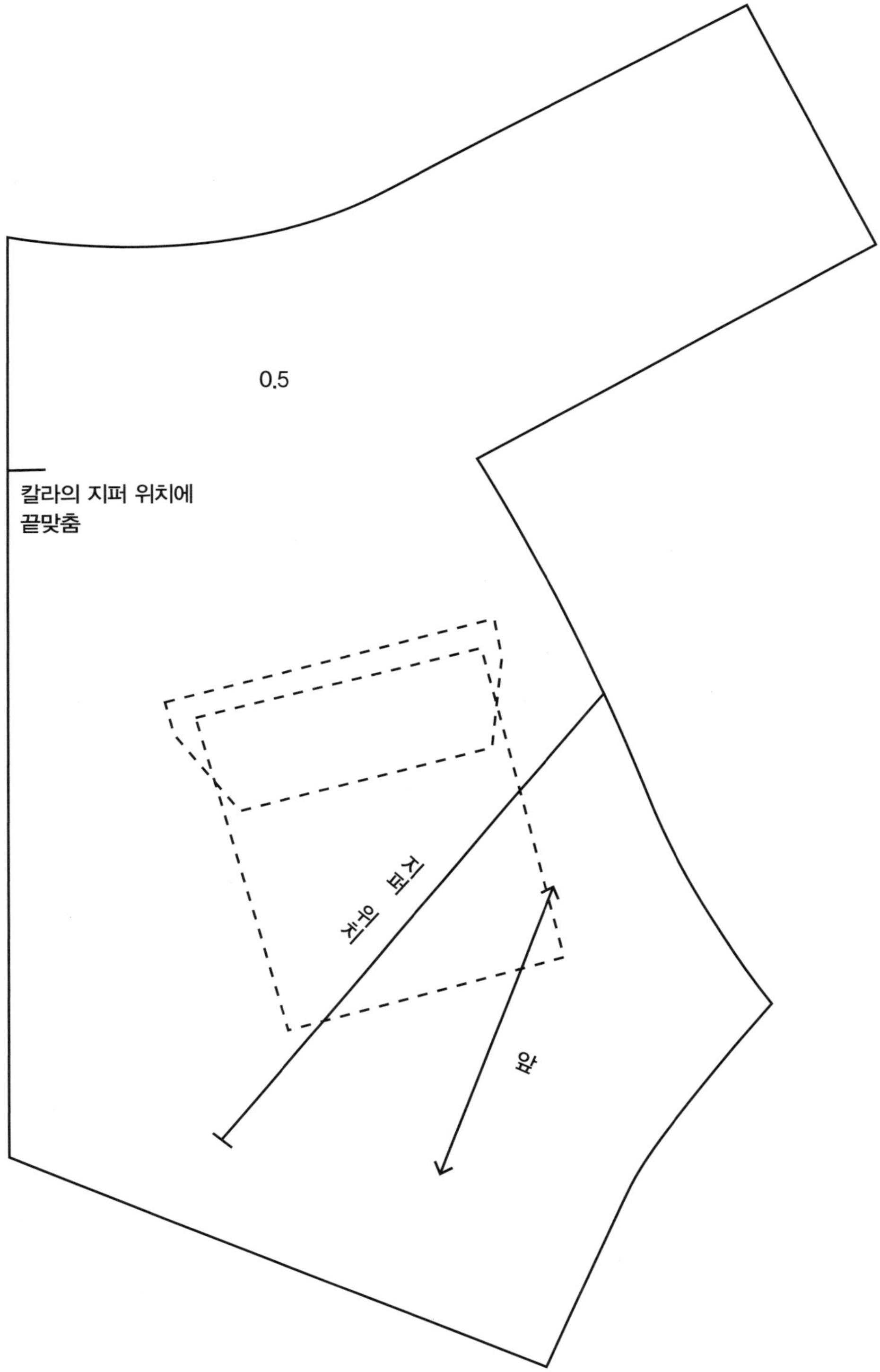

청 쇼트 재킷

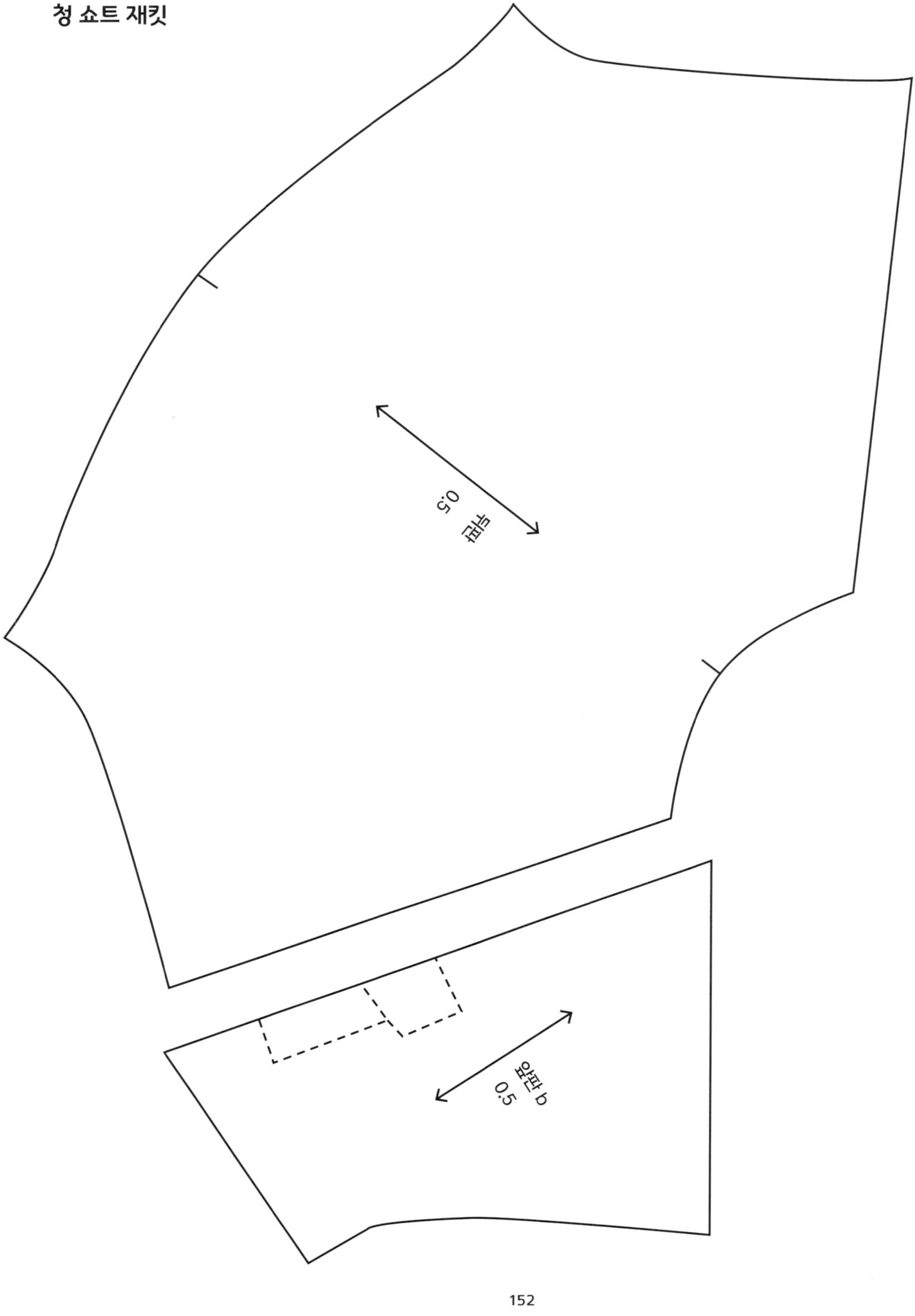

청 쇼트 재킷

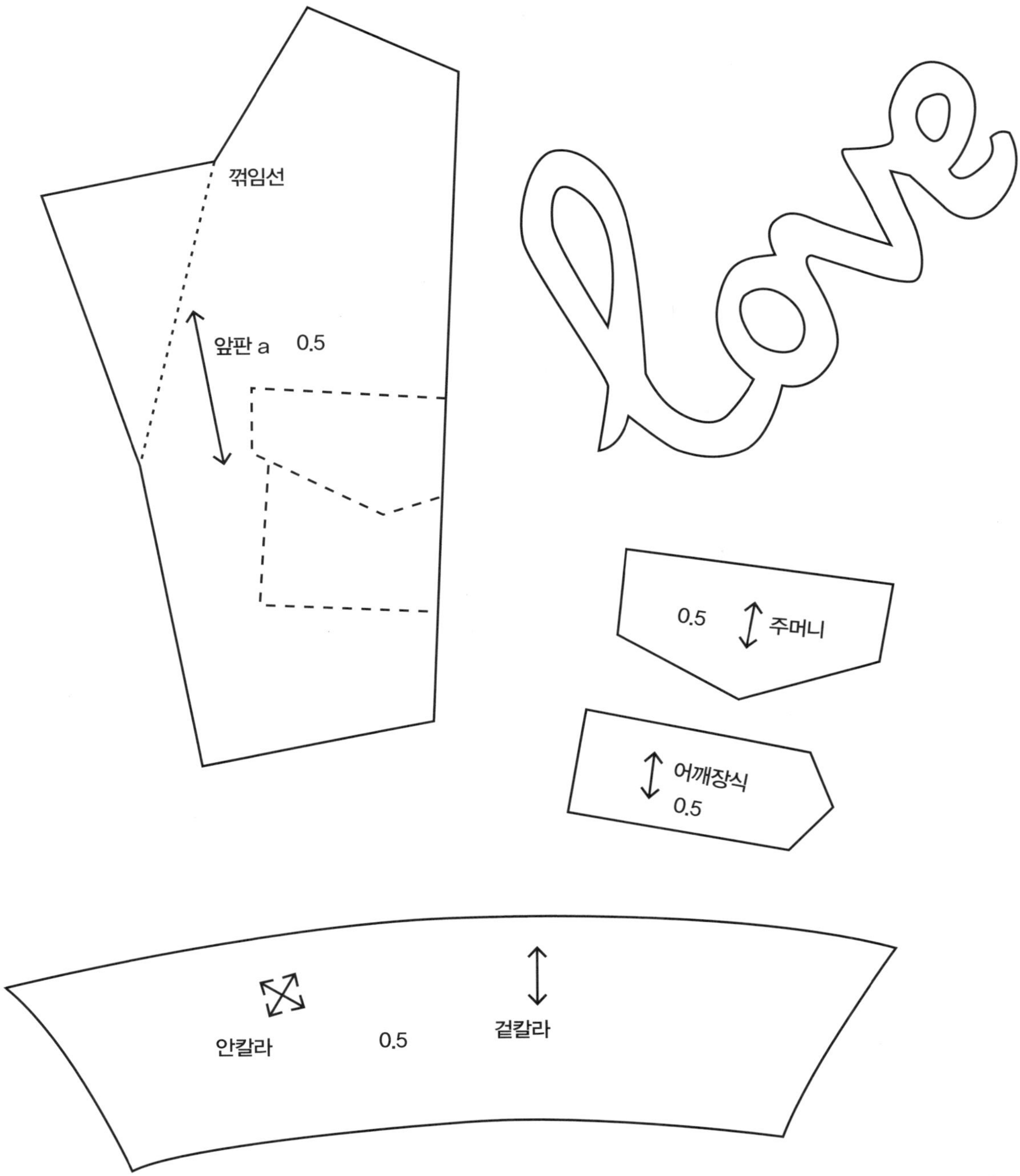

프릴 집업 재킷

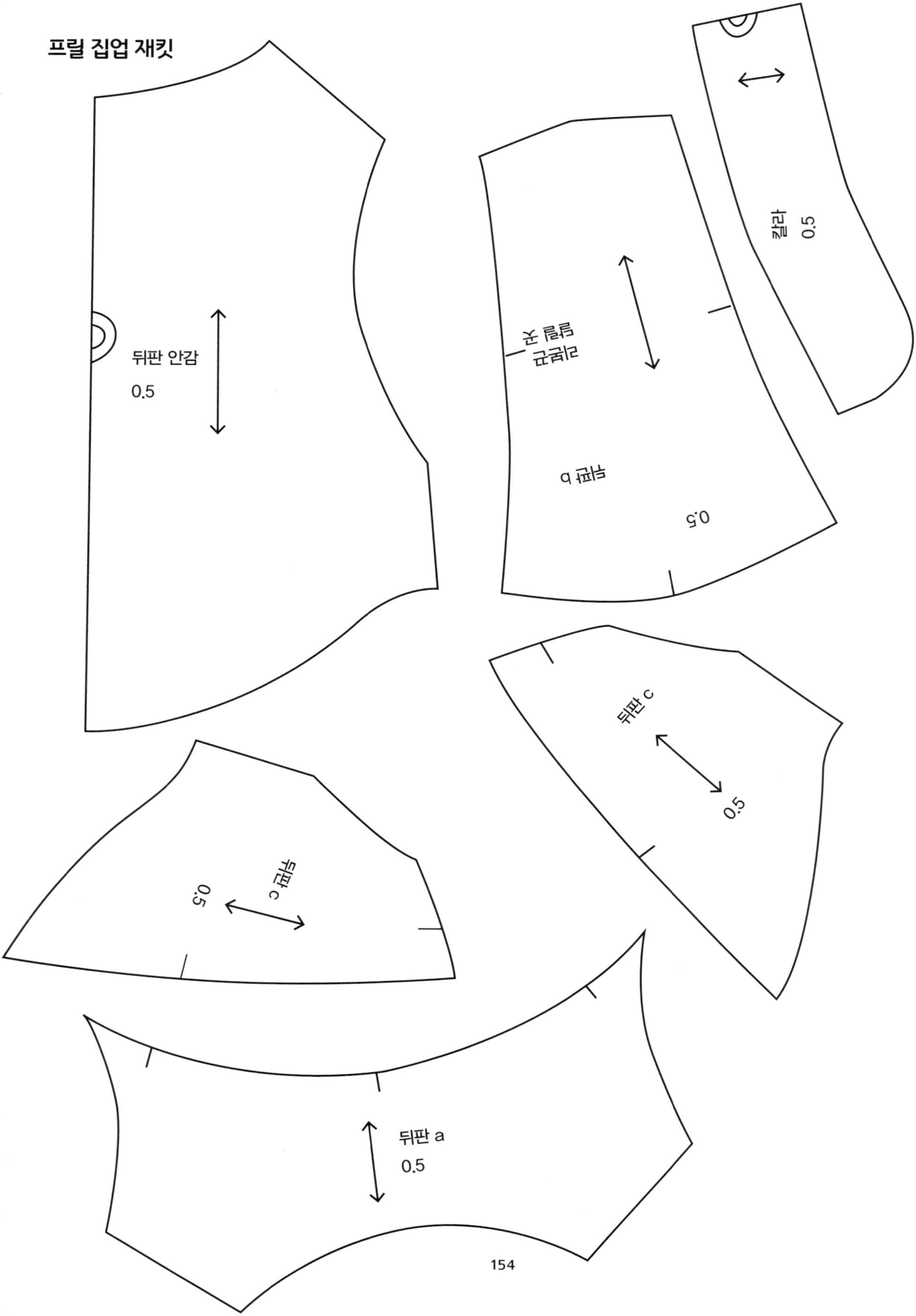

프릴 집업 재킷

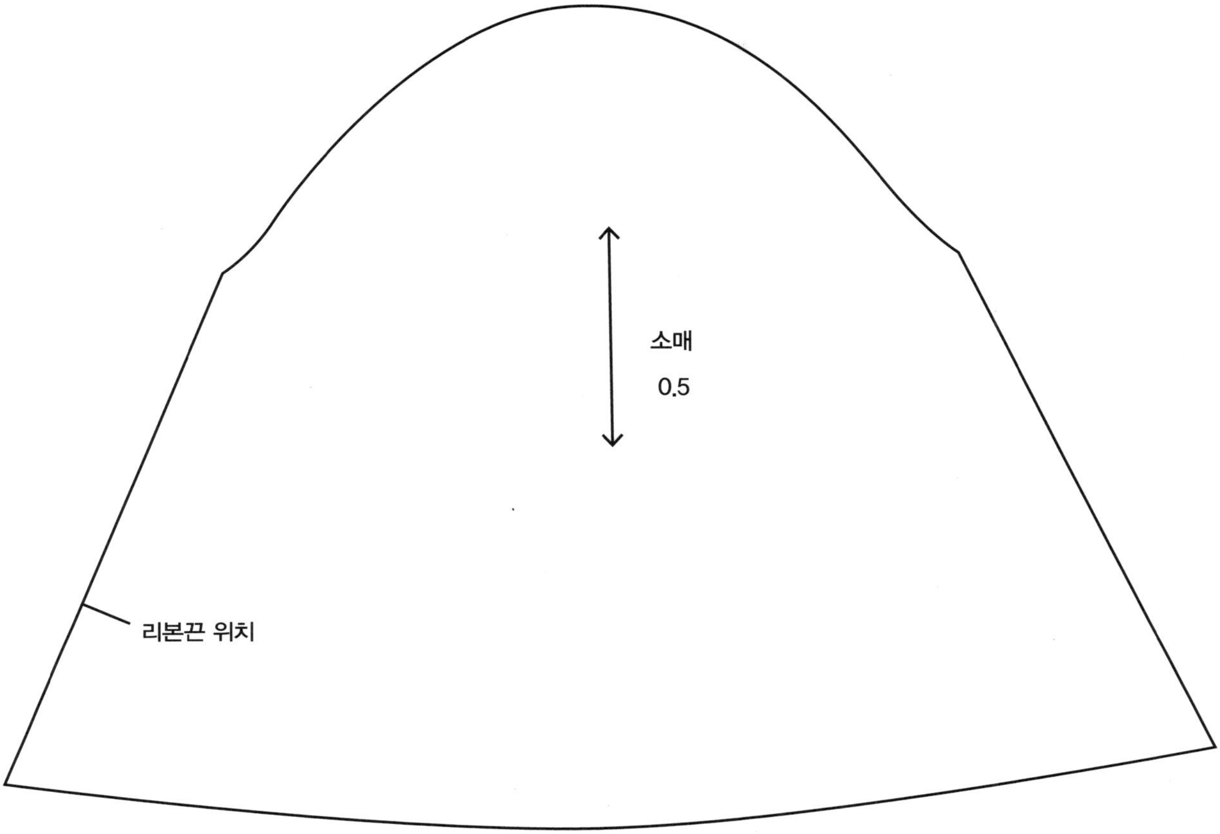

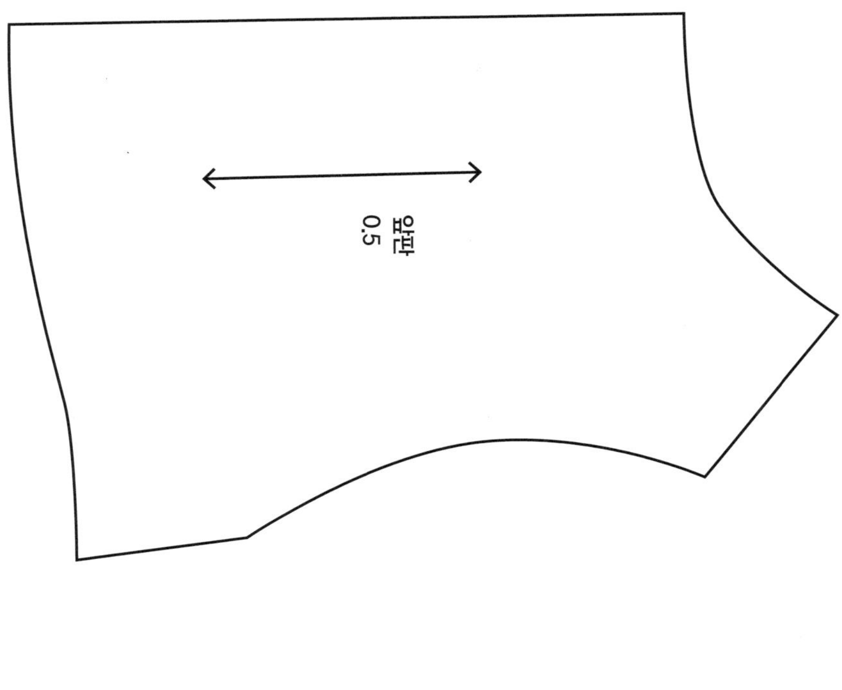

프릴 집업 재킷

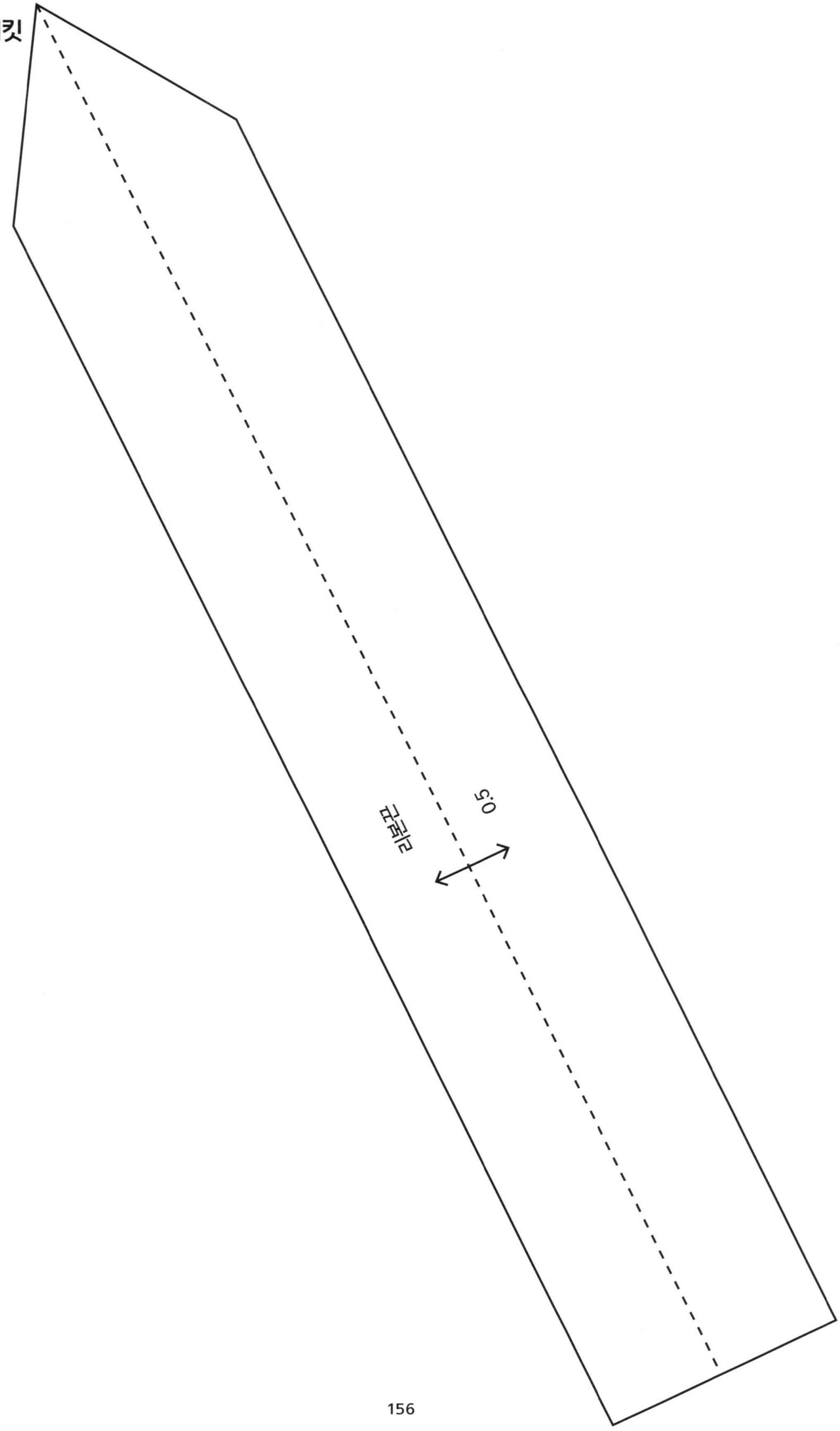

크롭 후드 집업

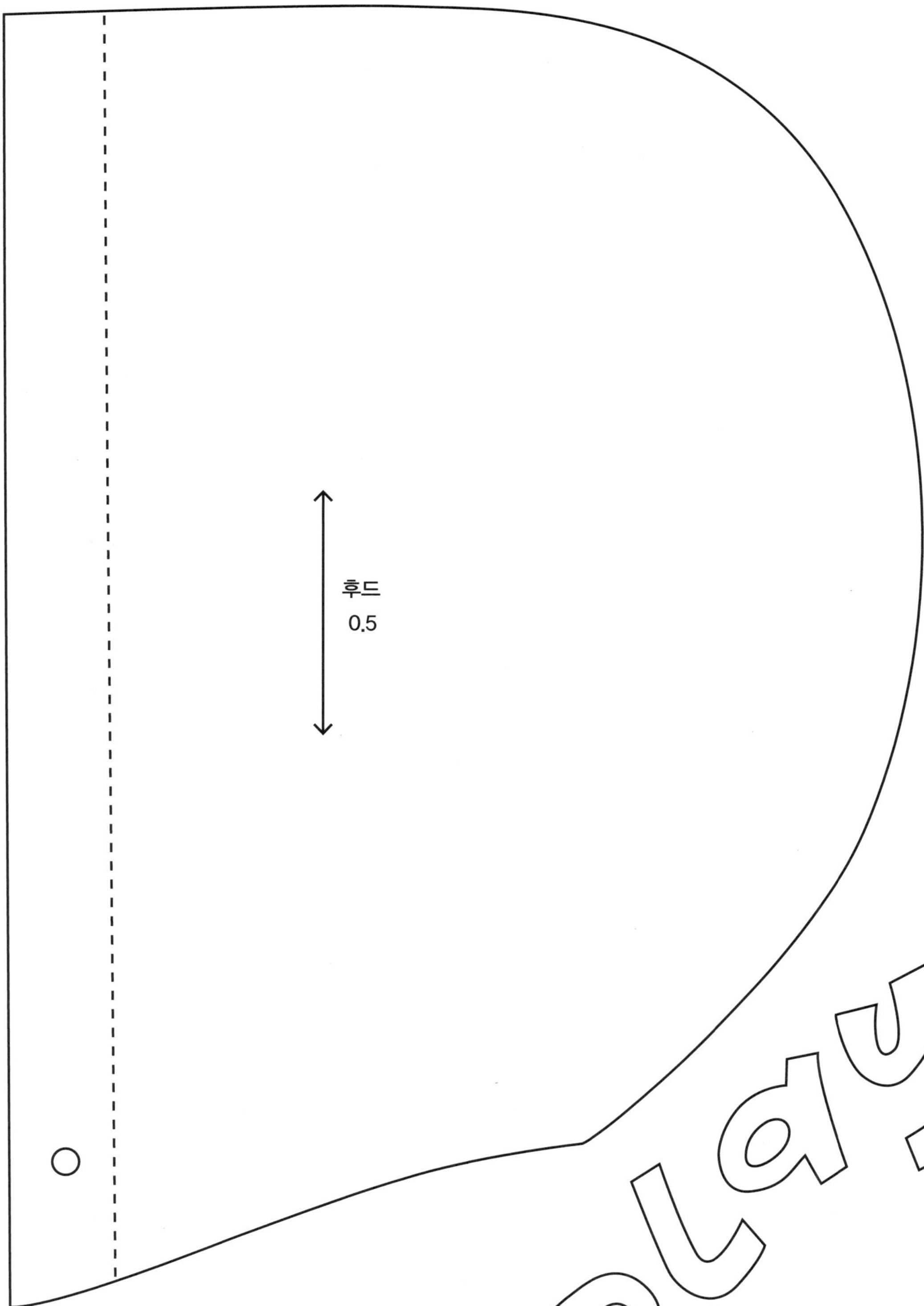

크롭 후드 집업

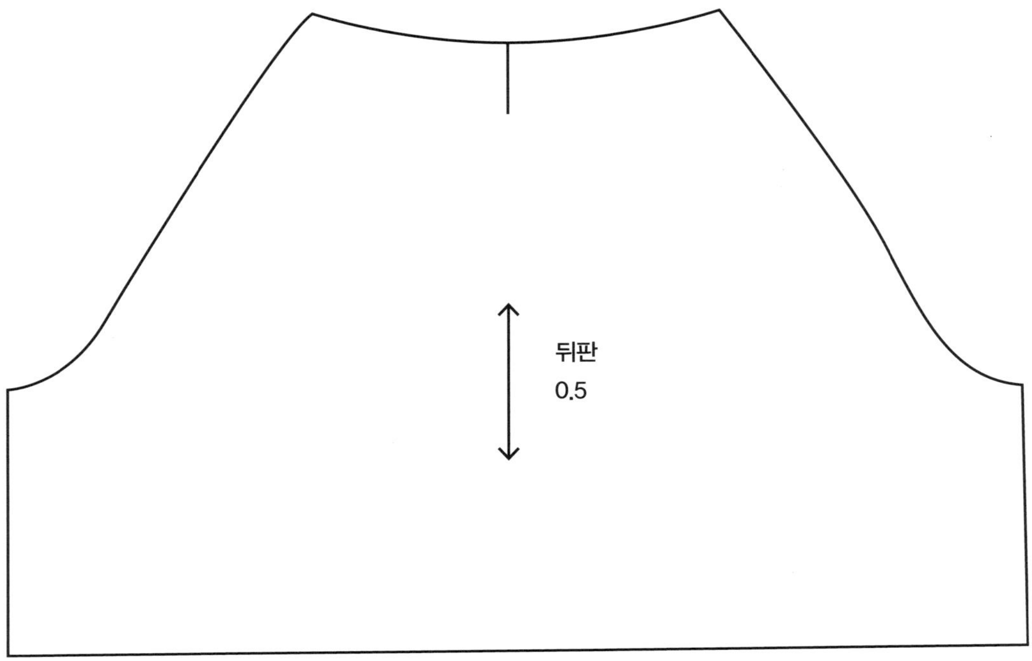

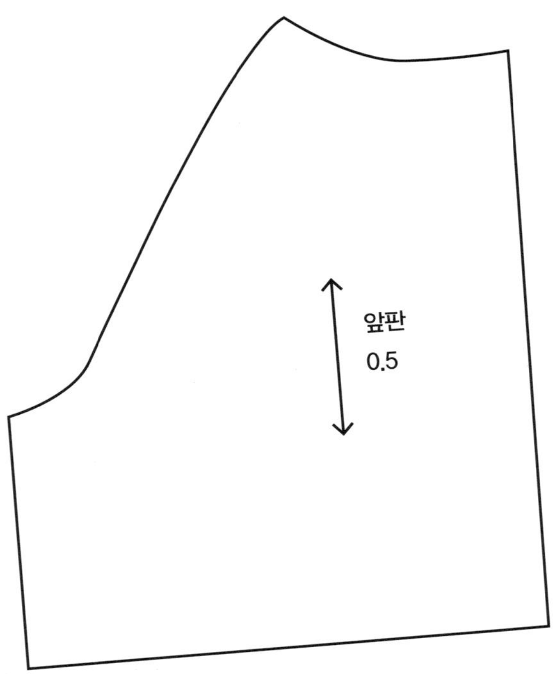

크롭 후드 집업

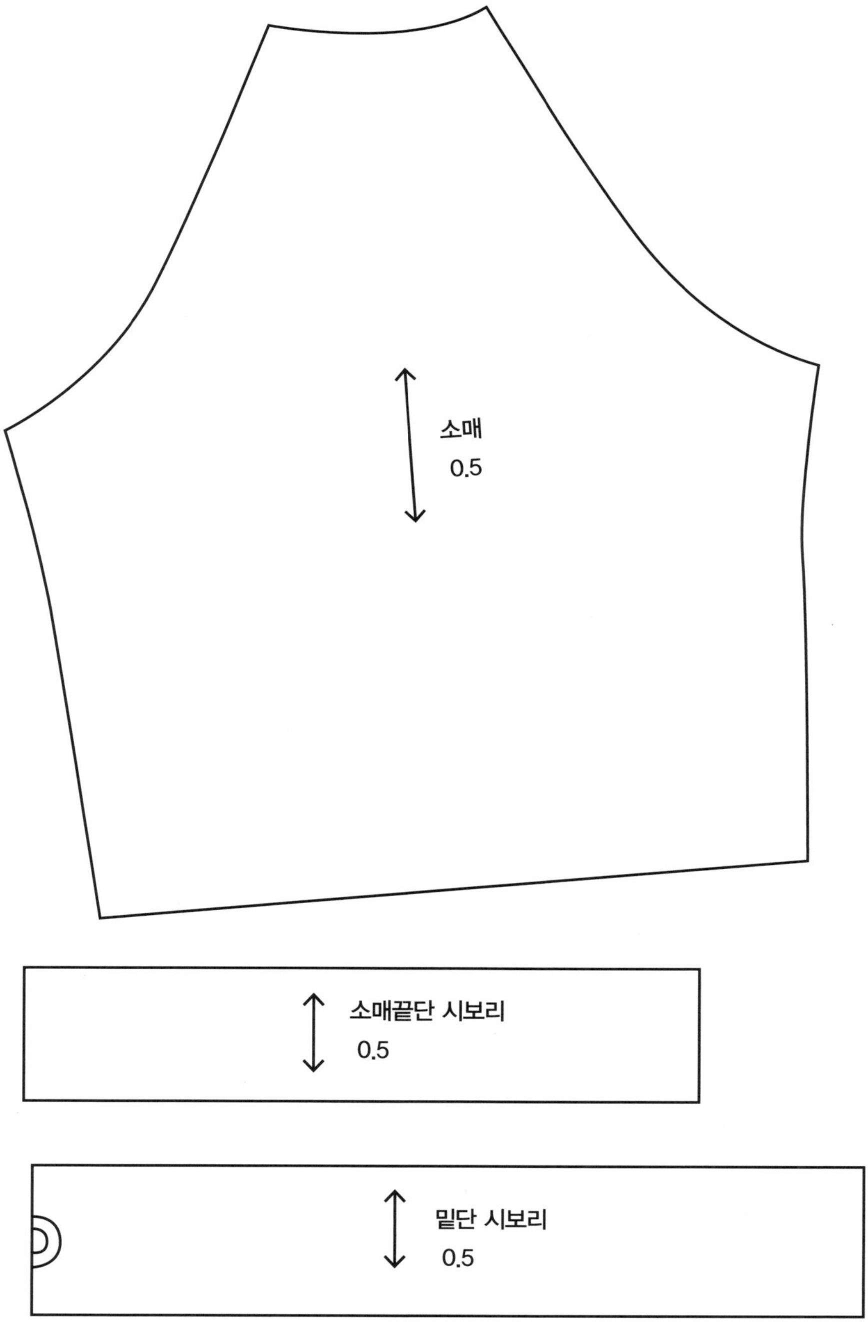

민트 케이프 코트

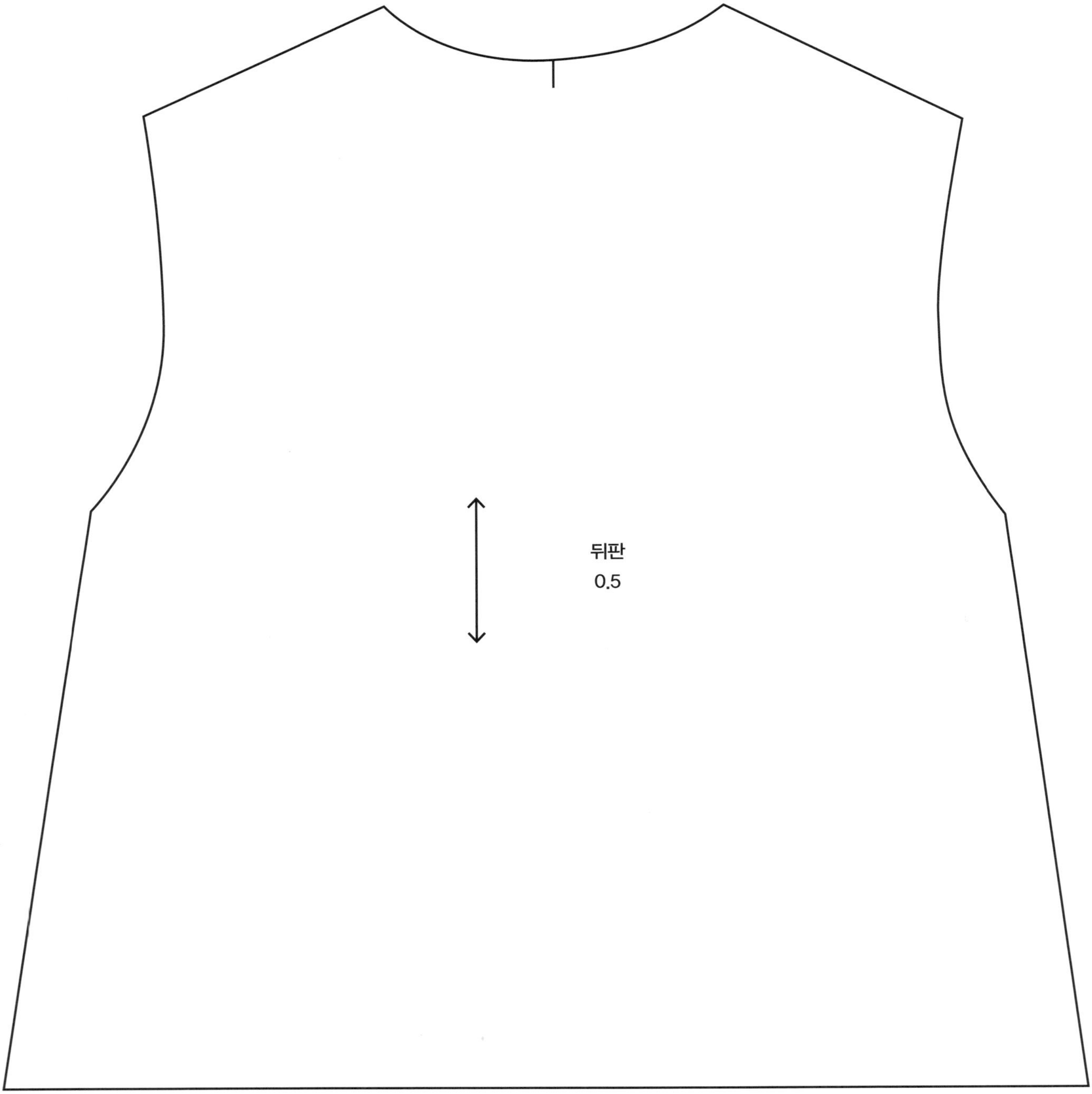

민트 케이프 코트

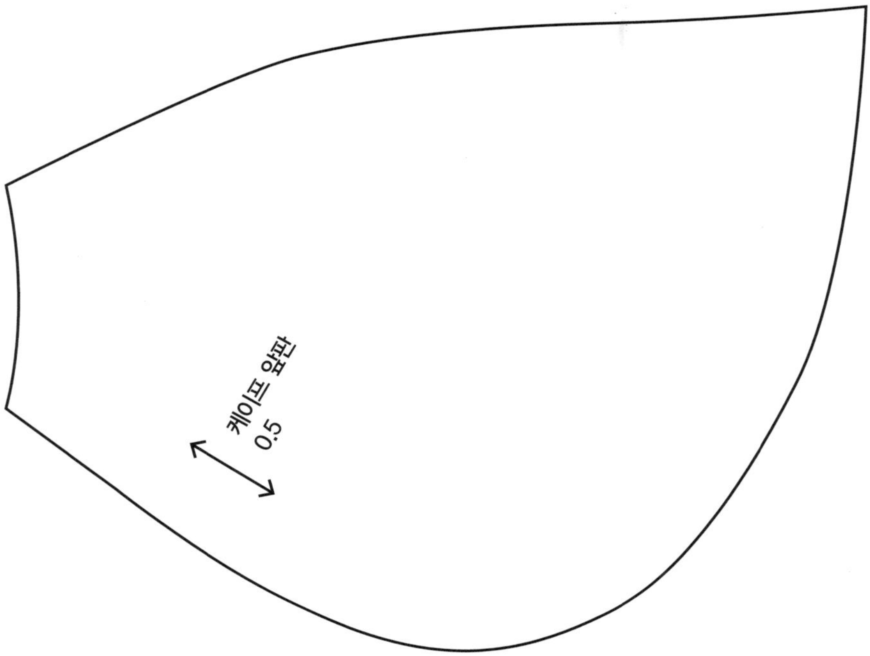

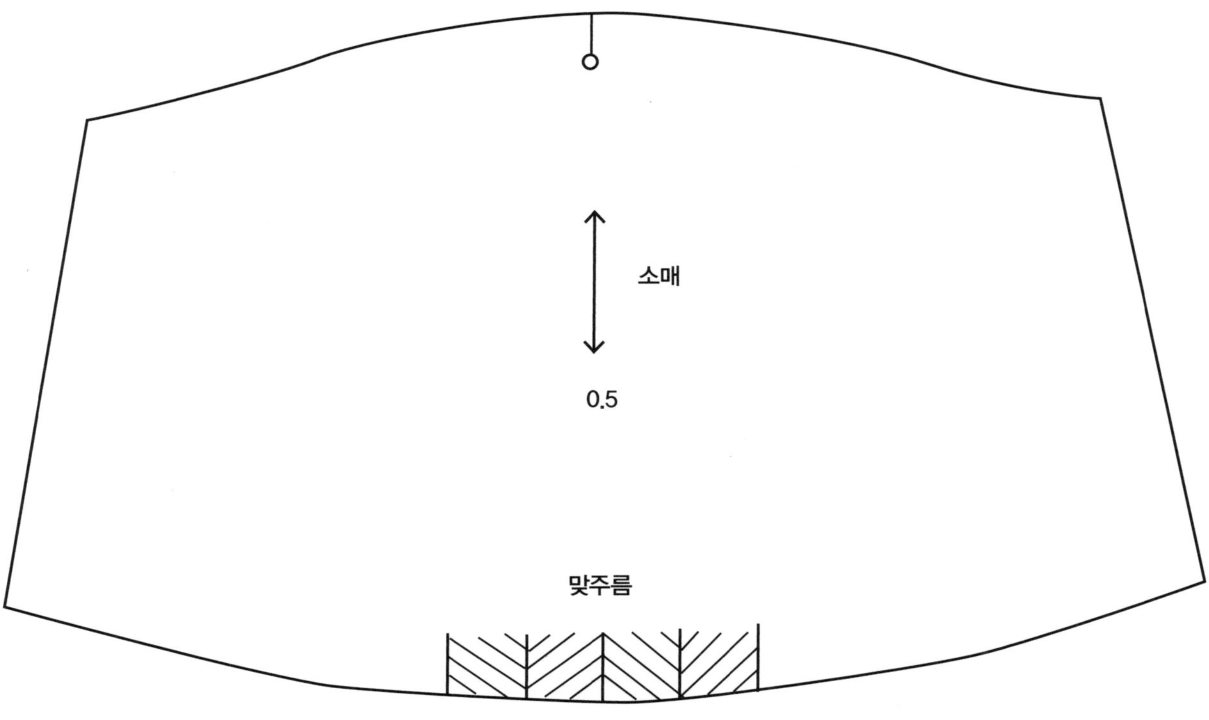

민트 케이프 코트

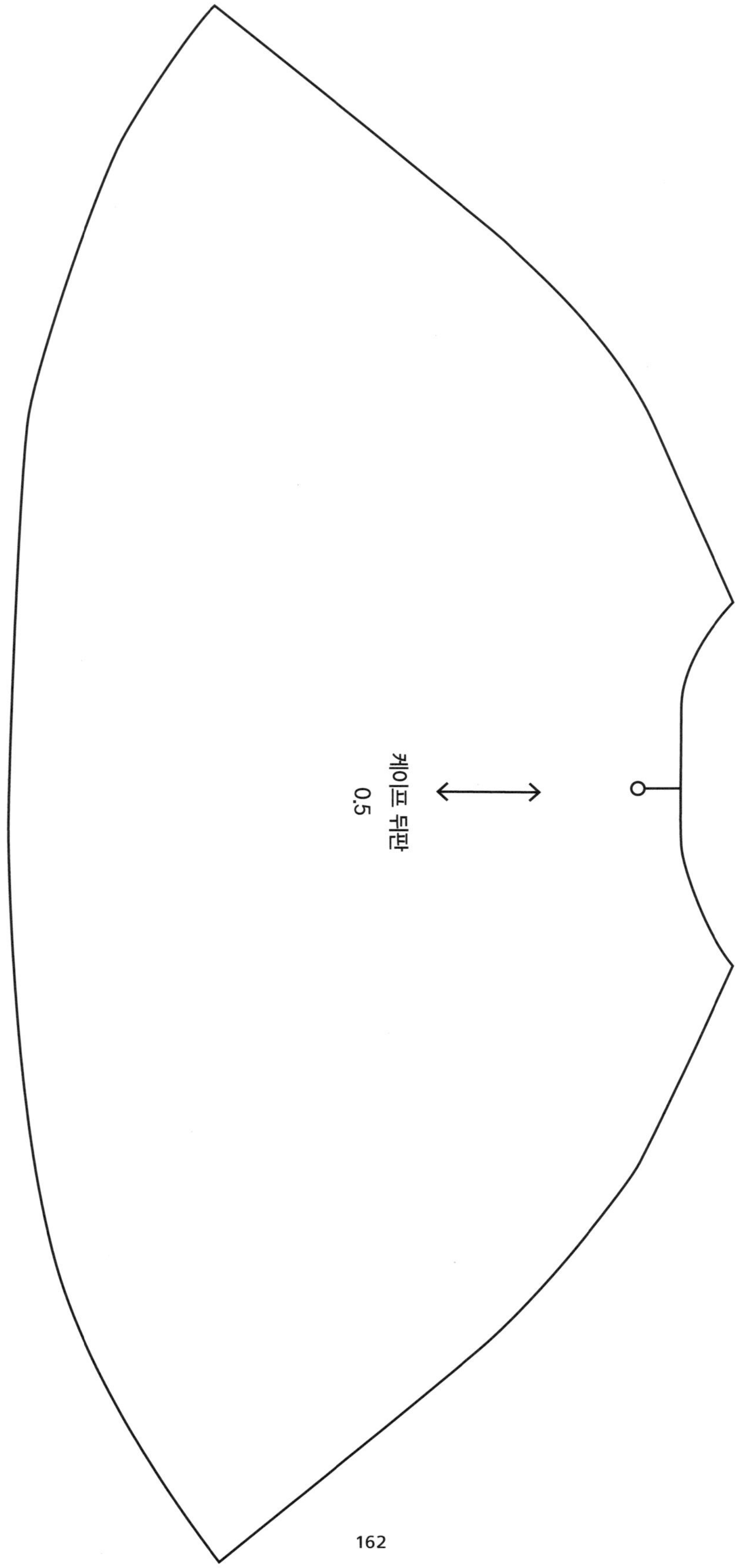

민트 케이프 코트

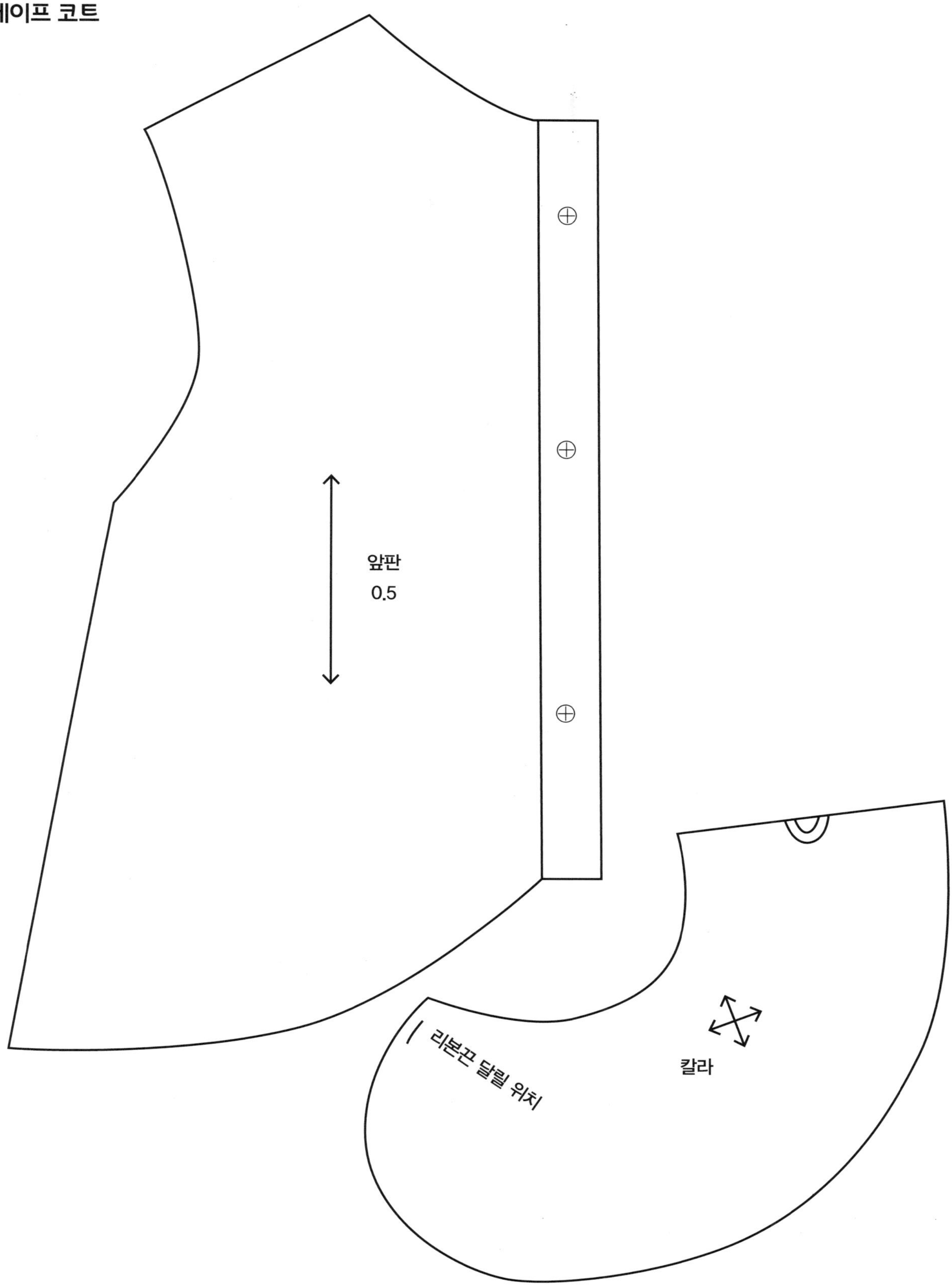

러블리 프릴 코트

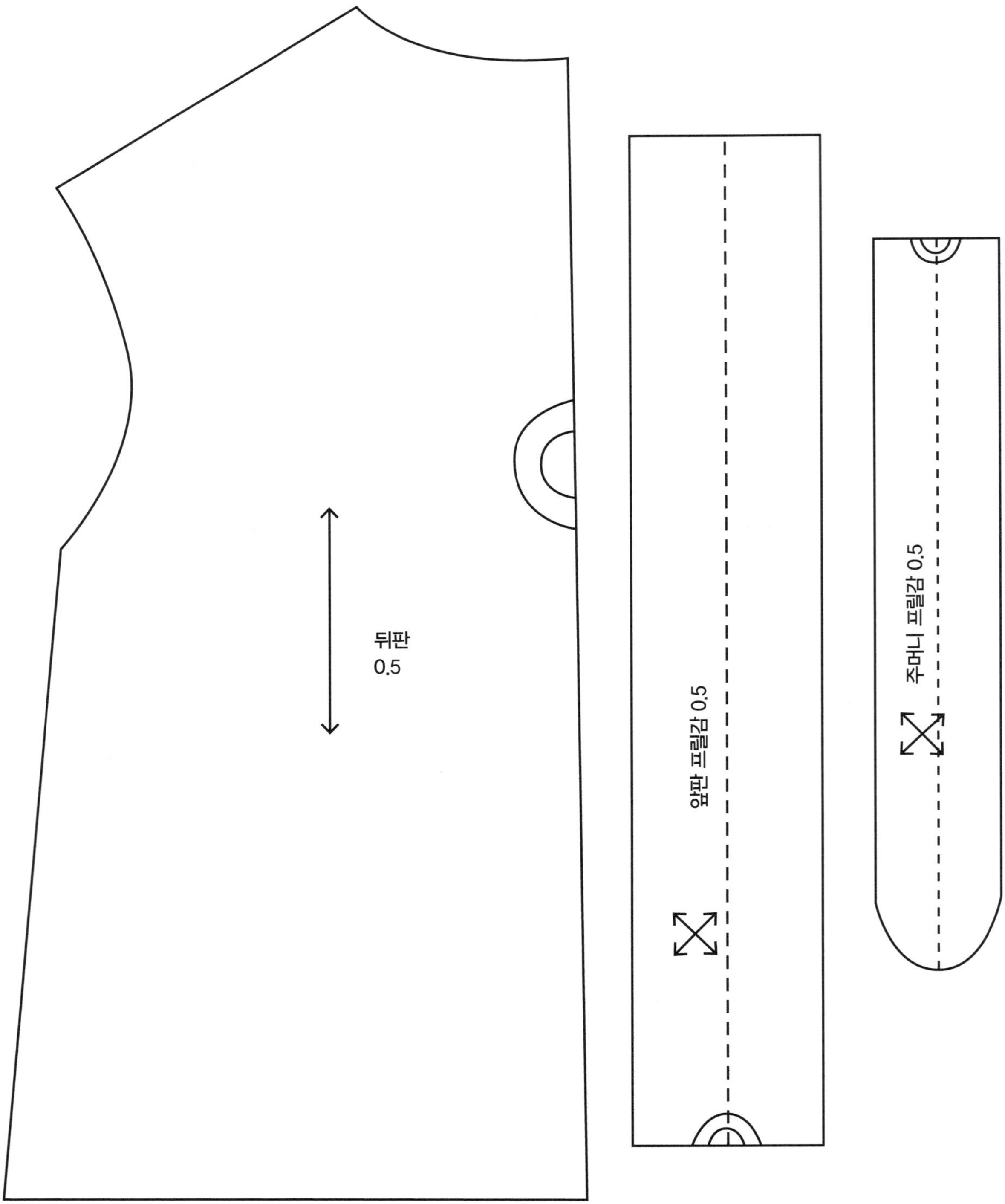

러블리 프릴 코트

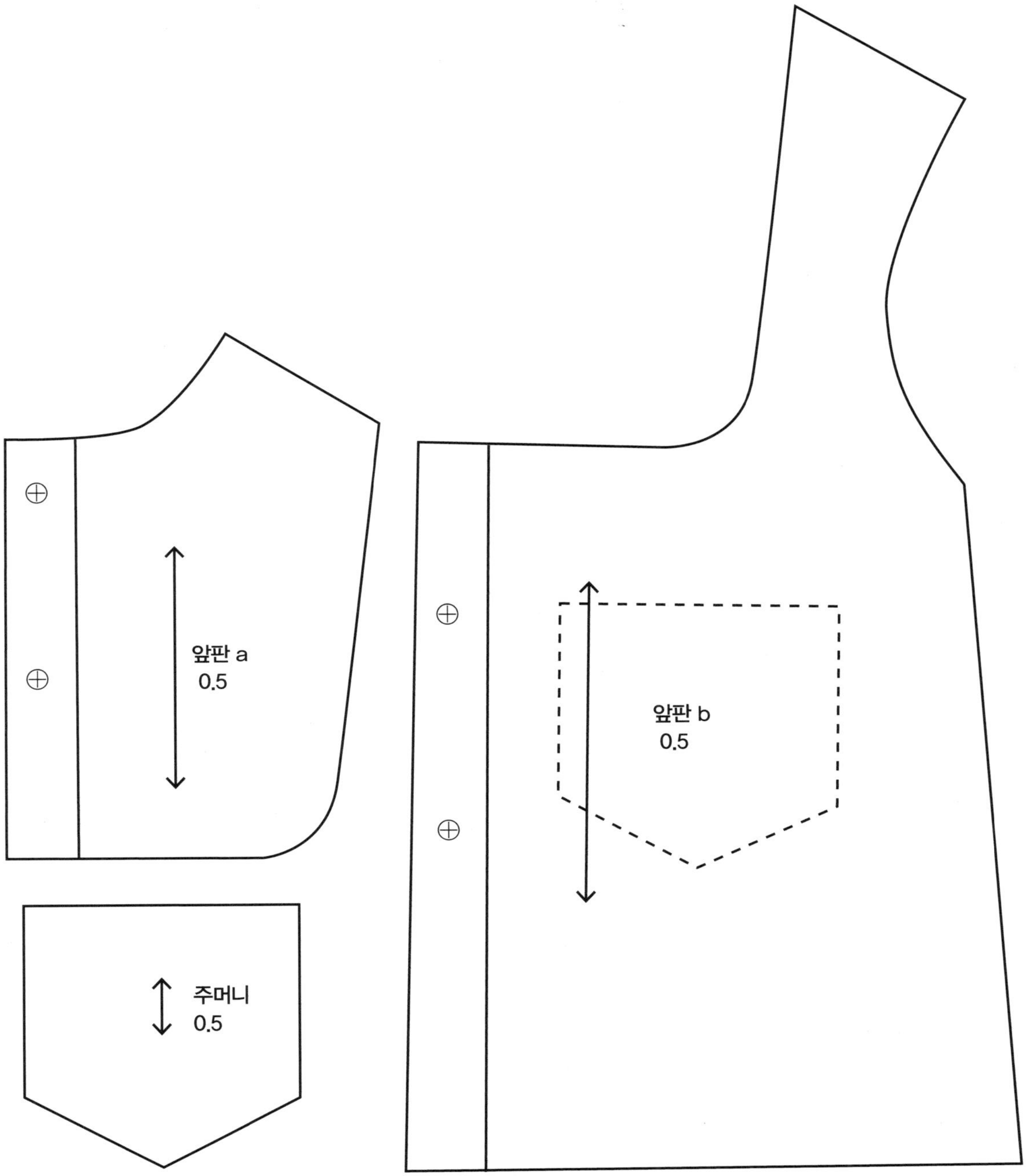

러블리 프릴 코트

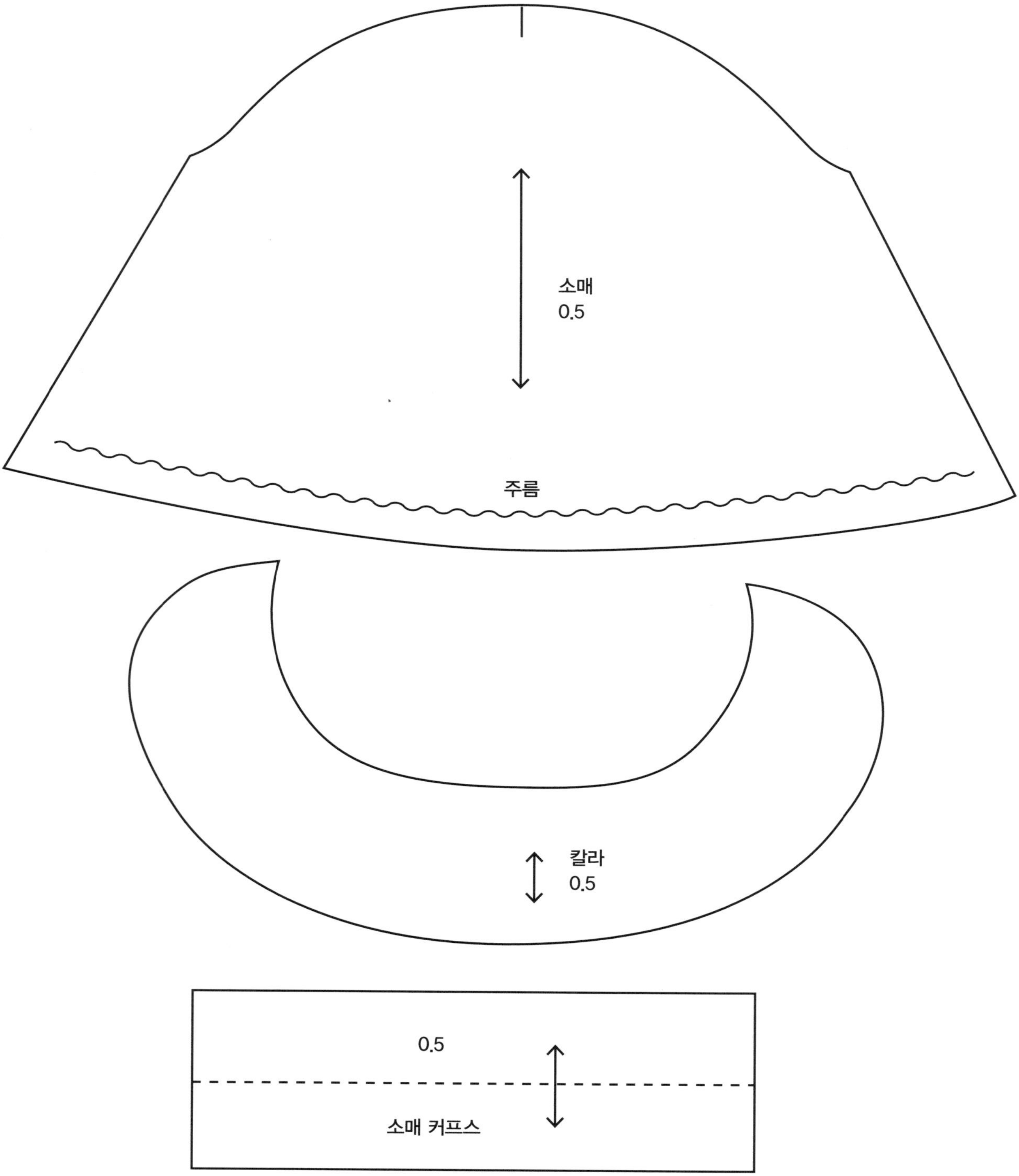

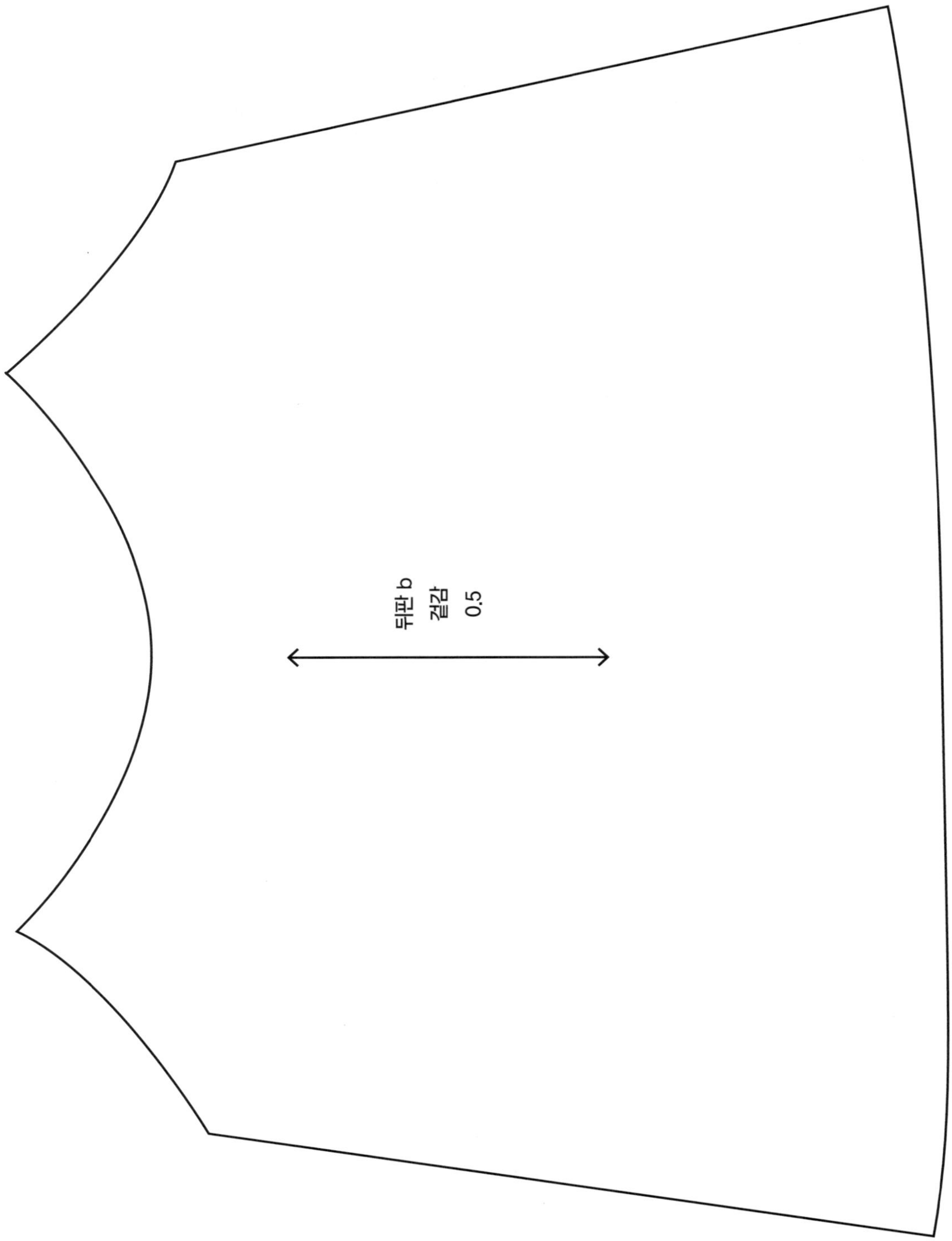
뒤판 b
겉감
0.5

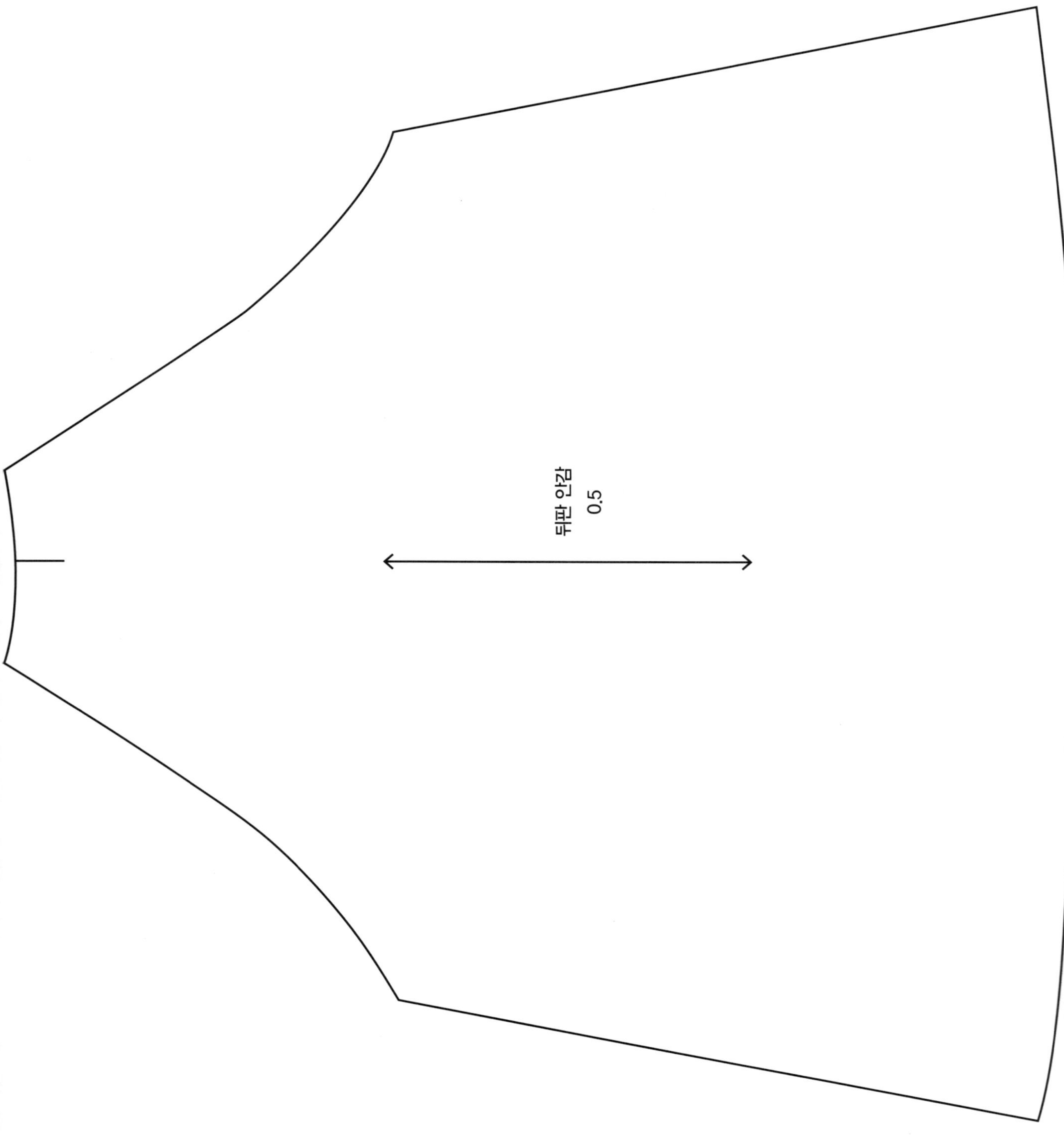
뒤판 안감
0.5

요크 프릴 리본 코트

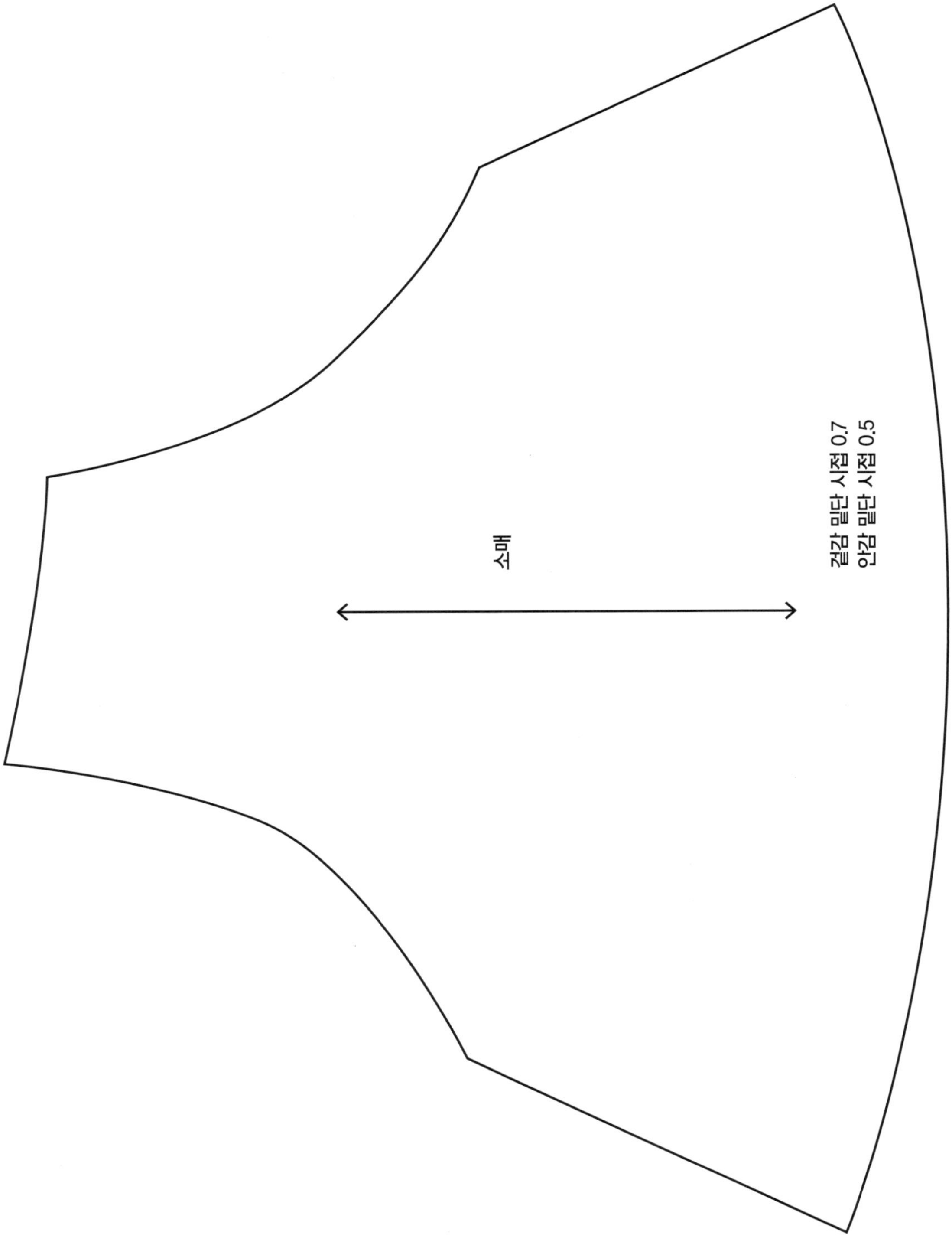

요크 프릴 리본 코트

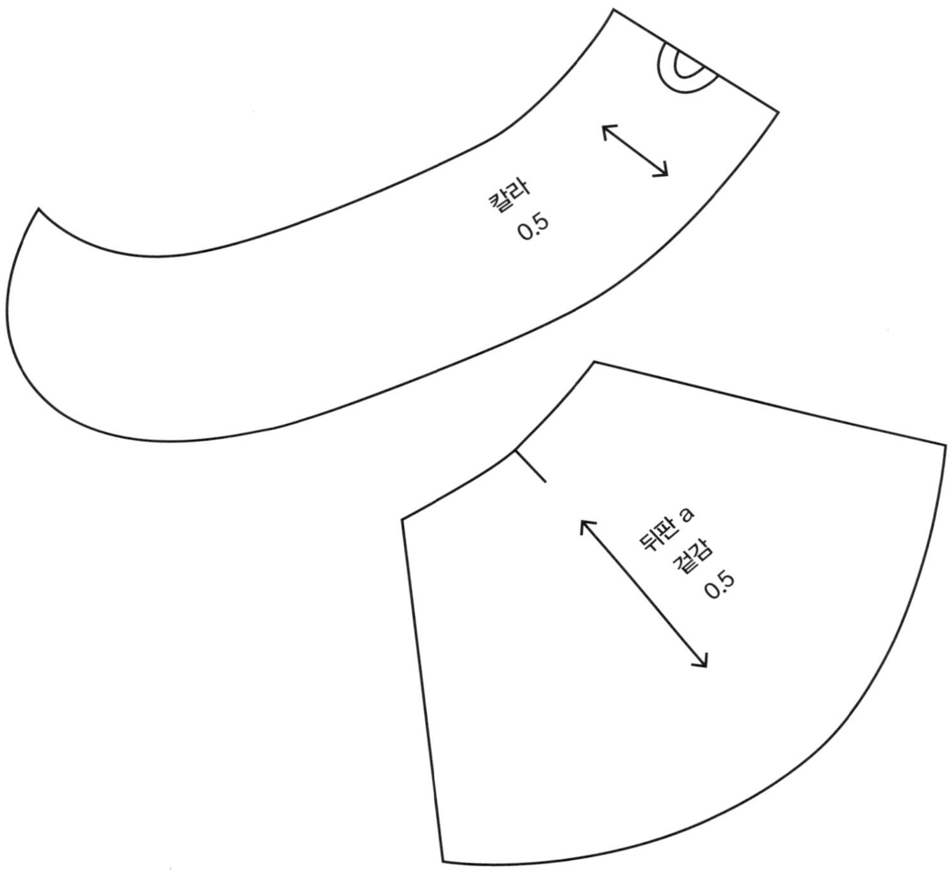

요크 프릴 리본 코트

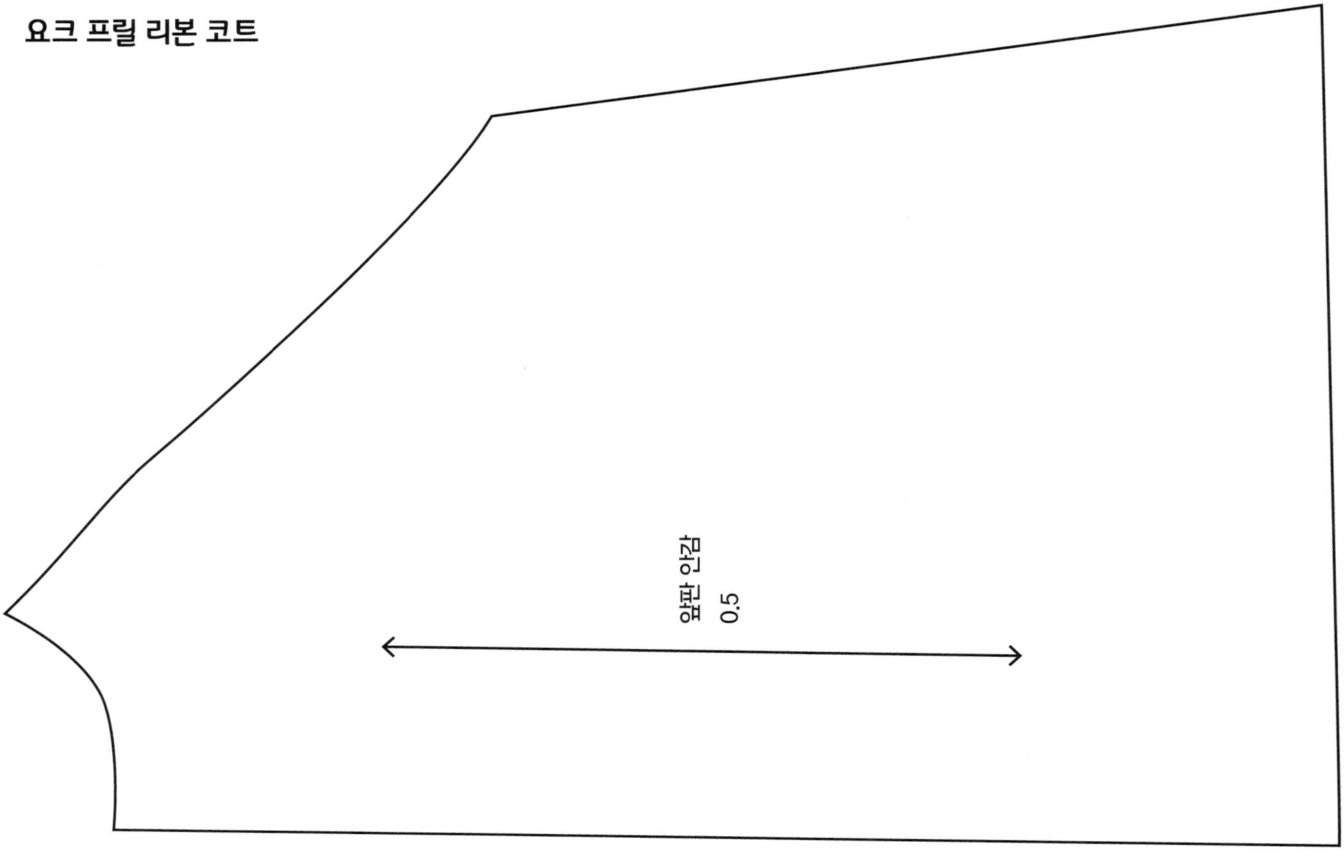

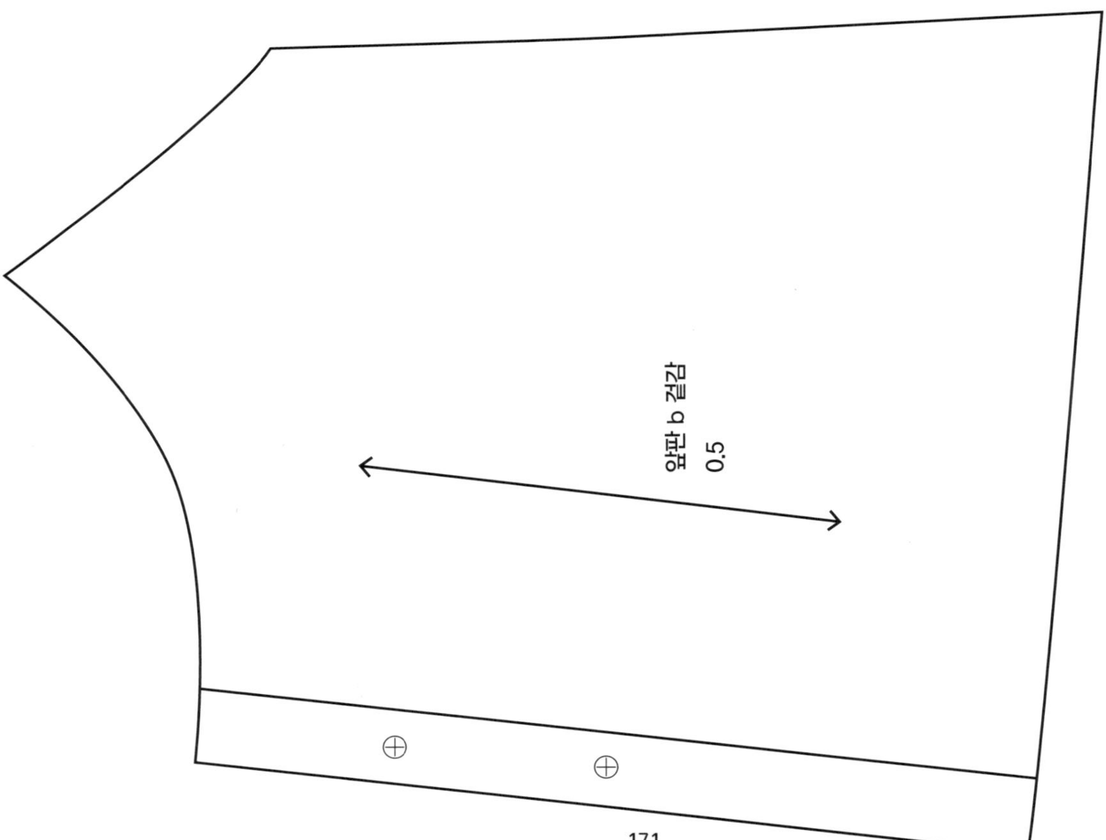

요크 프릴 리본 코트

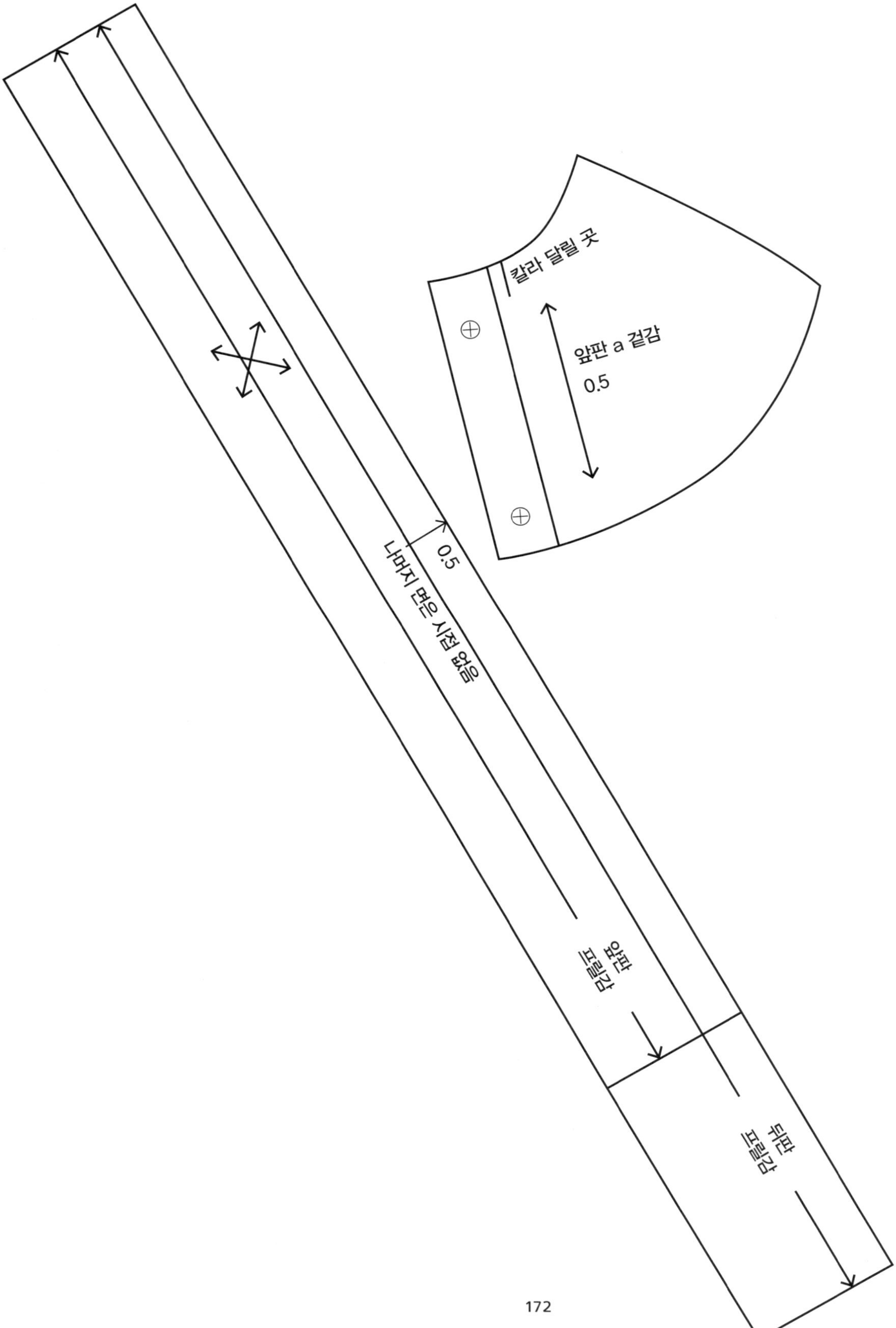

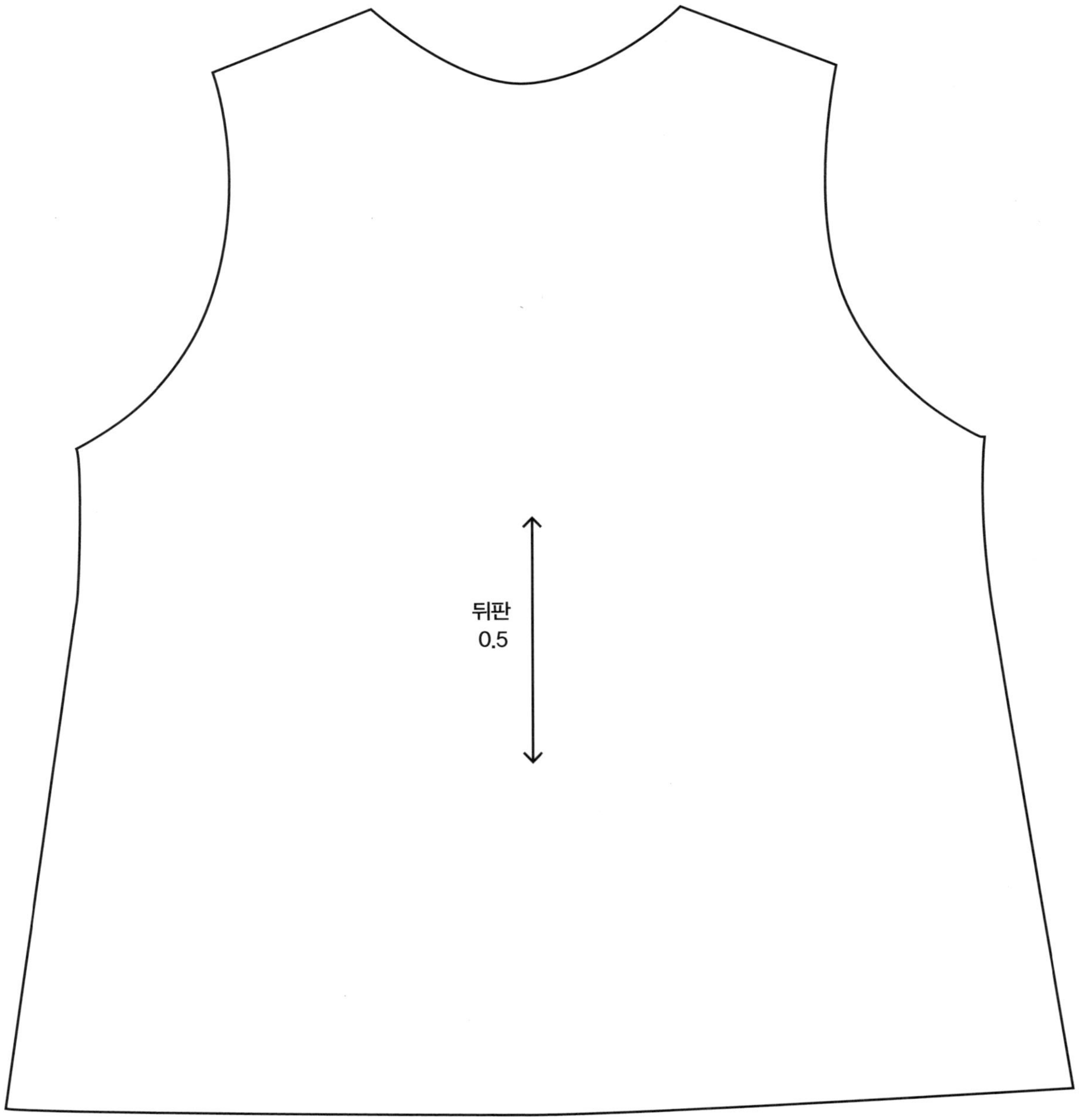
뒤판
0.5

세일러칼라 큐트 코트

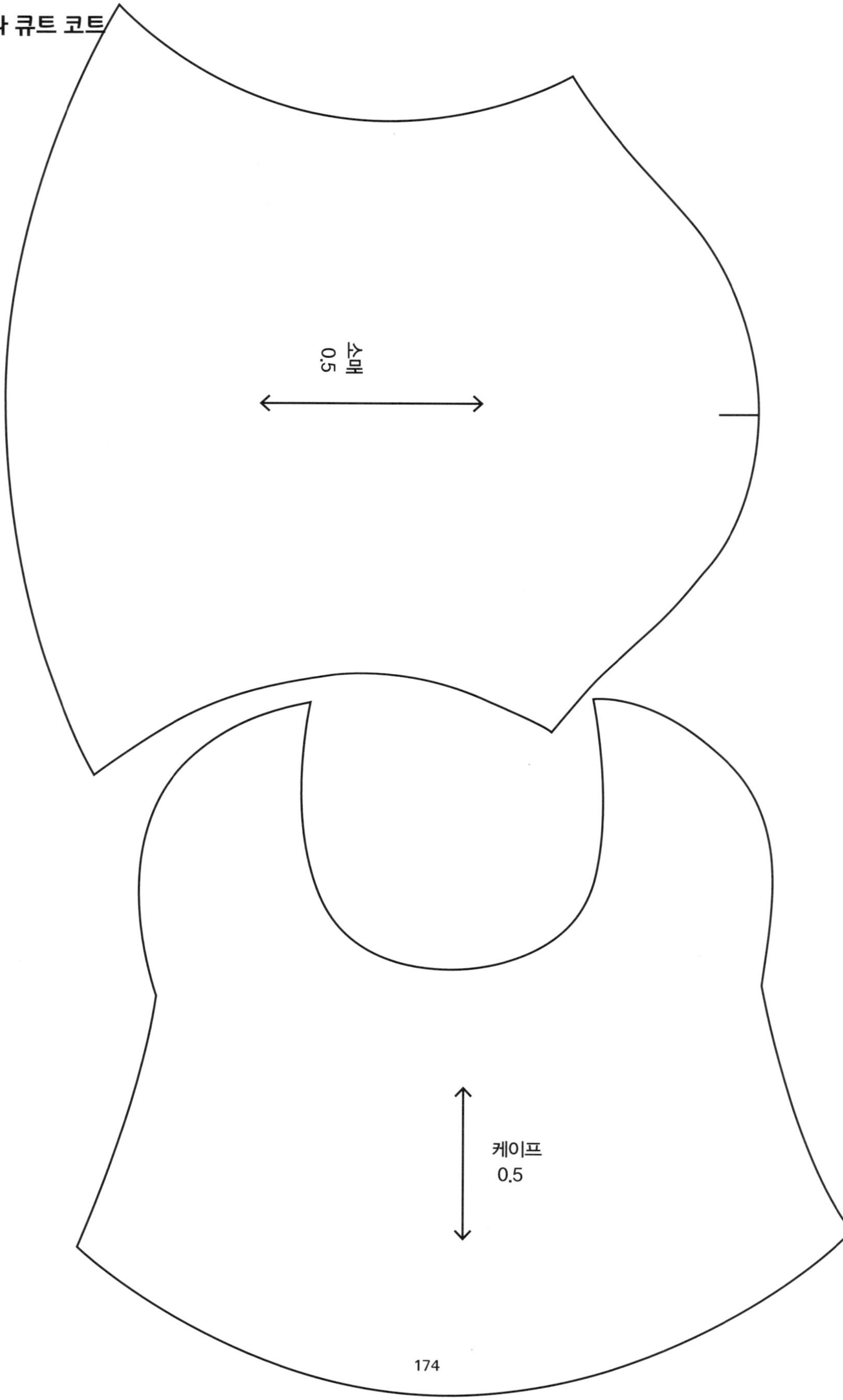

세일러칼라 큐트 코트

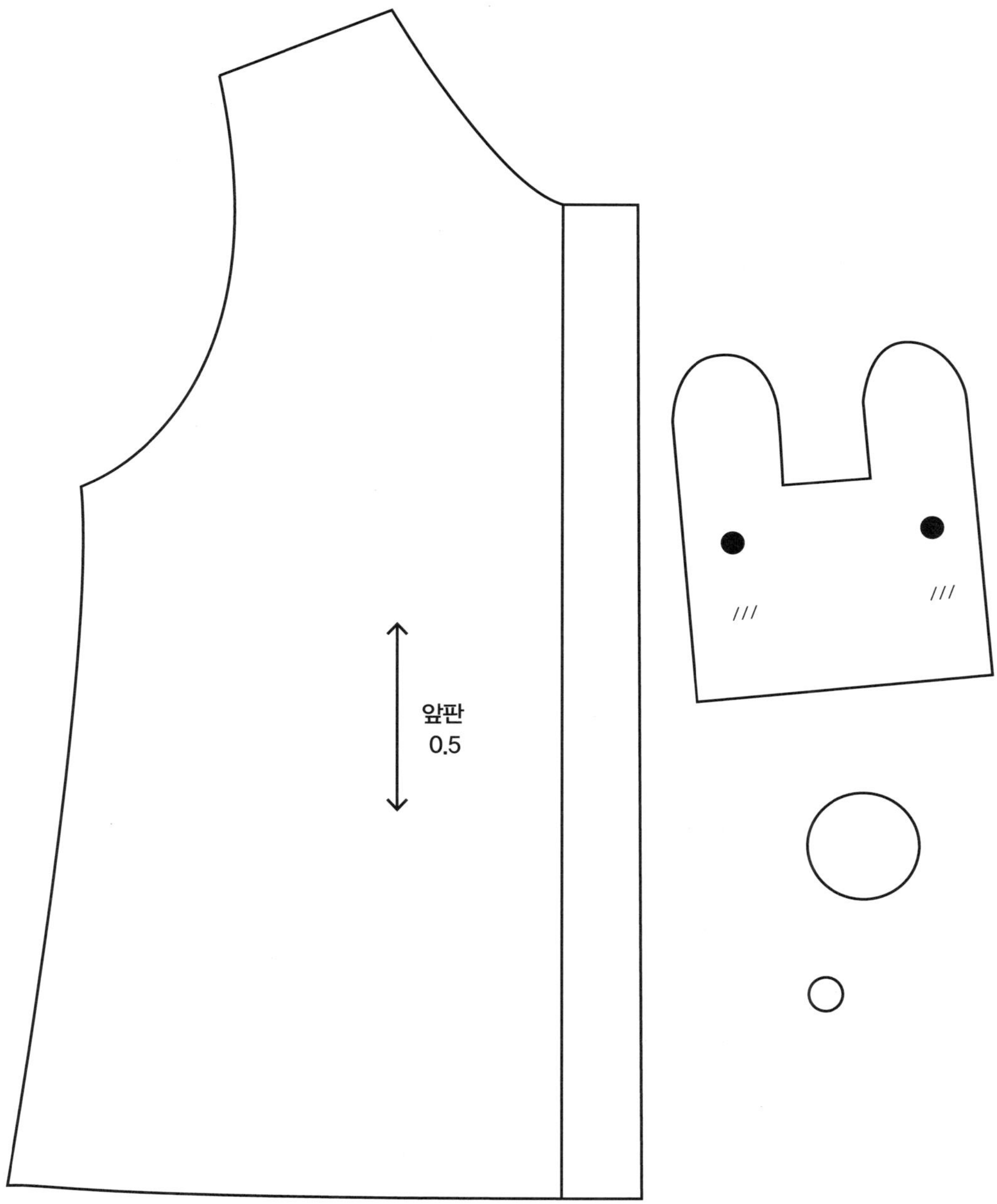

원피스형 베스트

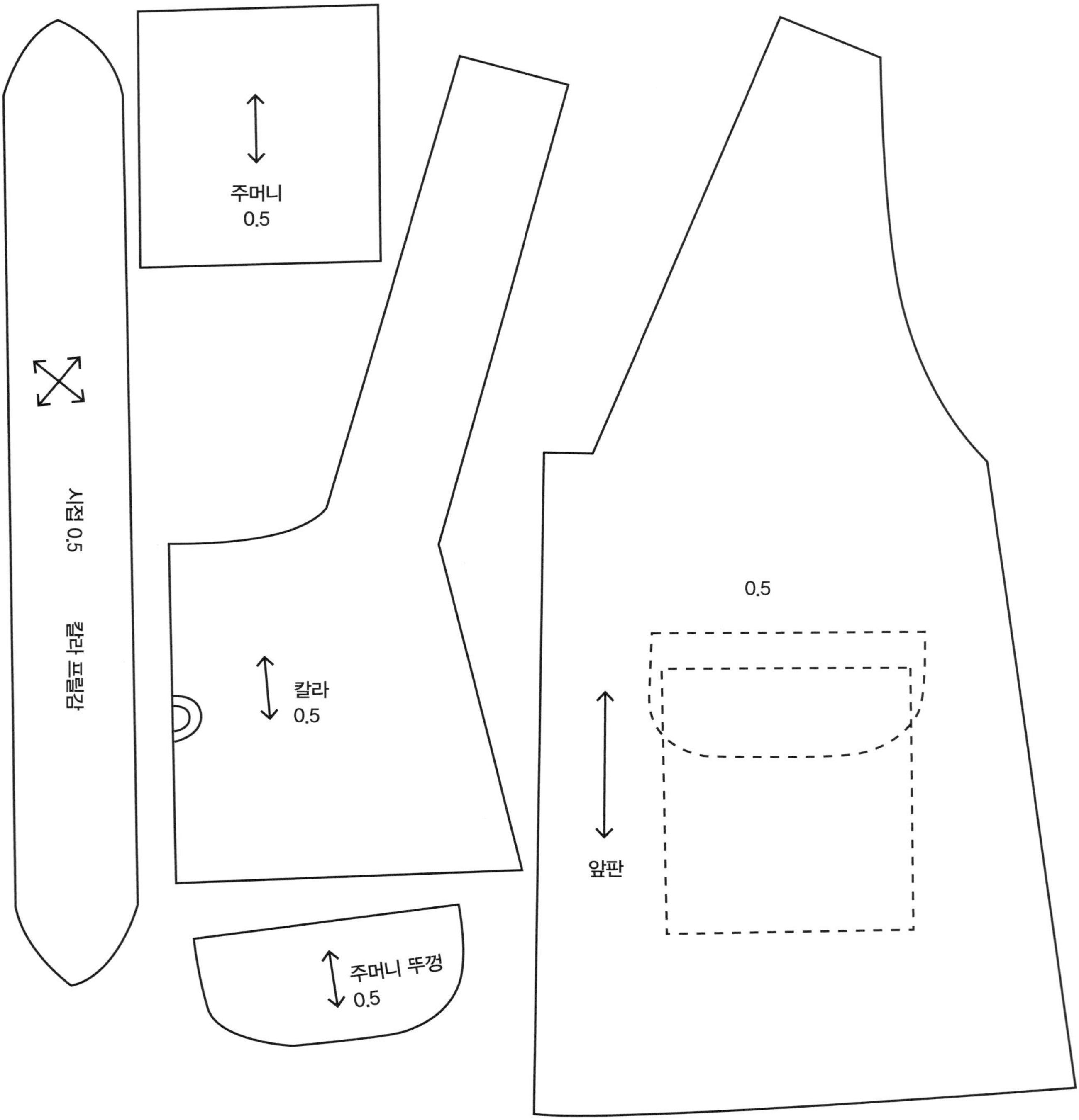

원피스형 베스트

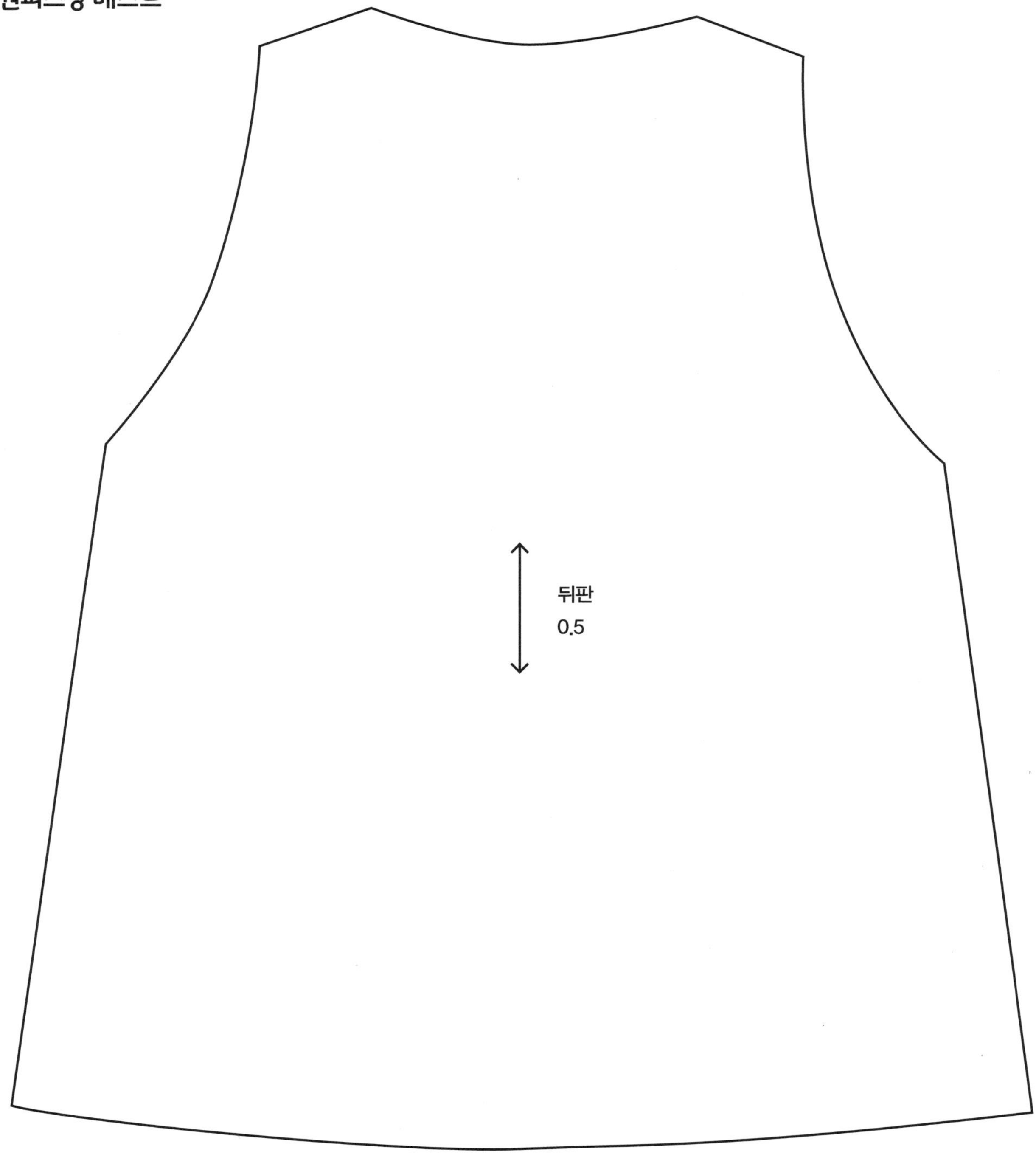

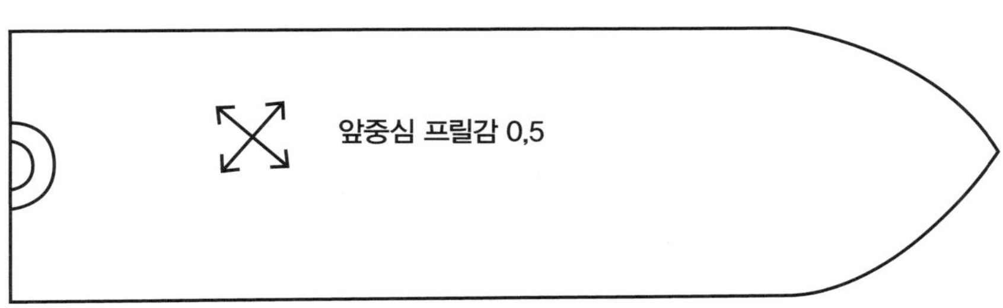

청 후드 재킷

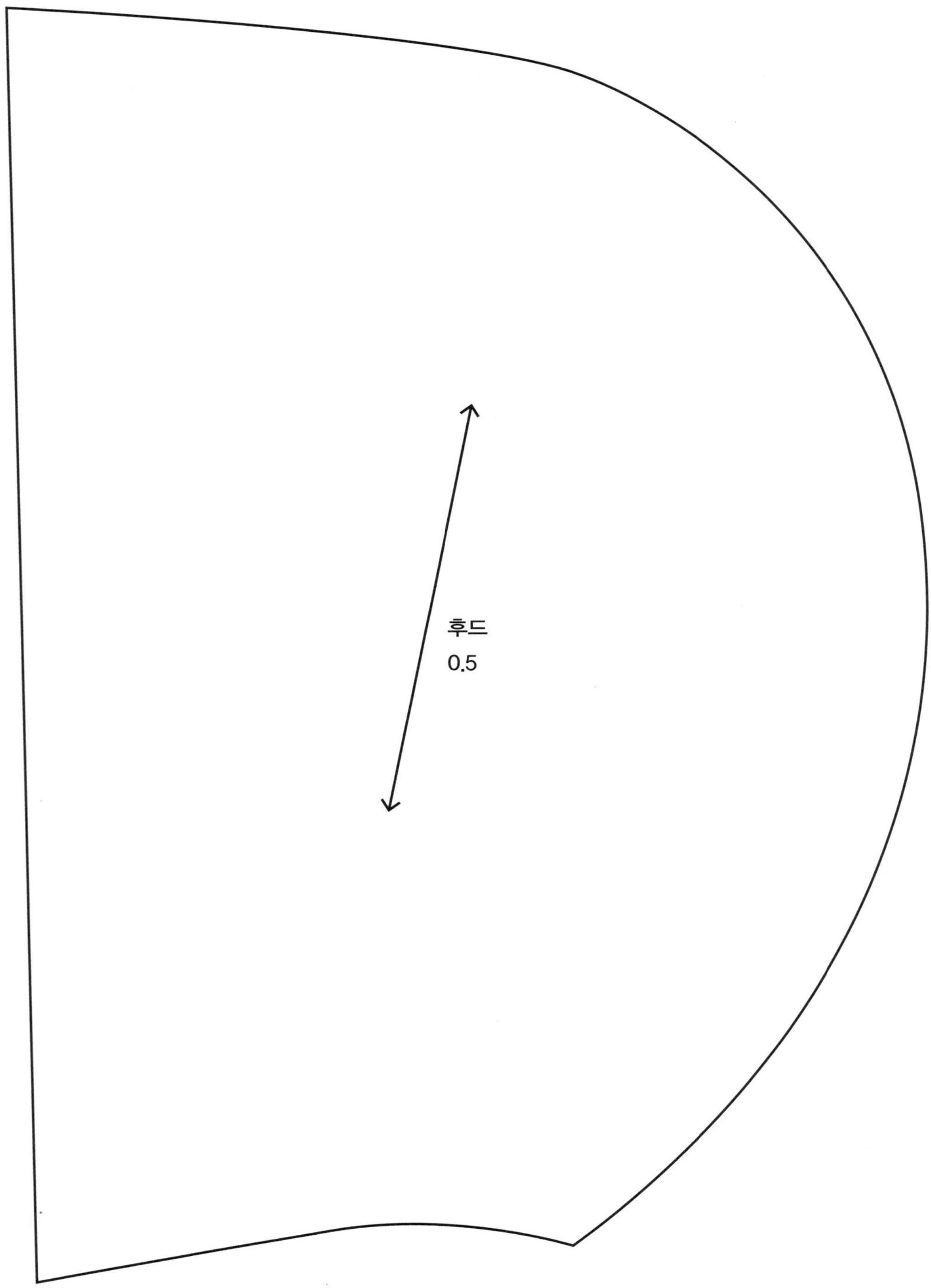

청 후드 재킷

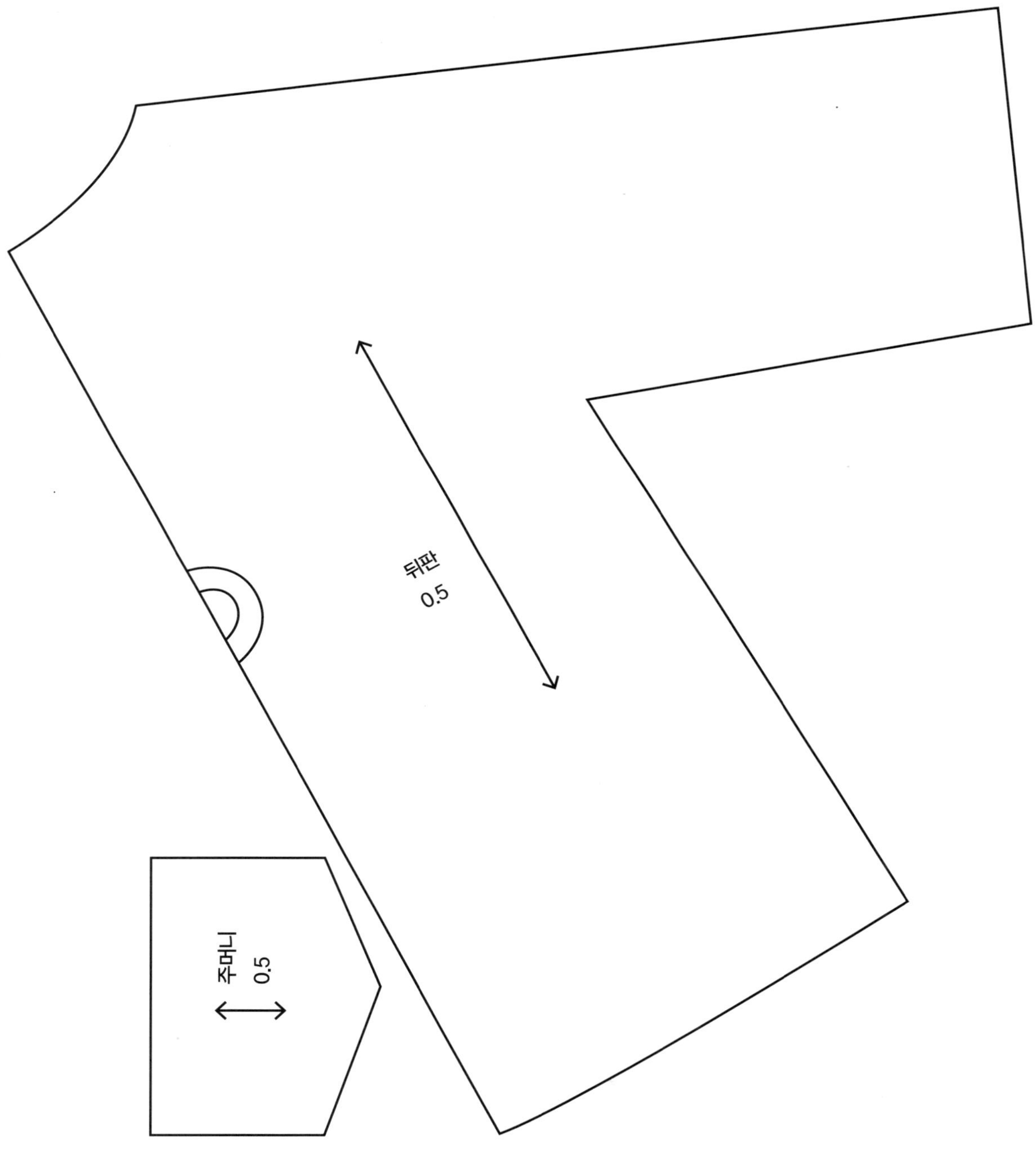

청 후드 재킷

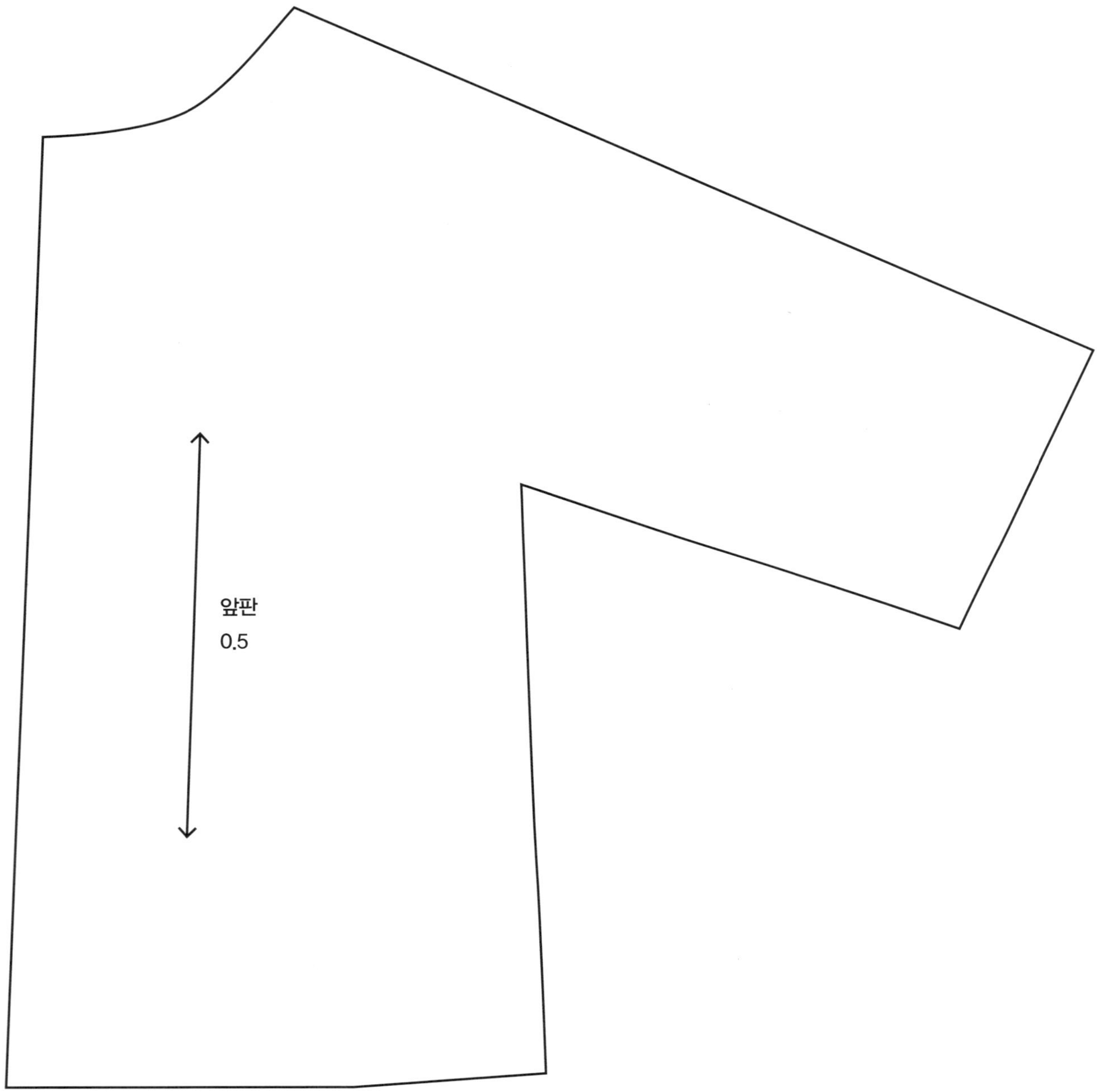

후드 무스탕 점퍼

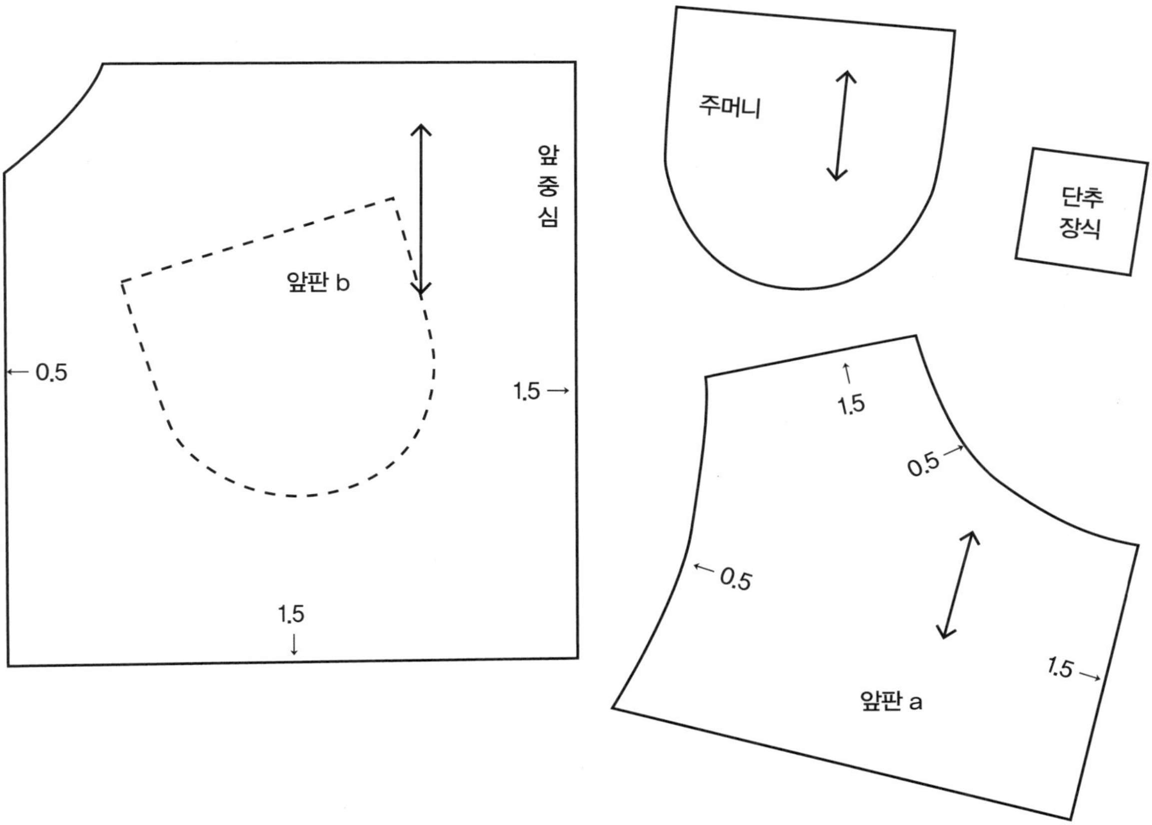

후드 무스탕 점퍼

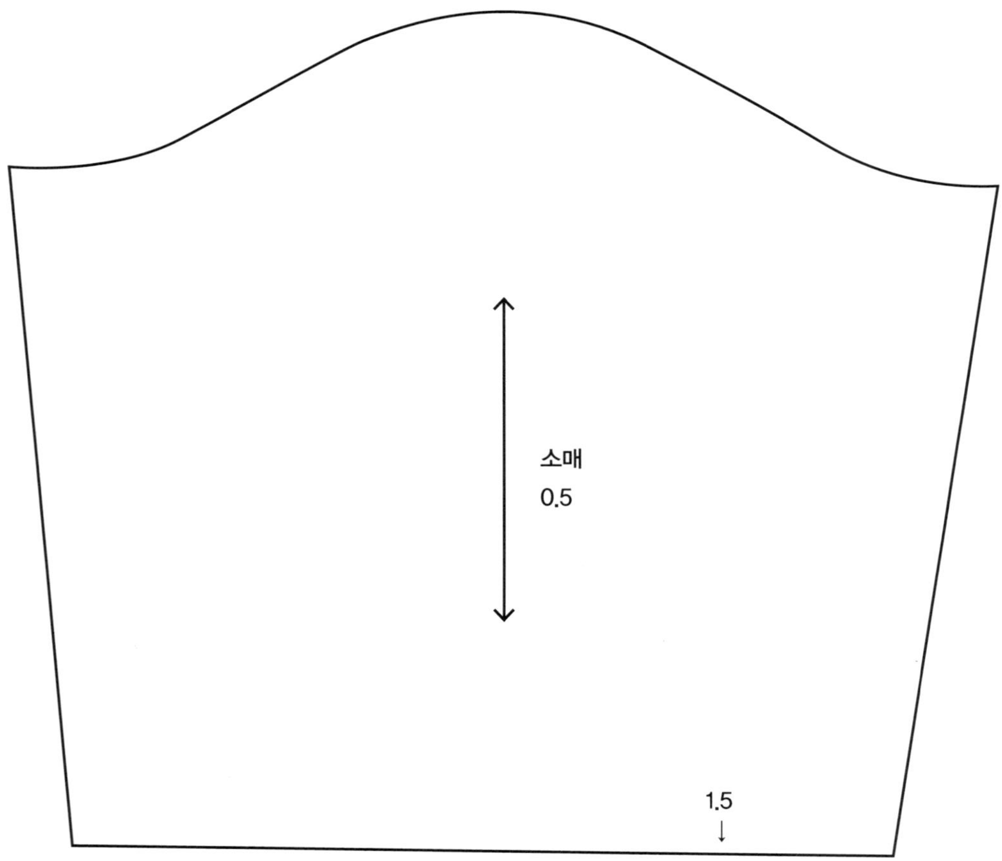

후드 무스탕 점퍼

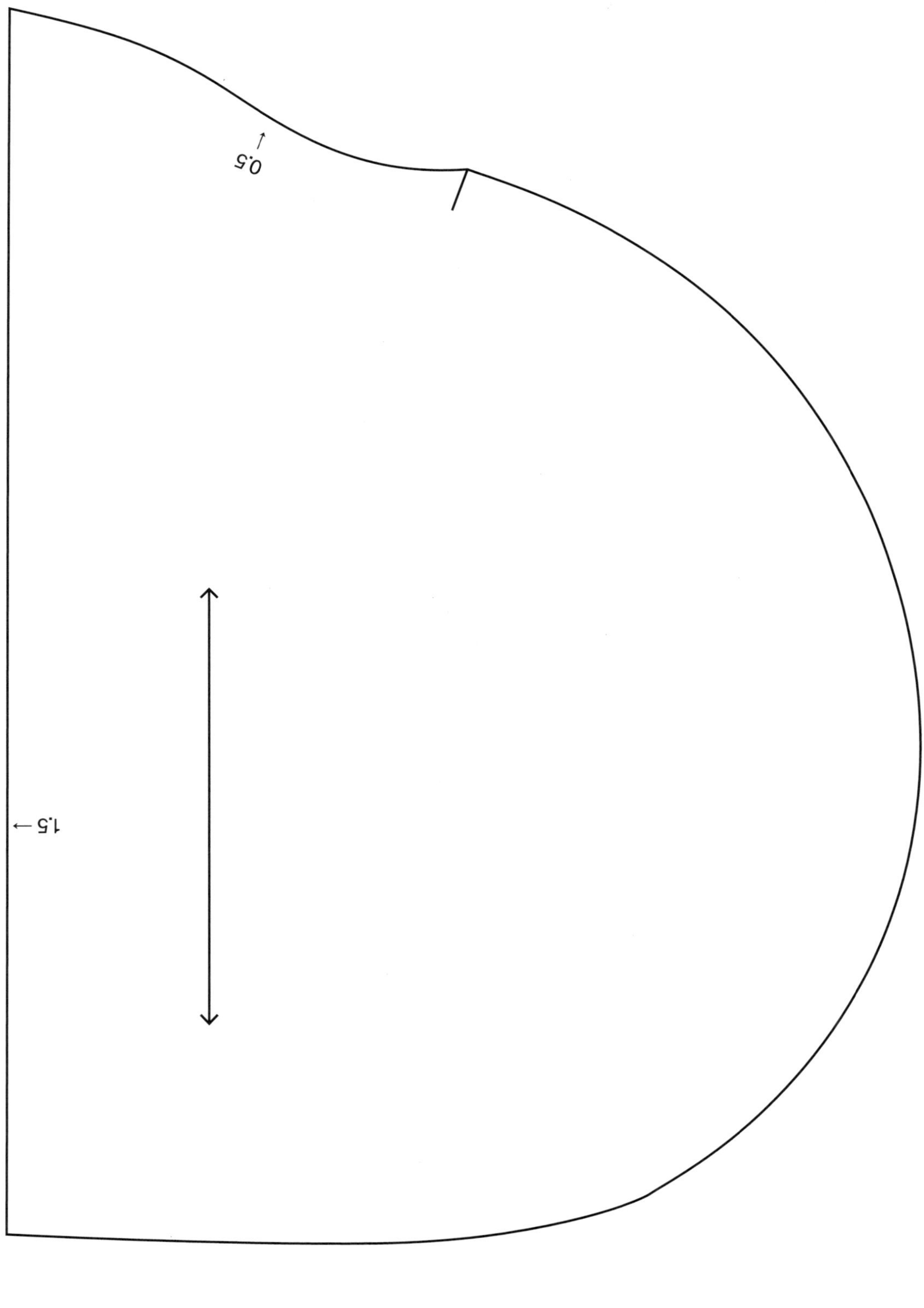

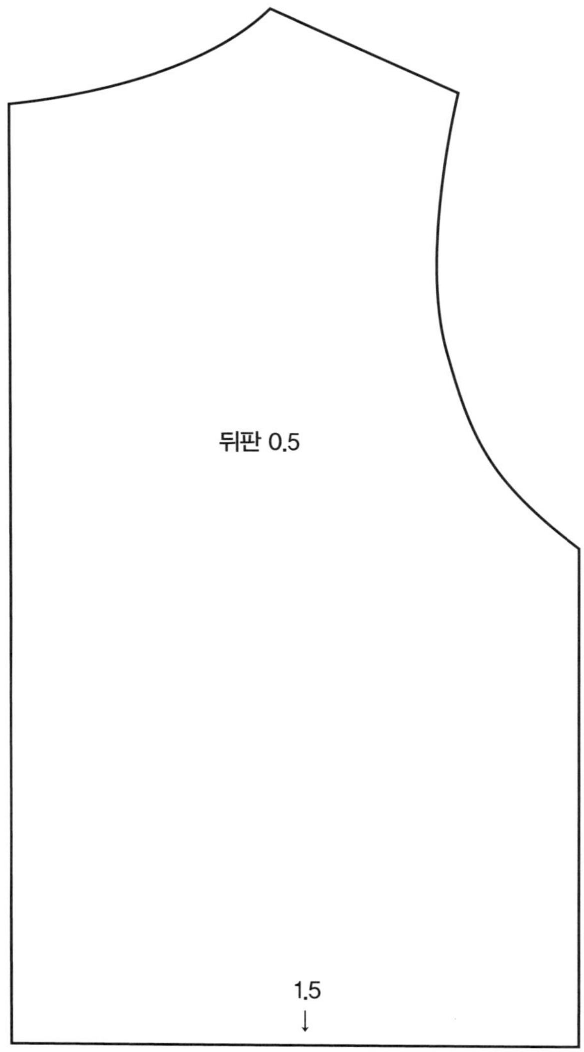
뒤판 0.5
1.5

훈민정음 후드 패딩 점퍼

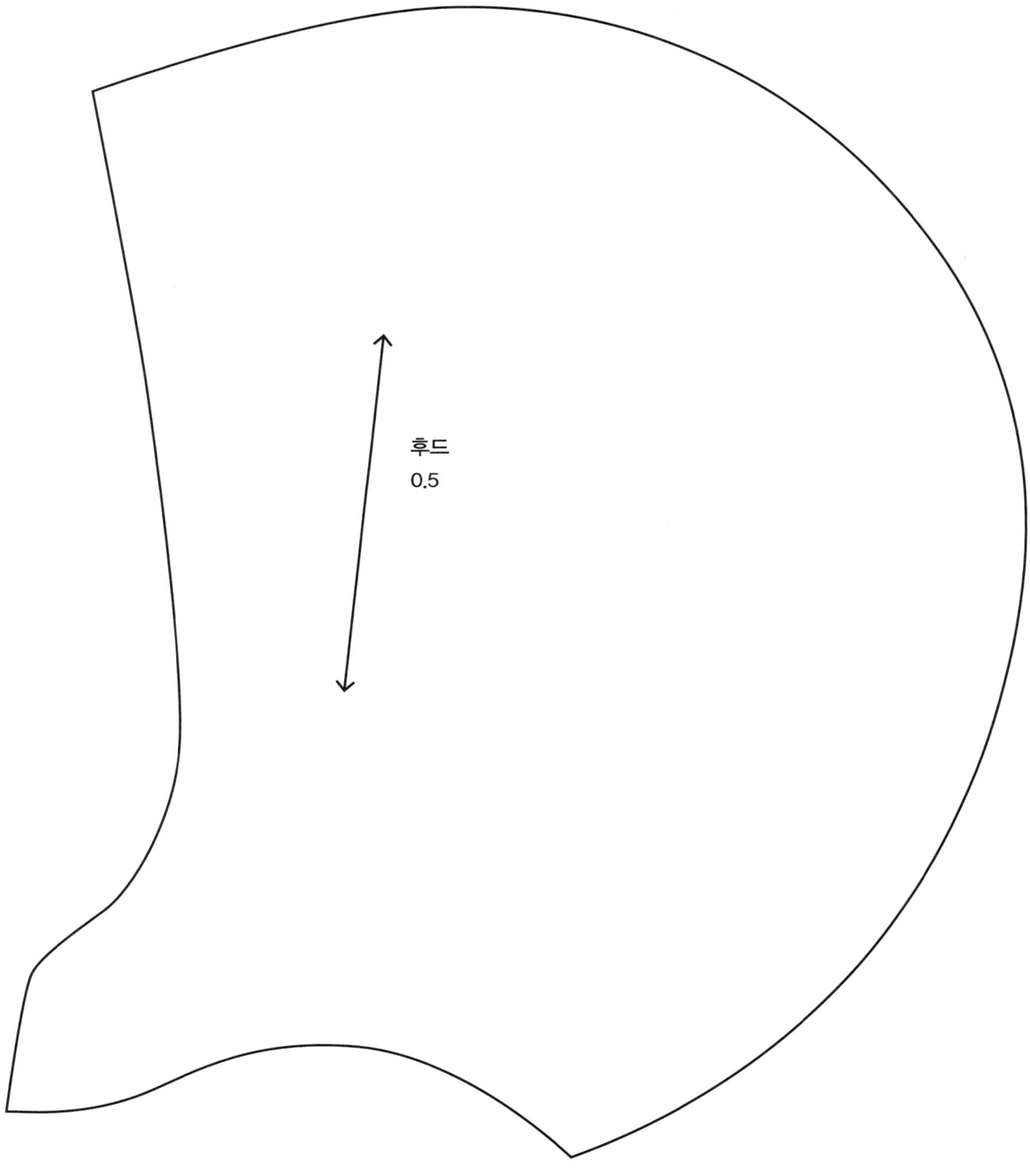

훈민정음 후드 패딩 점퍼

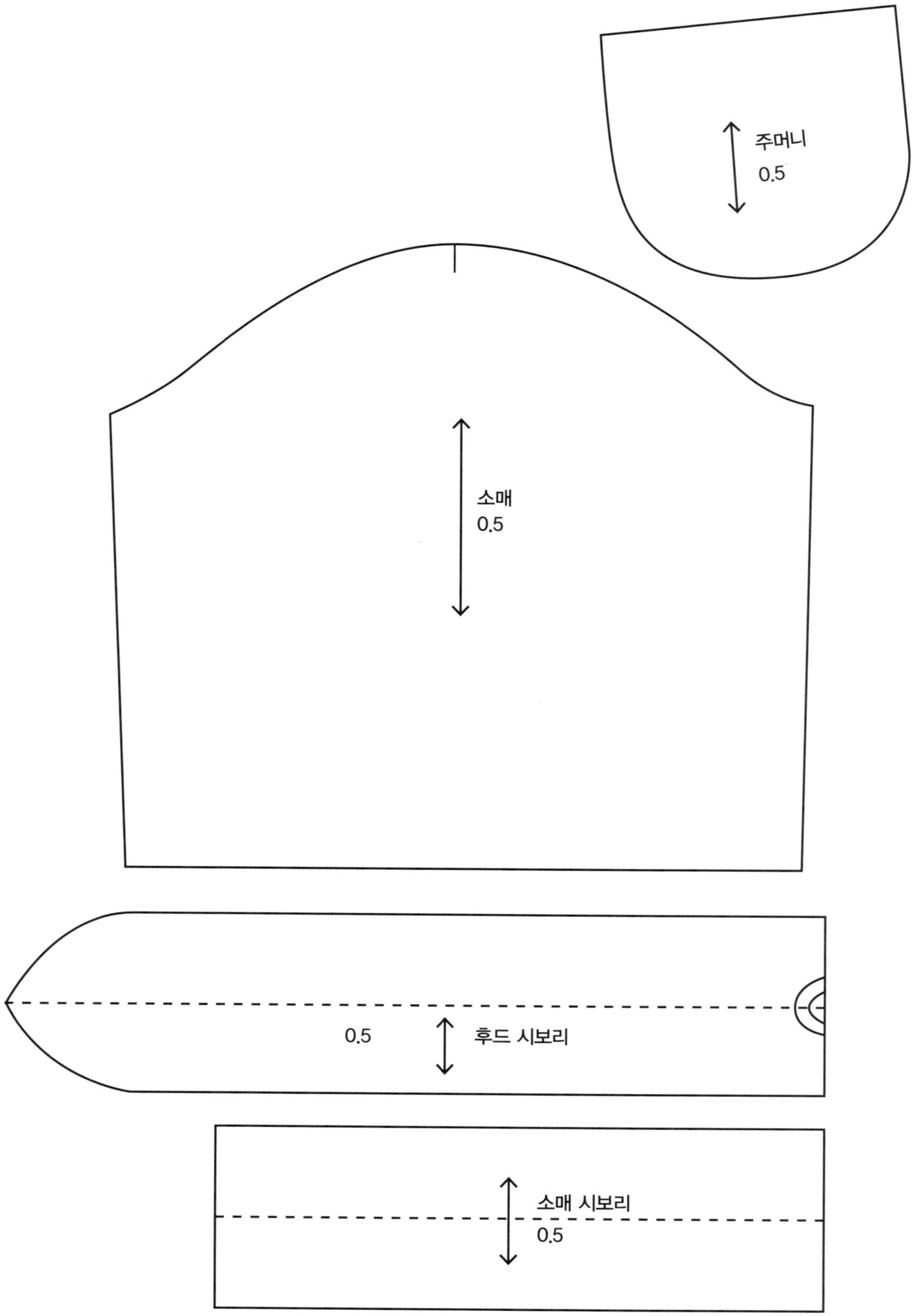

훈민정음 후드 패딩 점퍼

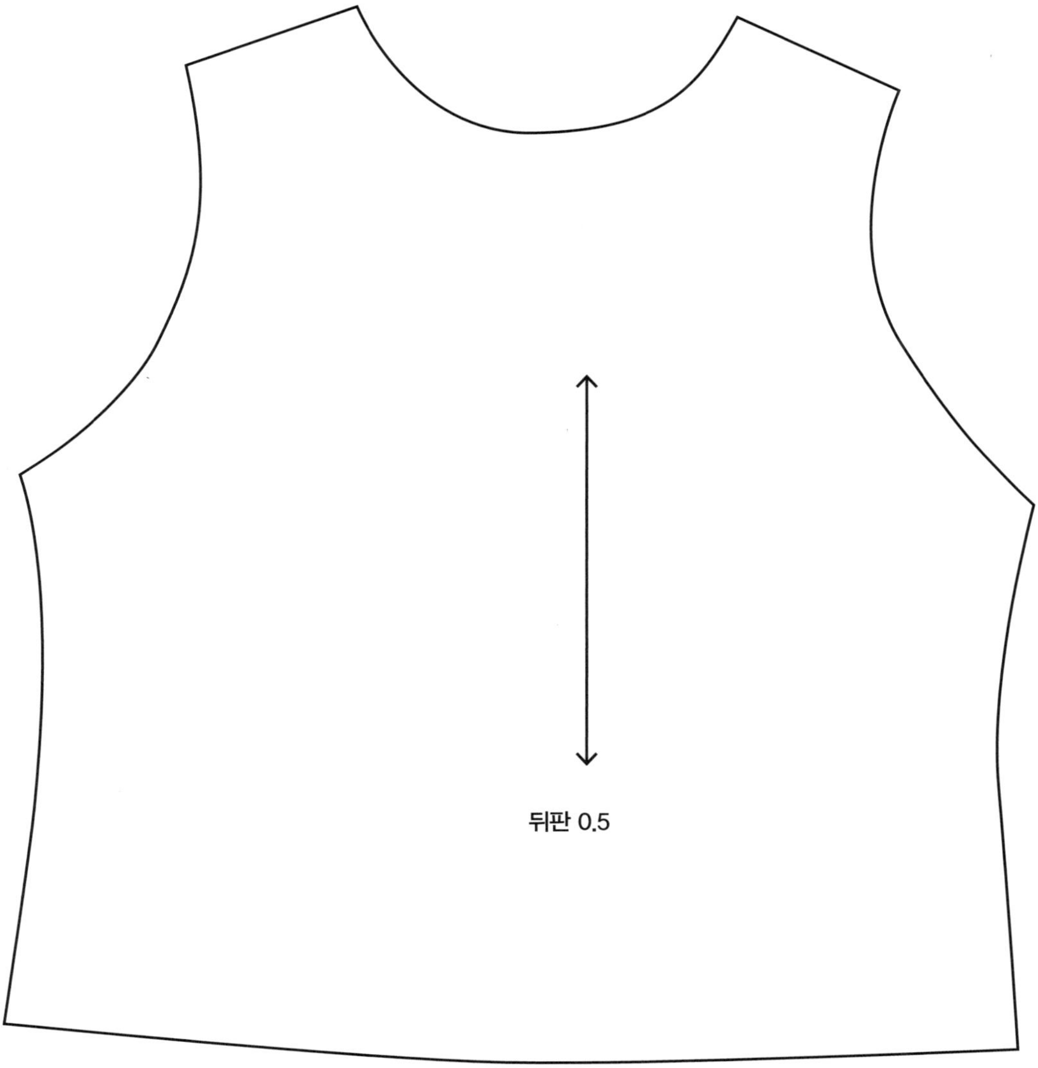

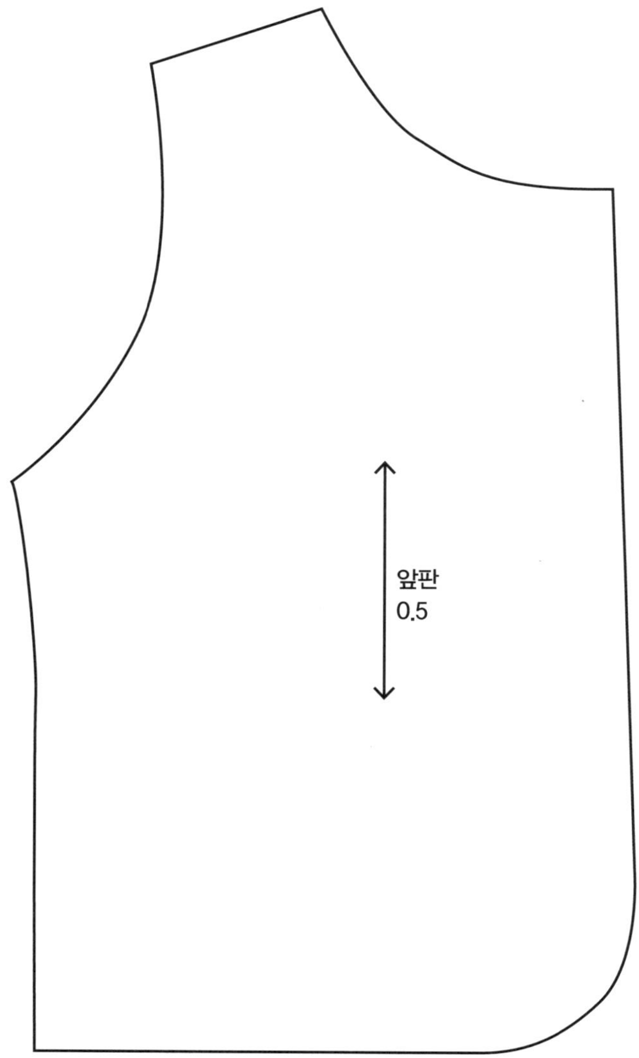
앞판
0.5

올데이 타이즈

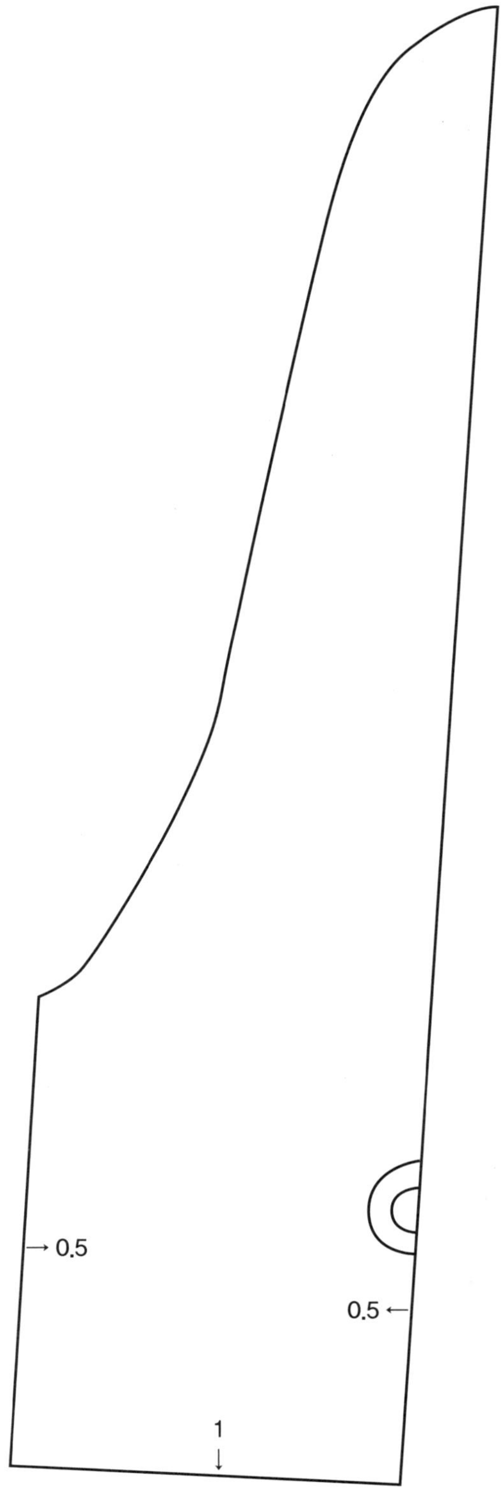

어그 부츠

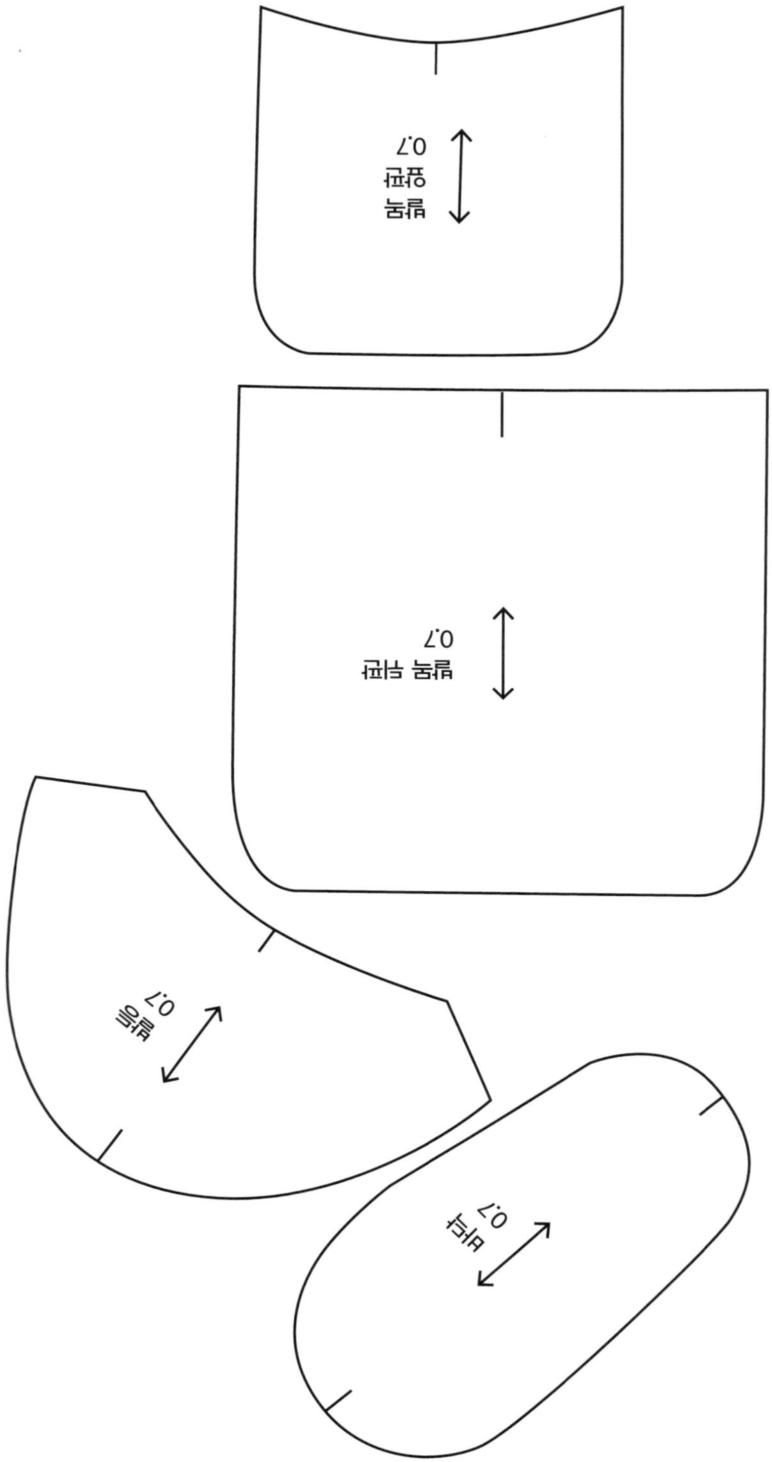

비니 모자

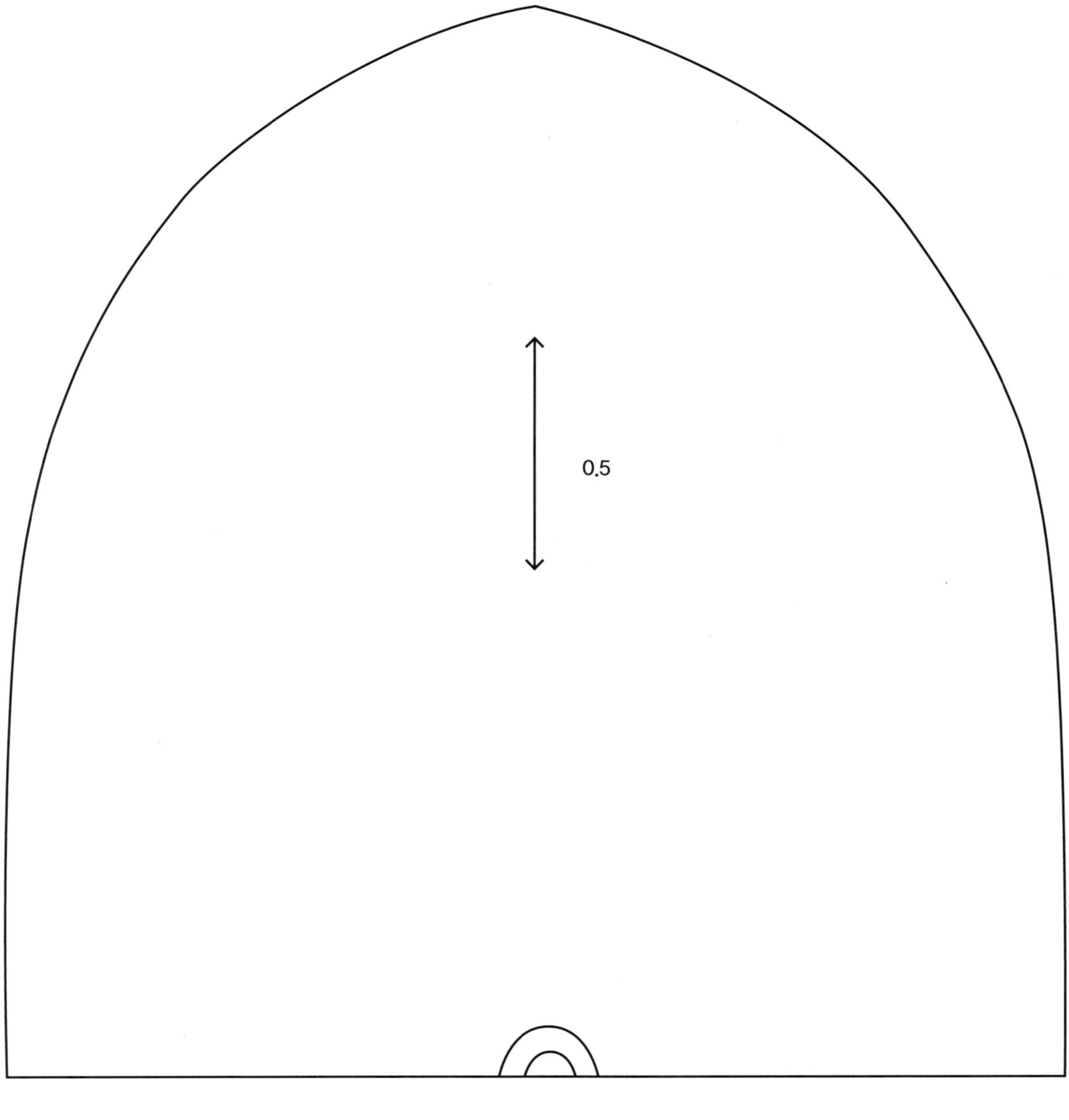

책에 들어 있는 옷과 소품은 저자의 노력이 들어간 결과물입니다. 디자인, 도안 등을 모방하여 상품 혹은 상업적인 목적으로 사용하는 것은 저자의 저작권을 침해하는 것입니다. 저작권을 침해할 경우 민·형사상 책임이 따릅니다.

말괄량이의 인형옷 만들기
아우터편

2019년 12월 17일 초판 1쇄 인쇄
2019년 12월 24일 초판 1쇄 발행

지은이 | 김화희
펴낸이 | 이준원
펴낸곳 | (주)황금부엉이

주소 | 서울시 마포구 양화로 127 (서교동) 첨단빌딩 5층
전화 | 02-338-9151
팩스 | 02-338-9155
인터넷 홈페이지 | www.goldenowl.co.kr
출판등록 | 2000년 2월 15일 제20000-000035호

본부장 | 홍종훈
편집 | 조연곤
교정 | 강현주
본문 디자인 | 조서봉
전략마케팅 | 구본철, 차정욱, 나진호, 이동후, 강호묵
경영지원 | 윤정희, 안서현, 김미애, 박미영, 정유호

ISBN 978-89-6030-542-7 13630

황금부엉이는 (주)첨단의 단행본 출판 브랜드입니다.
